KB263788

시작한 날				년		월		일
마지막 날				년		월		일

하루 공부를 마치고
포도알을 색칠해 보자!

1일 1주제 9분 만에 끝내는
119 통합사회

초판 1쇄 발행 2025년 12월 30일

지은이 김지수

펴낸이 윤주용
편집 도은주, 류정화 | 마케팅 조명구 | 홍보 박미나
외주편집 장기영, 박미선

펴낸곳 초록비책공방
출판등록 2013년 4월 25일 제2013-000130
주소 서울시 마포구 동교로27길 53 308호
전화 0505-566-5522 | 팩스 02-6008-1777

메일 greenrainbooks@naver.com
인스타 @greenrainbooks @greenrain_1318
블로그 http://blog.naver.com/greenrainbooks

ISBN 979-11-24126-11-0 (44080)
　　　 979-11-24126-02-8 (세트)

어려운 것은 쉽게 쉬운 것은 깊게 깊은 것은 유쾌하게

초록비책공방은 여러분의 소중한 의견을 기다리고 있습니다.
원고 투고, 오탈자 제보, 제휴 제안은 greenrainbooks@naver.com으로 보내주세요.

1일 1주제 119분 만에 끝내는 통합사회

50일 완성

김지수 지음

초록비책공방

119 시리즈는 하루 9분, 하나의 주제로 공부 습관을 만드는 책이야. 교실에서 아이들과 함께해 온 현장 선생님들이 직접 쓴 책이라서 너희가 꼭 알아야 할 개념과 생각하는 방법을 쉽고 정확하게 알려줄 거야. 이 책을 더 잘 활용할 수 있는 방법을 소개할게.

1. 하루 한 꼭지, 9분만 집중해 볼까?

119 시리즈는 '읽기 → 생각하기 → 정리하기' 순서로 이어져 있어. 먼저 질문으로 호기심을 열어주고 이어지는 짧은 이야기와 설명을 통해 자연스럽게 개념을 익힐 수 있지. 하루 2~4페이지 분량이라 부담 없고 꾸준히 하기에 딱 좋아.

2. 교과와 연계된 학습 키워드로 중심 잡기

각 꼭지는 학교에서 배우는 교과 단원과 연결되어 있고, 교과 개념과 연결된 학습 키워드를 중심으로 내용이 이루어져 있어. '왜 이걸 배우는지', '교과에서 어디와 연결되는지'를 자연스럽게 이해할 수 있지. 학교 수업과 함께 보면 훨씬 더 깊게 이해되고 복습 효과도 좋아.

3. 배운 내용을 '나만의 말'로 정리해 보기

이 책은 단순히 외우는 공부보다 생각 흐름을 따라 개념을 이해하도록 되어 있어. 본문 중간에 나오는 질문에 스스로 답해 보면 "아, 나는 이렇게 이해했구나!" 하고 정리가 돼. 이런 과정은 바로 논술형 평가에서 필요한 사고력으로 이어져.

4. <실력 쑥쑥 119>로 바로 복습하기

각 꼭지 바로 뒤에는 <실력 쑥쑥 119> 문제가 있어. 오늘 배운 내용을 잘 이해했는지 스스로 확인할 수 있고 중요한 개념만 다시 한 번 떠올릴 수 있어서 공부 효과가 훨씬 커져.

5. <더 알아보기 119>로 배움을 확장하기

선생님이 직접 고른 책·영상·사이트가 매 꼭지마다 소개되어 있어. 궁금한 내용을 조금 더 깊게 알고 싶거나 호기심이 생긴 부분이 있다면 여기 있는 자료들을 통해 탐구를 이어가 봐. 스스로 공부를 확장하는 힘을 자연스럽게 기를 수 있어.

6. <진로 119> 코너로 배움과 미래를 연결해 보기

각 챕터 끝에는 <진로 119> 코너가 있어. 오늘 배운 내용이 어떤 직업과 연결되는지 알려 주고 내가 좋아할 만한 분야가 무엇인지 생각해 볼 수 있어. 공부와 진로를 따로 떼어 놓지 않고 자연스럽게 이어주는 구성이야.

7. 매일 9분, 꾸준함이 진짜 실력이야

하루 9분은 짧아 보이지만 매일 쌓이면 사고력·문해력·기초 개념·교과 이해도가 놀랍게 자라게 돼. 119 시리즈와 함께 익숙한 교과 내용을 새로운 이야기와 질문으로 만나다 보면 자기만의 공부 루틴이 단단하게 자리 잡을 거야.

안녕, 친구들! 이 책을 펼친 여러분은 아마 한 번쯤 이런 생각을 해 본 적 있을 거야.

"백만장자가 되면 정말 행복할까?"
"몇 번 안 쓰는 물건인데, 꼭 사야 할까?"
"밤에 시킨 택배가 어떻게 아침 일찍 우리 집 문 앞에 와 있을 수 있
 을까?"

우리가 살아가는 세상에는 신기하고 재미있는 이야기가 정말 많아. 학교 양심 우산이 자꾸 사라지는 일상 속 이야기부터 지구 곳곳에서 일어나고 있는 기후위기까지! 이 모든 건 사실 '통합사회'라는 커다란 그림을 완성하는 퍼즐 조각들이야.

이 책은 여러분이 사회 교과서를 딱딱하고 지루하게 느끼지 않길 바라며 만들었어. 그래서 교과서에 나오는 어려운 개념들을 영화, 드라마, 유튜브, 그리고 여러분의 일상 속 이야기로 쉽게 풀어봤지. SNS에서 스쳐 지나갔던 사회 이슈들도 함께 담았어.

예를 들어 '정의'는 영화 〈재심〉으로, '차별'은 책 『선량한 차별주의

자』로, '기후 불평등'은 영화 〈기생충〉의 한 장면으로, '공정한 분배'는 대입 제도로, '보편적·선별적 복지'는 기본소득 논쟁으로 풀어봤어. 어려운 개념일수록 더 쉽게, 쉬운 내용일수록 더 깊게 이해할 수 있도록 말이야.

이 책은 하루에 딱 9분이면 충분해. 그 9분 동안 세상이 어떻게 돌아가는지, 그 안에서 우리는 어떤 역할을 할 수 있는지 자연스럽게 알게 될 거야. 인공지능 시대의 일자리 이야기부터 '마라 김치'가 탄생하는 문화 현상까지, 재미있는 예시들을 따라가다 보면 어느새 세상을 보는 눈이 한 뼘 더 자라 있을 거야.

그리고 이 책은 정답을 알려주는 대신 여러분이 스스로 질문을 던질 수 있도록 도와줄 거야. '어떤 삶이 행복할까?', '내가 사는 사회는 공정할까?', '세상을 더 좋게 만들려면 어떻게 해야 할까?' 같은 질문들을 함께 고민해 보자.

준비물은 단 세 가지!
호기심, 열린 마음, 그리고 9분이야.

이제, 내가 사는 세계를 한층 넓혀 줄 두근두근한 통합사회 탐험을 시작해 보자. 이 책이 여러분 곁에서 가장 유쾌하고 든든한 사회 선생님이 되어주길 바라!

차 례

행복과 정의, 어디에서 오는 걸까?

백만장자가 되면
무조건 행복할까?

행복의 의미와 사람마다 다른 행복의 기준

지난 일주일 동안 행복했던 기억을 떠올려 봐. 주말에 가족이랑 맛있는 것을 먹었을 때,
친구랑 학교에서 재미있는 이야기를 했을 때, 하굣길에 좋아하는 노래가 들렸을 때…
언제 행복했어? 사람마다 행복을 느끼는 기준은 모두 달라.
그렇다면 진정한 행복의 의미는 무엇이고 행복의 기준에는 어떤 것들이 있을까?

학습 키워드 #행복 #행복의의미 #행복의기준
교과 연계 중 〉 도덕1 〉I - 3. 행복이란 무엇일까?

행복은 보통 '삶에 만족하고 기쁘게 느끼는 상태'를 말해. 행복하다고 느끼는 것은 사람마다는 물론이고 시대나 나라에 따라 달라져. 옛날 서양, 헬레니즘 시대에는 '마음이 평화로운 상태'가 행복이라고 생각했어. 근대 시대에는 '자유롭고 평등한 삶'을 사는 게 행복이라고 여겼지. 서양의 유명한 철학자 아리스토텔레스는 "사람이 인생에서 가장 바라는 건 바로 행복이야."라고 했어. 즉 행복은 다른 것을 얻기 위한 수단이 아니라 그 자체로 가장 소중한 목표라는 거야. 또 가난한 나라에서는 먹고 자는 게 걱정 없는 삶이 행복이고, 자유가 없는 나라에서는 자유롭게 말하고 행동하는 게 행복한 삶이야.

여러분들은 어떤 삶이 행복하다고 생각해? 사람들은 보통 "돈이 많으면 행복할 거야"라고 말해. 왜냐하면 돈이 많으면 좋은 집에 살 수 있

고 맛있는 것도 사 먹을 수 있고 갖고 싶은 것도 살 수 있으니까. 그런데 정말 그럴까? 돈이 많으면 많을수록 진짜 더 행복해질까?

경제학자 리처드 이스털린Richard Easterlin은 소득과 행복의 관계에 대해 연구했어. 처음에는 돈을 많이 벌수록 행복도 올라가는데, 시간이 지나고 돈이 어느 정도 많아지면 더 이상 행복이 늘어나지는 않는다고 해. 이를 '이스털린의 역설Easterlin's paradox'이라고 해. 또 이스털린은 돈이 많은 나라 사람들이 꼭 더 행복한 건 아니라고 했어. 그러니까 돈이 많으면 좋긴 하지만 무조건 돈을 많이 벌수록 꼭 행복하지만은 않다는 거야.

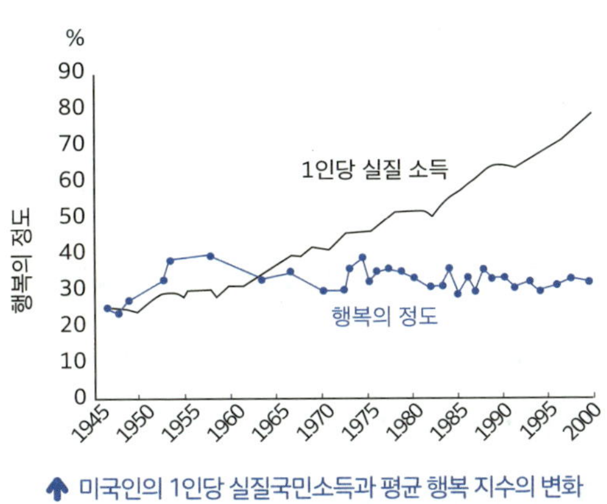

↑ 미국인의 1인당 실질국민소득과 평균 행복 지수의 변화

돈이 행복에 미치는 영향

이스털린 이후에 많은 경제학자들이 돈이 행복에 미치는 영향에 대해서 연구했어. 프린스턴 대학교의 한 교수는 연봉이 약 7만 5,000달러(우리 돈으로 약 1억 원)를 넘어서면 더 이상 행복감이 크게 늘지 않는다는 연구 결과를 발표했대. 또 〈하버드 비즈니스 리뷰〉에서는 백만장자 중 많은 사람이 자신의 삶에 만족하지 못하고 더 많은 돈을 벌기 위해 스트레스와 압박을 받는다는 걸 밝혀냈어.

또 다른 예를 들어줄게. 배가 엄청 고플 때 내가 좋아하는 '탕후루'를 하나 먹으면 진짜 맛있겠지? 그런데 2개, 3개, 4개… 계속 먹으면 어떨까? 먹으면 먹을수록 만족감은 줄어들 거야. 이런 현상을 '한계 효용 체감의 법칙'이라고 해. 어떤 걸 계속해서 가질수록 처음만큼 만족감이 크지 않다는 뜻이야. 돈도 마찬가지로 한계 효용 체감의 법칙이 적용돼. 연봉이 3천만 원에서 4천만 원으로 오를 때는 기분이 엄청 좋지만 1억에서 1억 1천만 원으로 오르면 그렇게 큰 차이를 못 느낄 수도 있어.

진정한 행복이란 무엇일까?

유교에서는 인간의 이상적인 삶이자 행복의 조건을 5개의 복을 의미하는 '오복五福'으로 표현했어. 오복 중 수壽는 오래 사는 것을 뜻하는 장수, 부富는 재물과 부유함, 강녕康寧은 몸과 마음이 건강하고 평안한 상태, 유호덕攸好德은 덕을 쌓고 바르게 사는 것, 고종명考終命은 자연스럽고 평온하게 생을 마감하는 것을 의미해. 고대 그리스의 사상가 아리스토텔레스Aristoteles는 행복은 최고의 선이자 삶의 궁극적 목적이며 사람이 자신에게 주어진 역할을 잘 해낼 때 진정한 행복에 도달할 수 있다고 했어. 또 헬레니즘 시대의 에피쿠로스 학파는 정신적으로 평온하고 고통이 없는 삶을 행복한 삶이라고 말했지.

진정한 의미의 행복을 찾으려면 삶의 궁극적인 목표로 행복을 추구해야 해. 사람들은 물질적 풍요, 명예, 성공 같은 것을 행복의 기준이라고 생각하지만 진정한 의미의 행복은 잠깐 기분 좋은 순간이 아니라 오랫동안 꾸준히 느낄 수 있는 즐거움이야. 행복은 남이 만들어 주는 게 아니야. 내가 원하는 삶을 찾고 의미 있는 일을 하면서 내 마음이 편하고 만족스러울 때 그게 바로 진짜 행복이야.

1. 이스털린의 역설(Easterlin's paradox)에 대한 설명으로 옳은 것은?

　① 가난한 국가의 국민이 부유한 국가의 국민보다 행복하다.

　② 소득이 증가할수록 사람들이 느끼는 만족감은 계속해서 커진다.

　③ 국가 전체의 경제 성장은 국민의 행복감 증가로 이어지지 않는다.

　④ 소득이 일정 수준에 도달하면 소득이 증가해도 행복에는 큰 영향을 미치지 않는다.

2. 다음 빈칸에 들어갈 용어를 적어 보자.

> 유교의 오복(五福) 중 하나로 남에게 덕을 베풀기를 좋아하는 마음을 의미하는 오복(五福)은 ＿＿＿＿＿＿＿ (이)다.

3. '행복은 최고의 선이자 삶의 궁극적 목적이며, 인간이 자신에게 주어진 기능을 잘 발휘할 때 진정한 행복에 도달할 수 있다.'라는 말을 한 고대 그리스 사상가는 누구일까?

4. 과거와 현재의 행복 기준은 어떻게 달라졌을까? 여러분이 생각하는 진짜 행복은 어떤 모습인지 적어 보자.

힌트 예전에는 마음이 편하거나, 자유롭고 평등하게 사는 걸 행복이라고 여겼대. 요즘은 건강하게 살고 좋은 관계를 맺거나 하고 싶은 걸 이루는 것도 중요하다고 생각해. 나는 어떤 걸 가장 중요하게 생각하는지 한 번 떠올려 봐.

더 알고 싶어 119

📖 도서　▶ 영상　🔍 사이트

📖 **『청소년을 위한 행복론 에세이』 (강영계, 해냄, 2014)**
어떻게 하면 행복해질 수 있을까? 돈이 많으면 과연 행복할까? 행복한 삶에 대한 여러분들의 질문에 답을 찾을 수 있는 책이야. 행복의 진정한 의미와 행복에 이를 수 있는 방법에 대해 함께 고민해 보자.

▶ **어떻게 사는 게 행복한 삶일까? 고민 가득한 일상에서 '행복'을 찾는 방법 (tvN 유퀴즈온더블럭)** 진짜 행복은 '나만의 작은 즐거움'을 가득 채우고, 남의 시선에서 자유로워질 때 찾아온대. 내향적인 사람과 외향적인 사람의 행복 차이, 그리고 사회적 비교의 함정에서 벗어나 일상의 작은 친절로 행복을 키우는 방법을 설명하고 있어.

행복하게 살려면
뭐가 필요할까?

아동·청소년의 행복과 행복의 조건

초록우산 어린이재단의 조사에 따르면 우리나라 아동·청소년의 87%가
'행복하지 않다'고 했대. 정말 우리나라 어린이들은 행복하지 않은 걸까?
오늘은 어린이들의 행복에 어떤 것들이 영향을 주는지, 행복하게 살려면 뭐가 필요한지
함께 알아보자.

학습 키워드   #행복 #행복한삶 #행복의조건 #청소년의행복 #행복지표
교과 연계   중 〉 도덕1 〉 I -3. 행복이란 무엇일까?

많은 나라들이 '국내총생산GDP'이라는 걸로 국민들의 삶의 만족도를 비교해. GDP는 일정 기간 동안 한 나라에서 만들어진 모든 재화와 서비스의 시장 가치를 합친 거야. 하지만 지난번에 배운 '이스털린의 역설' 기억나? 돈이 어느 정도 많아지면 그 이후에는 행복에 큰 영향을 주지 않는다는 내용이었지. 그래서 GDP만 가지고는 국민들이 행복한지 알기 어려워. 그래서 세계 여러 나라에서는 행복과 삶의 만족도를 측정하는 다양한 방법을 사용하고 있어.

국민의 행복과 삶의 만족도를 측정하는 대표적인 지표로는 OECD의 삶의 질 지수, 국제연합개발계획UNDP의 인간 개발 지수, 국제연합UN 세계 행복 보고서의 행복 지수가 있어. OECD의 삶의 질 지수는 집, 돈, 일자리, 친구, 교육, 환경, 정치참여, 건강, 삶의 만족도, 치안, 일과 삶의

균형까지 11가지 영역으로 측정되는 지표야. 국제연합개발계획은 1인당 국민 소득, 교육 수준, 평균 수명, 문맹률, 유아 사망률 같은 것에 중심을 두고 인간 개발 지수를 만들어 국가별 인간다운 생활 수준을 평가하고 있대. 국제 연합에서는 1인당 국내총생산GDP을 포함한 객관적 지표와 국민들의 주관적 삶의 만족감을 조사해 매년 행복 보고서를 발표하고 있어. 이런 조사 결과들은 나라에서 정책을 만들 때 참고해서 사람들이 더 행복하게 살 수 있도록 도와주는 데 쓰인대.

세계에서 가장 행복한 나라인 '부탄'을 알아? 부탄은 국민의 80% 이상이 행복하다고 생각한대. 부탄은 국민총행복지수GNH, Gross National Happiness가 가장 높은 나라야. 이 지수는 부탄 왕실과 부탄 연구센터에서 만들었고, 마음 건강, 자연 환경, 교육, 문화, 삶의 수준, 시간 활용, 지역사회 활력 같은 항목으로 평가해. 여기서 경제 지표의 비중은 생각보다 작아. 부탄 헌법에는 "국토의 60% 이상을 숲으로 영원히 유지해야 한다."는 조항도 있대. 이걸 보면 행복은 돈이 많다고 되는 게 아니라 여러 가지 조건들이 함께 작용한다는 걸 알 수 있어.

어린이와 청소년은 행복할까?

초록우산 어린이재단에서는 매년 '아동행복지수'를 조사하고 있어. 2023년에는 아동행복지수가 1.66점으로 최근 3년 중 점수가 가장 낮았어. 잠자기, 공부, 미디어, 운동 같은 생활 시간들을 고루 쓰지 못하는 어린이일수록 행복감이 낮았대. 또 혼자 저녁을 먹거나 집에 혼자 있는 시간이 많고 늦게 자면서 친구랑 직접 만나 노는 것보다 온라인에서 노는 걸 더 편하게 느끼는 경우가 많았다고 해. 청소년들은 어떨까? 초록우산 어린이재단이 발표한 2023 주요 아동 지표에 따르면 만 13~18세의 청

소년들은 스트레스와 우울감을 전년도보다 더 많이 느꼈대. 보건복지부
에서도 최근 5년 중 2023년이 스트레스와 우울감 수치가 가장 높았다
고 발표했어.

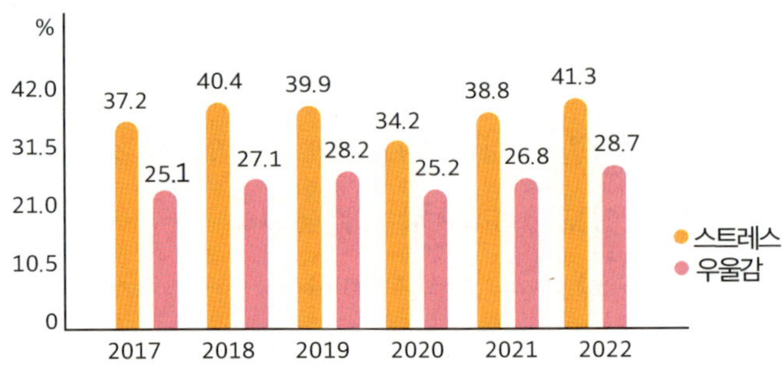

청소년(만13~18세) 스트레스 및 우울감 (초록우산 어린이재단, 2023)

그렇다면 어린이와 청소년이 행복하게 살려면 뭐가 필요할까?
2021년 한국방정환재단에서는 행복을 위해 가장 필요한 것은 '관계'라
고 생각한 친구들이 돈이나 물건 같은 걸 중요하다고 생각한 친구들보다
더 행복하다는 연구 결과를 발표했어. 그리고 그 연구에서는 건강, 안전,
교육, 가족과 친구와의 관계, 행동과 생활 습관, 스스로 느끼는 만족감 같
은 것도 모두 청소년의 행복에 영향을 준다고 말했어.

전 세계에서도 어린이와 청소년이 더 행복해질 수 있도록 다양한 노
력을 하고 있어. 영국 런던에서는 어린이와 청소년이 사회의 중요한 결
정에 참여할 수 있도록 '전략행동 계획'을 세웠고, 아일랜드에서는 '아동
의회'나 '아동 옴부즈맨 기구'처럼 어린이의 권리를 보호하는 기관을 만
들었대. 우리나라도 '아동·청소년 정책 기본계획'을 세워서 어린이와 청
소년의 행복을 가장 중요한 목표로 정하고 있어. 여러분들이 다니고 있
는 학교에서도 자신의 행복을 찾고, 타인의 행복을 위해 도울 수 있는 방
법을 배울 수 있으면 참 좋겠다.

1. 행복한 삶을 실현하기 위한 조건에 대한 설명으로 옳은 것은?

   ① 개인마다 행복한 삶을 실현하기 위한 조건은 모두 같다.

   ② 행복을 측정하는 지표 중 가장 중요한 것은 경제적 지표이다.

   ③ 국민의 행복 지수는 평가 기준이 달라져도 동일하게 나타난다.

   ④ 행복한 삶을 위한 실현하기 위한 다양한 요건들이 갖추어질 때 삶의 질이 높아진다.

2. 삶의 질을 측정하는 경제적 지표 중 하나로 일정 기간 한 나라 안에서 생산되어 최종적으로 사용되는 모든 재화와 서비스의 시장 가치의 합을 나타내는 용어는 무엇일까?

3. 아래 국민의 행복과 삶의 만족도를 측정하는 지표와 설명을 알맞게 연결해 보자.

   > A. OECD 삶의 질 지수 _________   B. UNDP 인간개발지수(HDI)_______
   > C. 부탄 GNH(국민총행복) _________

   ① 소득·교육·평균수명 등으로 '인간다운 생활 수준'을 평가
   ② 집·돈·일자리·교육·환경·일·삶 균형 등 11개 영역으로 삶의 질 측정
   ③ 마음 건강·자연 환경·시간 활용·지역사회 활력 등 관계·문화까지 폭넓게 반영

4. 우리나라 어린이와 청소년의 행복 지수가 낮은 이유를 본문 내용을 떠올리면서 정리해 보자.

   > **힌트** 행복 지수가 낮은 이유는 여러 가지가 함께 작용하기 때문이야. 혼자 밥을 먹거나 늦게 자는 습관, 친구랑 잘 못 어울리는 거것 공부하느라 운동을 못하는 것처럼 여러 가지 이유가 있지. 이런 점들을 떠올리면서 정리해 보자.

더 알고 싶어 119

📖 도서   ▶ 영상   🔍 사이트

📖 **『청소년의 행복 찾기』** (조현주, 지식과 감성#, 2020)
이 책에서는 여러분이 행복할 권리를 가지고 태어났다고 말해. 동서고금의 인물, 고전 인문, 철학 속 여러 성현들의 이야기를 통해서 나만의 행복의 길을 찾으러 가 보자.

▶ **행복의 왕국, 부탄 (KBS 걸어서 세계 속으로)** 부탄 사람들은 축제를 즐기며 행복하게 사는 모습으로 잘 알려져 있어. '천둥의 땅'이라는 별명을 가진 부탄 여행기를 통해 행복의 진정한 의미란 무엇인지 다시 한 번 생각해 보자.

🔍 **한국방정환재단** 어린이 문화 운동가인 소파 방정환 선생의 정신을 기리고 계승하며, 어린이 인권 및 복지 증진을 위한 다양한 활동을 펼치는 비영리 재단인 이곳, 찾아보면 어때?

법은 정말
정의로울까?

영화 「재심」을 통해 알아보는 정의의 의미와 필요성

영화 「재심」은 2000년대 초반 실제로 있었던 '익산 약촌 오거리 택시기사 살인 사건'을
바탕으로 만든 영화야. 이 영화를 보면 법은 항상 올바르게 작동하는지,
법은 과연 정의로운지 다시 한 번 생각해 볼 수 있어.

학습 키워드　#정의 #정의란무엇인가 #법의이념 #정의의필요성
교과 연계　중 〉 도덕2 〉 Ⅲ-1. 정의로운 사회는 어떤 모습일까?

　정의는 우리 사회가 올바르게 유지되기 위해 꼭 필요한 가치야. 고대 철학자 플라톤은 정의를 '국가가 지녀야 할 가장 필수 덕목'이라고 했고, 아리스토텔레스는 '각자에게 마땅한 것을 주는 것'이라고 했어. 역사적으로도 현대에 이르기까지 동서양을 막론하고 더 정의로운 사회를 만들기 위해 노력해 왔지. 이런 노력 덕분에 오늘날 대부분의 민주주의 국가에서는 정의를 법률과 제도로서 구체화할 수 있었어. 법의 궁극적인 이념은 '정의'인 거지.

　그렇다면 우리 사회에서 '정의'는 왜 중요할까? 정의는 개인과 공동체의 권리를 보호하고 사회 속 불평등을 줄이는 데 중요한 역할을 해. 정의가 지켜지지 않는다면 사람들 사이의 갈등으로 사회가 혼란에 빠질 수 있어. 또 사회의 약자들을 보호하는 것도 정의의 중요한 역할이야. 그래

야 우리 사회를 건강하게 유지할 수 있거든. 정의로운 사회에서는 모든 사람이 공정한 기회를 가질 수 있고 자신의 능력을 마음껏 발휘할 수 있어. 이렇게 되면 우리 사회 전체의 발전에도 큰 도움이 돼.

정의로운 사회를 위한 노력

정의로운 사회를 만들려면 우리 모두의 노력이 필요해. 개인은 자신의 권리만을 주장할게 아니라 다른 사람의 권리도 존중해야 해. 정부는 사회 속 불평등을 해소하고 사회적 약자를 보호할 수 있는 법과 제도를 만들어야 해. 특히 공정한 법과 제도가 있어야 정의가 실현될 수 있어. 정의로운 법은 모든 구성원의 권리와 자유를 보호하고 사회적 평화를 유지하는 데 필수 요소이기 때문이야.

그렇다면 우리 사회의 법은 '진정한 정의'를 실현하고 있을까? 법이 정의를 실현하기 위한 중요한 도구인 것은 맞지만 법이 있다고 해서 무조건 정의가 지켜지는 건 아니야. 법의 적용이 잘못되거나 불공정한 판단이 내려지기도 하고 잘못된 증거 때문에 죄 없는 사람이 피해를 입기도 해.

'익산 약촌 오거리 택시기사 살인 사건'은 2000년 8월 10일 새벽, 전라북도 익산시 약촌 오거리에서 40대 택시기사가 흉기에 찔려 숨진 사건이야. 경찰은 사건이 발생하자마자 근처에 살던 10대 소년 최 모 군을 체포했어. 문제는 최 군이 경찰의 강압적인 수사와 폭행을 당한 끝에 억지로 범행을 자백했다는 거야. 결국 최군은 살인 혐의로 1심에서 무기징역을 선고받아. 이후 항소심에서 징역 15년으로 감형됐지만 최 군은 자신이 범행을 저지르지 않았다고 주장하며 재심을 청구했으나 여러 번 기각되었어. 그러다 2013년 새로운 증거와 목격자의 진술이 나타나면서 사건이 다시 주목받았고, 결국 2015년 대법원은 재심을 결정했지. 2016년

↑ 영화 〈재심〉

11월 전주지방법원은 최 군에게 무죄를 선고했어. 법원은 최 군이 강압에 의해 억지로 자백한 것을 인정했고 경찰 수사의 문제점을 지적했어. 이 사건을 바탕으로 제작된 영화 〈재심〉은 많은 사람들에게 법과 정의에 대해 깊은 고민을 하게 만들었어. 즉 법을 형식적으로 따르기만 하는 것이 아니라 '법이 올바르게 적용되고 있는지 감시하는 것'이 정의의 중요한 역할인 것을 알 수 있어. 만약 잘못된 판결이 있다면 바로잡는 과정도 정의의 일부인 거야. 진정한 정의는 법이 공정하게 집행될 때 실현되는데 그러려면 그 과정이 투명하고 공정해야 해.

주인공 현우의 사례처럼 우리나라는 확정된 판결이라도 큰 오류가 있다면 다시 재판을 할 수 있는 '재심 제도'가 있어. 이 제도 덕분에 억울한 사람이 다시 재판을 받을 수 있지만 동시에 법이 완벽하지 않다는 사실도 보여주지.

이 영화는 법이 완전하지 않음을 지적하면서 우리가 진정한 정의를 추구해야 한다는 걸 알려주는 작품이야. 우리는 법이 진정한 정의를 실현하고 있는지, 모든 사람에게 평등하게 적용되고 있는지 계속 관심을 가져야 해. 영화에서처럼 법이 진정한 정의를 실현하지 못한다면 바꾸기 위한 노력을 해야 진정한 정의가 실현될 수 있어.

1. 다음 철학자들이 말한 '정의'의 의미를 올바르게 짝지은 것은?

　① 플라톤 — 모두에게 항상 똑같이 나누는 것

　② 아리스토텔레스 — 각자에게 마땅한 것을 주는 것

　③ 플라톤 — 최고 선이자 삶의 궁극적 목적

　④ 아리스토텔레스 — 국가가 지녀야 할 가장 필수 덕목

2. 다음 빈칸에 들어갈 용어를 적어 보자.

> 법이 추구하는 가장 중요한 가치, 즉 법의 궁극적인 ________(은)는 '정의'이다.

3. 다음 내용이 옳으면 ○, 틀리면 X를 표시해 보자.

> 장시간 잠을 재우지 않고 자백을 강요해 얻은 진술이라도, 범인을 빨리 잡았으니
> 진정한 정의가 실현된 것이다. (　　　)

4. 우리 사회의 법이 완벽하지 않을 수도 있다는 걸 알게 됐을 때 시민으로서 우리는 어떤 일을 해야 할까?

힌트 법이 완벽하지 않을 수도 있다는 걸 인정하면서, 시민으로서 우리가 할 수 있는 일이 뭘지 한 번 생각해 보자. 잘못된 법이나 판결이 있다면, 그걸 바꾸기 위해 목소리를 내는 것도 아주 중요한 역할이 될 수 있어.

 **더 알고 싶어 119**　　　📖 도서　▶ 영상　🔍 사이트

📖 『**10대를 위한 JUSTICE 정의란 무엇인가**』 (마이클 샌델, 미래엔아이세움, 2014)

　마이클 샌델 교수의 '정의란 무엇인가'가 여러분들도 쉽게 이해할 수 있도록 다시 쓰여졌어. 여러 철학자들의 이론을 살펴보면서 우리가 접하게 될 다양한 딜레마 상황들에 대한 답을 찾아나가 보자.

▶ **경찰에게 끌려간 곳은 여관이었다. 영화 '재심' 실화! 약촌오거리 살인사건** (그것이 알고 싶다) 15세 소년이 경찰의 강압 수사로 허위 자백하여 10년간 옥살이한 사건이 바로 약촌오거리 살인 사건이지. 이 사건은 영화 '재심'의 모티브가 되어 우리에게 '정의'에 대해 다시 한 번 생각해 보게 해.

🔍 **법무부** 우리나라 법무부의 비전은 국민이 안전한 나라, 인권의 가치를 존중하는 혁신 법무 행정으로 법이라는 도구를 통해 정의를 실현하기 위해 노력하고 있어.

기회균형 선발 제도, 공정한 걸까?

대학입학 기회균형 전형에는 기초생활 수급자, 농어촌 및 섬이나 외진 시골 지역 학생만 지원할 수 있어. 그런데 이 제도를 두고 공정성을 해친다는 주장과 교육의 형평성을 높이는 데 도움이 된다는 의견이 대립되고 있어. 기회균형 선발 전형은 왜 만들어졌을까? 어떤 배경과 목적이 있었는지 알아보자.

학습 키워드 #정의의실질적기준 #분배적정의 #자원희소성 #업적에따른분배 #능력에따른분배 #필요에따른분배

교과 연계 중 > 도덕2 > Ⅲ-1. 정의로운 사회는 어떤 모습일까?

갖고 싶은 걸 다 가질 수 있다면 얼마나 좋을까? 우리는 무엇인가를 계속 갖고 싶어 하지만 그럴 수는 없어. 왜냐하면 '자원의 희소성' 때문이야. 자원의 희소성이란 사람들의 욕구는 끝이 없는데 우리가 쓸 수 있는 자원이나 서비스는 한정되어 있는걸 말해. 그래서 우리 사회에서는 부족한 자원을 누구에게 어떻게 나눌지가 아주 중요한 문제야. 이걸 결정하는 기준이 바로 '분배적 정의'야. 분배적 정의는 사회적·경제적으로 중요한 자원이나 가치를 공정하게 나누는 방법에 대한 기준을 의미해.

다음 표를 볼까? 이 표는 2024학년도 대학입학 전형에서 기회균형 선발 전형의 모집 인원이 얼마나 되는지 보여주는 표야. 이 전형은 경제적으로 어려운 학생이나 학원이 적은 농어촌 출신 지역 학생, 특수 교육 대상자처럼 사회적 배경 때문에 교육 기회를 얻기 어려운 학생들을 위해 대

학이 따로 선발하는 방식이야. 교육의 공정성을 보장하고, 다양한 배경을 가진 학생들이 공평한 교육 기회를 얻을 수 있도록 돕는 역할을 하지. 표를 보면 2024학년도에는 전체 대학 입학정원이 줄었지만 기회균형 전형의 모집 인원은 전년보다 2,300명 이상이 늘어났어. 서울대를 비롯한 여러 대학에서 이 전형을 활용하고 있어.

모집 시기	정원 구분	전형 유형	2024 학년도	2023 학년도	증감
수시	정원 내	기회균형 선발 대상자(통합)	7,985	7,359	626
		제1호 기초생활수급자 등	451	351	100
		제1호 농어촌·도서 벽지 학생	297	289	8
		제1호 장애인 등 대상자	12	5	7
		제1호 특성화고 등을 졸업한 재직자	42	33	9
		제1호 특성화고교 졸업자	230	179	51
		제2호 국가보훈대상자	339	294	45
		제6호 만학도(성인학습자)	1,396	1,143	253
	정원 내 소계		**10,752**	**9,653**	**1,099**
	정원 외	제1호 기초생활수급자 등	3,487	3,786	-299
		제1호 농어촌·도서 벽지 학생	7,623	7,922	-299
		제1호 장애인등대상자	1,556	1,486	70
		제1호 특성화고 등을 졸업한 재직자	5,912	5,288	624
		제1호 특성화고교 졸업자	2,407	2,444	-37
		제1호 서해5도 학생	134	123	11
		제1호 북한이탈주민	45	15	30
		제1호 만학도(성인학습자)	894	-	894
	정원 외 소계		**22,058**	**21,064**	**994**
	수시 계		**32,810**	**30,717**	**2,093**

2024학년도 대학입학전형 시행계획 (한국대학교육협의회)

공정한 분배의 기준

기회균형 선발 제도는 여러 논쟁점이 있어. 그중에서 대표적인 것은 교육의 공정성과 형평성에 대한 거야. 대학 입시 제도가 공정해야 한다고 강조하는 사람들은 모든 학생이 똑같은 기준으로 평가받아야 한다고 주장해. 이들은 기회균형 전형이 특정 그룹에게 특혜를 주는 것처럼 보일 수 있고, 공정한 경쟁을 방해한다고 생각해. 반면 형평성을 강조하는 사람들은 기회균형 전형이 교육의 형평성을 높이는 중요한 수단이라고 주장해. 모든 학생이 같은 출발선에 서 있는 게 아니어서 배경과 환경을 고려해야 한다는 거지. 출발선이 불리한 학생들에게 기회를 더 주는 것이 오히려 공정하다는 입장이야.

　우리 사회에서는 희소한 자원을 공정하게 나누는 기준이 필요해. 희소한 자원을 공정하게 분배하는 기준에는 '업적, 능력, 필요'가 있어.

　'업적에 따른 분배'는 학생들이 노력해서 만든 성과나 성적을 기준으로 선발하는 방식이야. 성실한 노력을 인정받고 보상을 받을 수 있어서 공정한 방식이라고 볼 수 있어. 하지만 이 방식은 출발선이 다른 학생들에게 불리할 수 있어. 예를 들어 100점을 받기 위해 도시의 학생은 학원을 다닐 수 있지만, 섬에 사는 학생은 학원이 없어서 배울 수 없다면 이건 공정한 방식이 되기 어렵잖아. 즉 같은 성과를 내기 위해 필요한 노력과 자원이 학생마다 다르기 때문에 업적만을 기준으로 하는 분배는 출발선이 다른 학생들에게 불공정할 수 있어. '능력에 따른 분배'는 학생의 잠재력과 가능성을 평가해서 선발하는 방식이야. 이 방법은 개인의 잠재력을 인정하고, 미래 가능성을 본다는 면에서 긍정적이야. 하지만 능력을 평가하는 기준이 모호할 수 있고, 평가 과정에서 주관적인 판단이 들어갈 위험이 있어. 또 사회적 배경이나 교육 환경의 차이로 능력을 충분히 발휘하지 못하는 학생들이 불이익을 받을 수 있어. '필요에 따른 분배'는 학생의 경제적·사회적 환경을 고려해 도움이 필요한 사람에게 더 많은 기회를 주는 방식이야. 경제적·사회적 약자에게 더 많은 기회를 줘서 평등을 실현하려는 방법으로 기회균형 선발 제도는 이 기준에 기반한 제도야. 사회적 불평등을 줄이고, 더 공정한 사회를 만들 수 있다는 장점이 있어.

　공정한 분배의 기준으로 업적, 능력, 필요 중에서 어떤 것이 가장 정의로운지는 판단하는 건 쉽지 않아. 어느 하나의 기준만 고집하기보다 상황에 따라 가장 적합한 방법을 찾는 것이 중요해.

1. 다음 빈칸에 들어갈 용어를 적어 보자.

> 사람들의 욕구는 끝이 없지만 자원은 한정되어 있다. 이런 상태를 ____________
> (이)라고 한다.

2. '기회균형 선발 제도'가 주로 따르는 분배 기준은 무엇일까?

① 업적에 따른 분배   ② 능력(잠재력)에 따른 분배

③ 필요에 따른 분배   ④ 무작위 추첨

3. 업적에 따라 나누는 게 왜 불공정할 수 있는지, 본문을 참고해서 설명해 보자.

힌트 업적에 따라 나누는 건 노력과 결과를 인정하는 방식이지만 출발선이 다른 사람에게는 불리할 수 있다는 점을 중심으로 설명하면 돼.

4. 기회균형 선발 제도에 대해 어떤 사람은 '공정하지 않다'고 하고, 어떤 사람은 '형평성을 높여 준다'고 해. 두 입장을 정리해 보고, 여러분은 어떤 입장에 동의하는지 이유도 함께 써 보자.

힌트 공정성은 "같은 기준으로 평가해야 해", 형평성은 "출발선이 다르니 배려가 필요해"라는 입장이야. 두 입장을 정리한 뒤, 여러분 생각과 이유를 써 보자.

더 알고 싶어 119

📖 도서   ▷ 영상   🔍 사이트

📖 『**공정하다는 착각**』 (마이클 샌델, 와이즈베리, 2020) 마이클 샌델 교수는 우리가 당연하게 여기는 '능력주의'는 사실 공정함 뒤에 불행의 씨앗이라고 말해. 이 세상이 과연 노력과 재능만으로 성공이 결정되는게 맞을까? 무엇이 더 가치 있는 사회인지 생각해 보자.

▷ **EBS에 마이클 샌델이 떴다! 그가 우리에게 던지는 질문 "과연 능력주의 사회는 공정할까?" 당신은 어떻게 생각하시나요? (EBS 교양)** 우리 사회의 성공과 부는 과연 노력의 결과일까, 아니면 운 덕분일까? 마이클 샌델 교수는 이 질문을 통해 '능력주의'가 진짜 공정한지 따져보고, 그 이면에 숨겨진 사회적 갈등의 뿌리를 짚어내고 있어.

🔍 **대입정보포털 (adiga)** 대입에 필요한 모든 정보를 한 곳에서 볼 수 있어. 우리나라의 대학 입학 전형이 어떻게 바뀌어 나갈지 관심을 가지고 지켜보자.

아무 조건 없이 매달 300만 원을 준다면?

기본 소득 제도 도입 논의

나라에서 아무 조건 없이 매달 300만 원을 준다면 어떨 것 같아?
2016년 스위스에서는 진짜로 이런 제도를 만들지에 관해 국민투표를 했어.
그런데 투표 결과 스위스 국민 중 76.7% 반대했어.
아니 공짜로 300만 원을 준다는데, 왜 이렇게 좋은 걸 반대했을까?

학습 키워드 #분배적정의 #보편적복지 #선별적복지 #기본소득 #AI와기본소득
교과 연계 중 〉 도덕2 〉 III-1. 정의로운 사회는 어떤 모습일까?

'기본 소득 제도'에 대해 들어본 적 있어? 기본 소득 제도는 돈이 많든 적든 일을 하든 안 하든 나라에서 모든 국민에게 똑같이 최소 생활비를 주는 제도야. 앞에서 말한 스위스뿐만 아니라 핀란드, 네덜란드, 캐나다 같은 나라에서는 기본 소득 제도를 실험하거나 논의하고 있어. 핀란드는 2017년도부터 2018년까지 실업자 2,000명에게 매달 약 80만 원(560유로)씩 지급했어. 기본 소득을 받은 실업자는 경제적으로 안정성을 느꼈고 스트레스도 줄었다지만 재취업률에는 큰 차이가 없었대. 캐나다 온타리오주에서는 2017년부터 2019년까지 저소득층 4,000명에게 매달 최대 170만 원(1,400달러)을 줬어. 돈이 부족해 실험이 중단돼 최종 결과는 충분히 분석되지 못했지만 초기 연구결과를 보면 기본 소득을 받은 사람들이 건강과 정신 건강이 좋아졌고 공부나 취업 활동에도 긍정적인

영향을 받았다고 해.

스위스에서는 최종적으로 기본 소득 제도의 도입이 부결되었다고 했지? 그 이유는 크게 세 가지야.

첫째, 경제적 부담에 대한 걱정 때문이야. 국민 모두에게 일정 금액을 지급하려면 엄청난 예산이 필요한데 세금을 크게 늘리지 않고는 불가능하다는 점이 문제였어.

둘째, 근로 의욕 저하에 대한 걱정이 컸어. 일을 하지 않아도 소득이 주어진다면 사람들이 일을 덜 하거나 경제 활동 참여가 줄어들 수 있다는 우려가 나왔지. 공정성 문제도 있었어.

셋째, 모든 사람에게 같은 금액을 주는 것이 오히려 불필요하거나 불공평할 수 있다는 거지.

보편적 복지와 선별적 복지

기본 소득을 이해하려면 '보편적 복지'와 '선별적 복지'의 개념을 알아야 해. 두 방식은 복지 혜택을 주는 방법이 달라.

'보편적 복지'는 월급이나 재산에 상관없이 모든 국민에게 똑같은 복지 혜택을 주는 제도야. 기본 소득 제도 말고도 무상 교육, 무상 급식, 건강 보험, 기본 연금 같은 게 있어. 이런 보편적 복지는 사람들 모두 최소한의 생활을 보장받을 수 있게 해줘서 공동체 의식과 연대감이 커져.

'선별적 복지'는 저소득층처럼 필요한 사람들만 선택해서 혜택을 주는 복지로 기초 생활 보장 제도, 실업 급여, 기초 연금 등이 대표적이야. 이는 사회적 취약 계층을 돕고 복지의 사각지대를 줄이는 데 도움이 돼. 그렇다면 보편적 복지와 선별적 복지 중 어떤 방식이 더 좋을까? 사실 하나만 정답이라고는 할 수 없어. 그래서 복지 정책을 만들 때 두 가지

방식을 적절하게 섞어서 설계해야 해.

기본 소득제도의 장점과 한계

'기본 소득 제도'는 장점도 있고 한계도 있어. 기본 소득의 장점은 첫째, 모든 국민에게 최소한의 생활비를 주니까 경제적 안정감을 줘. 특히 일자리를 잃었을 때나 경제적으로 불안할 때 중요한 역할을 하지. 둘째, 소득을 재분배하는 것이라 소득 불평등을 낮출 수 있어. 상위 소득층과 하위 소득층 간의 차이를 줄여서 형평성을 높이는 데 도움을 주지. 셋째, 사람들이 일자리를 고를 때 더 자유롭게 고를 수 있어. 당장 돈이 필요하면 불안정한 일자리라도 일하러 가게 되는데 기본 소득이 있으면 자신의 능력과 흥미에 맞는 일자리를 찾을 때까지 기다릴 수 있으니까.

그럼 기본 소득의 한계는 무엇일까? 스위스의 국민들이 기본 소득 제도의 도입을 반대한 이유에 대해 다시 한 번 살펴보면 돼. 첫째, 모든 국민에게 일정한 돈을 주려면 국가 예산이 많이 필요해. 국가 예산은 세금으로 사용하니까 세금이 올라가거나 다른 복지가 줄어들 수도 있어. 둘째, 기본 소득이 생기면 일을 하지 않아도 살 수 있으니까 일하려는 의욕이 줄어들 수도 있어. 어떤 사람들은 일을 안 하려고 할 수도 있고 일하는 시간을 줄일 수도 있겠지. 셋째, 모든 국민에게 똑같은 금액을 주면 실제로 도움이 더 많이 필요한 사람에게는 지원이 부족할 수도 있어. 그렇다면 선별적 복지보다 비효율적이 되겠지.

기본 소득 제도를 할지 말지는 모두가 함께 결정해야 할 문제야. 아직 기본 소득 제도의 도입에 대한 논쟁이 많기 때문에 기본 소득의 효과성을 평가하기 위한 연구를 계속 해나가야 해.

1. 다음 중 기본 소득 제도에 대한 설명으로 옳은 것은?

   ① 소득이 낮은 사람에게만 조건을 달아 현금을 준다.

   ② 일을 하지 않는 사람에게만 제한적으로 준다.

   ③ 모든 국민에게 동일 금액을 주어 최소한의 삶을 보장하려는 제도이다.

   ④ 모든 국민에게 같은 금액을 주지만 사용 용도는 현물 구매로만 제한한다.

2. 다음 보편적 복지 제도와 선별적 복지 제도의 특징을 알맞게 골라 보자.

   > A. 보편적 복지 ____________   B. 선별적 복지 ____________

   ① 월급이나 재산에 상관없이 모든 국민에게 똑같은 복지 혜택을 주는 제도

   ② 저소득층처럼 필요한 사람들만 선택해서 혜택을 주는 복지

   ③ 돈을 가장 필요로 하는 사람에게 집중적으로 지원함

   ④ 모두에게 최소한의 생활을 보장받을 수 있게 해주어 공동체 의식과 연대감이 커짐

   ⑤ 무상 교육, 무상 급식, 건강 보험, 기본 연금

   ⑥ 기초 생활 보장제도, 실업 급여, 기초 연금

3. '모든 사람에게 똑같이 나누는 것'과 '필요한 사람에게 더 주는 것' 중 어떤 것이 진짜 공정인지 여러분의 생각을 적어 보자.

   > **힌트** '보편적 복지'는 모두에게 똑같이 나누는 거고 '선별적 복지'는 꼭 필요한 사람에게 더 주는 방식이야. 이 두 가지를 비교해 보고, 여러분이 생각하는 '진짜 공정'이 어떤 건지 논리적으로 설명해 보자.

더 알고 싶어 119

📖 도서   ▶ 영상   🔍 사이트

📖 『**기본소득 쫌 아는 10대**』 (오준호, 풀빛, 2019)

300만 원이 매달 주어진다면 여러분들은 무엇을 하고 싶어? 우리는 모두 사회가 준 유산의 상속인이래. 기본소득이 필요한 이유와 현실성을 확보할 수 있는 방법에 대해 알아보자.

▶ 〈**선별적 복지 VS 보편적 복지**〉 매달 조건 없이 300만 원이 지급 된다면? (JTBC 비정상회담)

선별적 복지와 보편적 복지 논쟁을 중심으로, 만약 모든 사람에게 돈이 지급될 경우 발생할 수 있는 삶의 변화와 그 재정적 이슈 그리고 직접 민주주의의 사례를 심도 깊게 다루고 있어.

🔍 **기본소득제, 도입해야 할까?** (KDI 경제교육 정보센터)

스위스의 기본소득제 도입 논의를 중심으로 기본소득제의 개념과 도입의 찬반 논란을 경제적인 관점에서 분석하고 있으니 읽어봐도 좋아.

투표 안 하면 벌금을 내는 나라가 있다고?

자유주의와 공동체주의 관점에서 본 의무투표제

정당한 이유 없이 투표를 안 하면 벌금을 매기고 심지어 감옥에 보내는 국가들이 있는데 이 나라들은 '의무투표제'를 채택하고 있어. 의무투표제는 모든 유권자가 꼭 투표해야 하는 제도야. 투표를 안 하면 벌금 같은 처벌을 받을 수도 있대. 여러분은 투표가 개인의 선택이라고 생각해, 아니면 반드시 해야하는 의무라고 생각해?

학습 키워드　#정의관 #자유주의 #공동체주의 #의무투표제 #사익과공익의조화
교과 연계　중 > 도덕2 > Ⅲ-2. 국가와 시민의 바람직한 관계는 무엇일까?

여기 OECD 국가들의 투표율 순위가 나와 있는 자료가 있어. 어느 나라가 제일 눈에 띄어? 94.8%의 높은 투표율을 보이는 호주가 눈에 띄지? 호주는 1925년부터 의무투표제를 시작해서 요즘도 투표율이 90% 이상이야. 호주에서는 특별한 이유 없이 투표를 안 하면 1만 7,000원(20오스트레일리아 달러) 정도의 벌금을 내야 해. 기한 내에 벌금도 안 내면 더 큰 처벌을 받을 수 있대. 호주는 선거를 세금이나 의무교육처럼 국민이 반드시 지켜야 하는 의무로 정해 놨어. 벨기에는 의

↑ OECD 주요국 투표율 순위 (중앙선관위)

무투표제를 처음 시작한 나라인데 투표를 안 할 때마다 벌금이 점점 늘어나고, 계속 선거를 안 하면 아예 10년 동안 투표권을 없애 버린대. 특히 투표권이 박탈된 기간에는 공무원으로 취업도 할 수 없어. 이러한 벨기에의 평균 투표율은 80% 이상이야. 또 브라질은 투표하지 않으면 여권을 발급해 주지 않고, 싱가포르도 벌금을 내게 한대.

정의관으로 비추어 보는 의무투표제

의무투표제를 시행하는 나라들은 대체 왜 이런 제도를 만들었을까? 호주처럼 투표율이 90% 이상 유지되면 당선자들은 국민을 대표하는 힘이 더 강화될 수 있어. 또 모든 국민이 투표에 참여하게 되니까 정치에 관심 없는 사람들이 줄어들기도 하지.

하지만 반대로 의무투표제를 없앤 나라도 있어. 네덜란드, 오스트리아, 이탈리아, 베네수엘라 같은 나라들은 한때 의무투표제를 했다가 폐지했어. 효과가 별로 없거나 벌금 관리 같은 행정적인 부담이 컸기 때문이야. 특히 네덜란드에서는 투표가 개인의 권리이고, 투표를 안 했다고 해서 벌금을 매기는 게 현실적으로 어렵고, 투표율이 높다고 해서 실제 정치에 대한 관심이 높은 건 아니라는 점 때문에 의무투표제를 없애기로 했어. 그렇다면 의무투표제의 단점은 무엇일까? 첫째, 개인이 투표를 할지 말지를 선택할 자유가 없으니까 개인의 자유를 국가가 침해하게 되는 거야. 둘째, 정치에 관심이 없는 사람들이 아무렇게나 투표를 하면, 엉뚱한 결과가 나올 수도 있어. 셋째, 벌금을 관리하고 걷는 데 돈과 시간이 많이 들어. 즉 의무투표제는 투표율을 높이는 데는 효과가 있지만 개인의 자유를 침해할 수 있다는 거야.

'자유주의적 정의관'과 '공동체주의적 정의관'으로 의무투표제를 살펴볼까? '자유주의적 정의관'은 개인의 자유와 권리를 가장 중요한 가치로 생각해. 즉 사람은 스스로 선택할 권리가 있고 정부가 너무 많이 개입해서는 안 된다고 믿어. 이런 관점에서 보면 투표는 개인의 선택이어야 하고, 국가가 강제로 투표하게 하면 안 된다고 보는 거야. 또 국가의 역할은 국민의 자유를 최대한 보장하면서 법과 질서를 유지하는 것까지만 해야 한다고 주장해. 그래서 자유주의적 관점을 가진 사람들은 의무투표제가 개인의 자유를 침해한다고 생각하는 거야.

반면 '공동체주의적 정의관'은 개인의 자유보다 사회 전체의 이익을 더 중요하게 봐. 즉 한 사람 한 사람의 행동이 공동체 전체에 영향을 미치기 때문에, 개인보다는 공동체 전체가 잘되는 것이 중요하다고 믿는 거야. 이런 관점에서는 모든 국민이 투표에 참여하면 공동체가 더 튼튼해지고 민주주의가 더 건강해질 수 있다는 거지. 투표를 꼭 하게 하면 사람들이 더 정치에 관심을 갖게 되어 불평등도 줄어들 수 있다고 보는 거야. 그래서 공동체주의적 관점을 가진 사람들은 의무투표제가 민주주의와 공동체의 결속력을 강화한다고 주장해.

최근 우리나라의 제22대 국회의원 선거의 투표율은 67%, 제8회 전국동시지방선거 투표율은 50.9%였어. 대통령 선거 투표율이 77.1%인 것에 비해 조금 낮지? 우리나라도 호주처럼 의무투표제를 시행하게 되면 투표율을 높일 수 있겠지만 개인의 자유가 제한되기도 할 거야.

정치에 참여하는 것은 민주 시민의 권리이자 의무라는 말을 들어 봤을 거야. 투표해야 할 '의무'와 참여하지 않을 '권리' 중에 무엇에 더 초점을 맞추어야 할까?

1. 국가별 의무 투표제 운영 사례로 옳지 않은 것은?

① 브라질은 투표를 하지 않으면 여권을 발급해 주지 않는다.

② 싱가포르는 투표권이 박탈된 기간에는 공무원으로 취업할 수 없다.

③ 호주는 1925년에 의무투표제를 도입했고, 사유 없이 불참하면 벌금을 부과한다.

④ 벨기에는 투표를 안 할 때마다 벌금이 점점 늘어나고 10년 동안 투표권을 없앤다.

2. 아래 주장을 A(자유주의적 정의관), B(공동체주의적 정의관)와 각각 연결해 보자.

> A. 자유주의적 정의관 ___________   B. 공동체주의적 정의관 ___________

① 투표는 개인의 선택이어야 하며 국가가 강제로 투표하게 하면 안 된다.

② 국가는 국민의 자유를 최대한 보장하면서 법과 질서를 유지하는 것까지만 해야 한다.

③ 모든 국민이 투표에 참여하면 공동체가 더 튼튼해지고 민주주의가 더 건강해질 수 있다.

④ 투표를 꼭 하게 하면 사람들이 더 정치에 관심을 갖게 되어 불평등도 줄어들 수 있다.

3. 투표는 '국민의 권리'일까 '반드시 해야 하는 의무'일까? 두 입장 중 어느 쪽에 동의하는지 적어 보자.

힌트 '권리'는 내가 할 수도 있고 안 할 수도 있는 자유고, '의무'는 꼭 해야 하는 일이야. 내가 어떤 사회에서 살고 싶은지 떠올려 보면, 어떤 쪽에 더 마음이 가는지 알 수 있을 거야.

더 알고 싶어 119

📖 도서   ▷ 영상   🔍 사이트

📖 **『새내기 주권자들을 위한 투표의 지혜』 (손석춘, 철수와 영희, 2020)**
새내기 유권자들인 청소년들이 투표를 처음 하게 되었을 때, 꼭 알아야 할 것들 그리고 생각해 보아야 할 것들에 대해 쉽게 설명하고 있어. 민주주의와 선거의 역사, 투표권 확대, 선거 제도의 변화, 한국 정치사 등에 대해서도 자세히 알아보자.

▷ **공직선거 의무투표제 도입, 찬성 V.S. 반대 (중앙선거관리위원회)**
공직선거의 의무투표제는 투표율을 높여 민주주의의 정당성을 확보할 수 있지만, 개인의 자유 침해 우려와 실효성에 대한 깊은 고민이 필요해.

🔍 **중앙선거관리위원회** 중앙선관위는 대한민국 선거와 국민투표를 공정하고 효율적으로 관리하고, 정당 및 정치자금에 관한 사무를 처리하는 헌법기관이야.

내가 차별하고 있었다고?

우리가 아무렇지도 않게 쓰는 말들 속에 차별 표현이 있을 수 있다는 것, 알고 있었어?
오늘은 내가 일상에서 차별하고 있지는 않은지,
우리가 살고 있는 세상은 정말 평등한지에 대해 생각해 보자.

학습 키워드　#사회불평등 #차별 #혐오 #장애인 #성평등 #인종차별 #마이크로어그레션
교과 연계　중 〉 사회1 〉 Ⅶ-3. 우리 사회의 다양한 갈등과 차별

　　김지혜 작가의 『선량한 차별주의자』라는 책을 아마 읽어본 친구들도 있을 거야. 이 책은 나도 내가 모르는 사이에 무의식적으로 차별을 하는 '선량한 차별주의자'가 될 수 있다고 말해. 일상에서 '결정 장애'라는 말을 쉽게 쓰듯이 우리가 무심코 하는 말과 행동 속에 차별이 숨어 있다는 거야. 작가는 스스로 '선량하다'고 생각하는 우리가 차별하기도 하고 혐오하기도 하는 모습을 일깨워 줘. 또 일상에서 당연하다고 생각한 것들이 누군가에게는 당연하지 않다고 알려주고 있어.

일상생활 속 차별

　　가수 에릭남이 영화 〈스파이더맨 : 홈커밍〉에서 스파이더맨의 역할을 맡은 톰 홀랜드를 인터뷰했던 적이 있어. 톰 홀랜드가 "영어 잘하시

네요. 어떻게 영어 배우셨어요?”라고 에릭남에게 물었고, 에릭남은 “저는 미국인이에요. 깜짝 놀라셨죠?”라고 대답했어. 이 인터뷰 후에 톰 홀랜드가 한 말은 논란이 되었어. 뭐가 문제였을까? 시청자들은 동양인은 당연히 영어를 못할 것이라고 생각한 톰 홀랜드가 차별 발언을 했다는 반응이야. 어디서 살아왔는지가 아닌 어떻게 영어를 배웠냐는 말이 무례했다는 거지.

2020년에는 매년 재치 있고 유쾌한 졸업 사진으로 화제가 되는 의정부고등학교 학생들이 비판을 받았어. 이 학생들은 얼굴을 까맣게 칠하는 분장을 하고, 아프리카 가나 상여꾼의 영상을 패러디해 졸업 사진을 찍었거든. 이걸 본 가나 출신 방송인 샘 오취리는 SNS에 ‘까맣게 얼굴을 칠하는 일은 흑인 입장에서 굉장히 불쾌한 일’이라고 언급했어.

『선량한 차별주의자』에서도 흑인을 비하해 웃음거리로 만들었던 ‘시커먼스’ 분장에 대해 지적해. 단순 재미를 위해 흑인 분장을 하는 ‘블랙 페이스’는 미국 인권 운동이 활발해지면서 인종 차별적 행위라고 비판을 받았기 때문이야.

이렇게 일상생활 속에서 무심코 나타나는 미묘한 차별을 마이크로어그레션Microaggression이라고 해. 마이크로어그레션은 ‘아주 작은Micro’과 ‘공격Aggression’의 합성어로 성별, 인종 영역에서 자주 보여. 여성 CEO에게 “사장님과 얘기 좀 할 수 있을까요?”라고 하는 것, 남성에게 “남자가 왜 이렇게 소심해?”라고 하는 것, 장애를 극복한 사람에게 “당신은 너무 용감해요!”라고 하는 것, 아시아인을 대상으로 “너는 수학을 잘하겠다.”라고 하는 것 모두가 특정 집단에 대한 부정적인 편견이나 차별을 반영한 마이크로어그레션의 사례야.

장애인 이동권·탈시설 시위를 통해 바라보는 불평등

장애인 이동권·탈시설 시위에 대해 들어본 적이 있어? 전국장애인차별철폐연대에서 실시한 출근길 지하철 탑승 시위라고 알고 있을 거야. 이 시위들로 평소보다 출근 시간이 5배 이상 걸린 시민들은 항의를 했고, 장애인 이동권 시위는 사회적으로 논쟁이 되었어. 『선량한 차별주의자』에서는 장애인 이동권 및 탈시설과 관련해 일상 속에서 우리가 당연하게 생각하고 넘어갔던 것들이 누군가에게는 당연하지 않은 것이고, 우리가 누리는 것은 평범해 보이는 특권이라고 설명해. 비장애인들의 경우에 시외버스를 타고 이용하는데 큰 불편함이 없지만, 휠체어를 타는 사람들은 시외버스에 휠체어 리프트가 없어서 시외버스를 이용하기 힘들어. 작가는 이런 점을 통해 우리 사회의 구조물들이 비장애인을 기준으로 만들어져서 이미 한쪽으로 편향되어 있다고 설명해. 즉 시외버스를 자유롭게 이용하는 건, 비장애인들에게는 어떤 면에서 특권인 거야.

지금까지 얘기한 사례들을 보면 어떤 생각이 들어? 여러분의 일상은 그동안 정말로 차별과 관련이 없었어? "웃자고 하는 말에 죽자고 덤벼든다.", '프로 불편러'라는 말을 한 번이라도 들어 봤을 거야. 이 사람들을 기울어진 세상에서 평등을 외치는 사람, 선량한 차별주의자가 되지 않기 위해 노력하는 사람이라고 생각하면 어떨까?

1. 다음 중 마이크로어그레션의 예로 가장 알맞은 것은?

① 다문화 축제 개최

② 출입문 앞 경사로 설치

③ 교통약자 위한 저상버스 확대

④ (여성 CEO에게) "사장님과 얘기 좀 할 수 있을까요?"

2. 다음 빈칸이 들어갈 말을 각각 써 보자.

> 마이크로어그레션은 일상생활 속에서 무심코 나타나는 아주 __________ 차별적
> ________ (을)를 뜻한다.

3. 일상에서 '결정 장애'라는 말을 쓰는 것이 문제가 될 수 있는 이유를 써 보자.

4. 차별과 불평등이 계속 반복되는 사회에서 여러분이 평등한 사회를 만들기 위해 할 수 있는 일에는 무엇이 있을까?

힌트 실천 방법을 한 가지 이상 구체적으로 말해 보자. 그리고 왜 그 방법이 의미 있는지도 적어 보자.

더 알고 싶어 119

📖 도서 ▶ 영상 🔍 사이트

📖 『**평범한 말들의 편 가르기, 차별의 말들**』 (태지원, 앤의서재, 2025)

우리가 일상생활에서 흔히 사용하는 말들이 차별이 될 수 있다는 것을 알게 되었을 거야. 고정관념과 편견을 만들기 쉬운 단어에는 어떤 것들이 있는지 사회적, 역사적 맥락도 함께 살펴보는 거 어때?

▶ [PLUS] 김지혜, 『**선량한 차별주의자**』 - 나도 가해자였다 (교보문고)

나쁜 의도는 없었지만 내 말과 행동이 누군가에게 상처를 주는 '선량한 차별'이 될 수 있어. '선량한 차별주의자'의 핵심은 우리가 나도 모르게 저지르는 무의식적인 차별을 깨닫고, 진정한 평등을 위해 세심한 관심과 노력이 필요하다는 거야.

서울공화국? 서울이 뭐길래?

'서울공화국'이라는 말은 수도인 서울에 정치적, 경제적, 사회적 영향력이 심하게
집중돼 있다는 걸 비판하는 말이야. 우리나라 인구의 절반이 수도권에 살지만 수도권은
우리나라 면적의 11%밖에 되지 않아. 그렇다면 왜 사람들은 수도권으로 몰릴까?
수도권 집중화 현상이 왜 사회문제로 떠오르고 있을까?

학습 키워드　#사회불평등 #공간불평등 #수도권집중화현상 #균형개발
교과 연계　중 〉 사회2 〉 IX-4. 수도권 집중에 따른 문제와 대책

이 지도는 대한민국 인구
카토그램이라는 지도야. 지역별
인구수에 비례하게 면적을 왜곡
한 지도인데 해가 갈수록 수도
권이 커지고 지방이 작아지는
걸 볼 수 있어. 그만큼 수도권
인구는 늘고 지방 인구는 줄어
들고 있다는 뜻이야.

'한강의 기적'이라는 말은
들어봤지? 한강의 기적은 우리
나라가 6.25전쟁이 끝나고 폐허

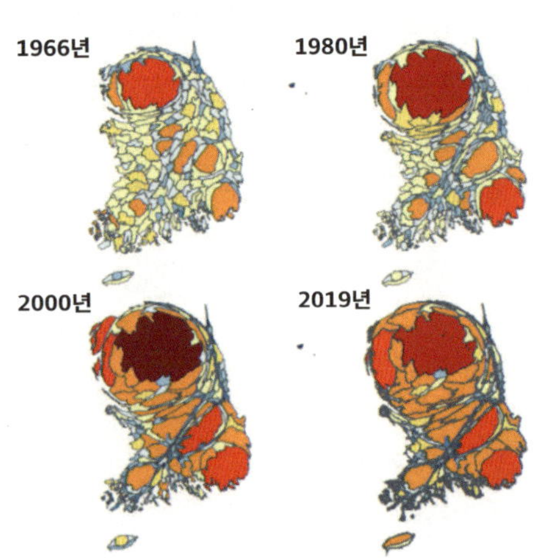

↑ 카토그램과 단계구분도 기법을 활용한 지도화
(인구 및 국토공간구조의 변화와 전망(2021), 국가균형발
전지원센터)

와 가난 속에서 빠르게 경제 성장을 이룬 걸 비유적으로 표현한 말이야. 하지만 SNS나 뉴스에서 ‘서울공화국’이라는 말을 종종 사용하는 것처럼 우리나라의 정치, 경제, 문화, 교육, 행정 등 모든 분야의 제도와 자원들이 서울에 집중돼서 수도권과 지방의 차이는 계속 커지고 있어. 수도권에는 대기업 본사, 대형 병원, 유명 대학, 정부 기관 같이 중요한 시설들이 몰려 있어. 그래서 좋은 일자리, 교육, 의료 서비스 같은 혜택을 수도권 사람들이 더 받게 되는 거야. 반면 지방은 이런 인프라가 부족해서 사람들이 떠나고, 경제도 점점 어려워지고 있어.

공간 불평등의 원인

‘공간 불평등’이란 지역마다 경제적·사회적·문화적 차이가 나타나는 현상을 말해. 이런 불평등 현상의 가장 큰 이유는 산업화와 도시화 과정에서 수도권에 많은 자원이 집중되었기 때문이야. 1960년대 이후 경제 개발이 빠르게 진행되면서 수도권에 산업단지, 기업 본사, 대학, 병원 등이 집중되었어. 좋은 교육과 의료 시설도 수도권에 몰려 있으니 더 많은 사람들이 수도권으로 이동한 거지. 의료 서비스에 품질 차이가 있고 영화·공연·전시 같은 문화 행사도 수도권에서 더 많이 열리니까 이걸 즐기려는 사람들도 자연스럽게 수도권을 선호하게 되었어. 결국 수도권이 점점 커지면서 문제가 나타나게 돼.

수도권에 사람이 몰리면서 어떤 문제가 생길까? 첫째는 주택 문제야. 수도권에 사람이 많아지면서 집값이 엄청 비싸졌어. 특히 서울의 아파트 가격은 지방 아파트보다 엄청 비싸서 젊은 세대는 집을 사기가 어려워졌어. 둘째, 지역 간 학력 격차 문제가 생겼어. 입시와 관련된 모든 정보와 학원 같은 교육기관이 수도권에 몰려 있기 때문이야. 사람들이 ‘

주요 대학'이라고 부르는 대부분의 대학들 역시 수도권에 몰려 있어 지방대학들은 학생 수가 줄어들면서 점점 문을 닫고 있어. 셋째, 의료 서비스가 불균형해. 수도권에는 대형 병원이 많아서 질 좋은 의료 서비스를 쉽게 받을 수 있어. 하지만 지방은 병원이 부족해서 수도권 병원까지 와야 하는 경우가 많아. 넷째, 문화적 콘텐츠의 제한이 있어. 수도권은 공연·전시회·영화 시사회 같은 문화 행사를 쉽게 즐길 수 있어. 하지만 비수도권 주민들은 문화 행사가 부족해 선택할 수 있는 기회가 적어. 이렇게 수도권 집중화 문제는 단순히 사람이 많아지는 것뿐만 아니라 삶의 질과 관련된 여러 가지 문제를 만들어 내고 있어.

공간 불평등의 해결 방법

수도권 집중화 문제를 해결하려면 수도권과 지방을 균형 있게 발전할 수 있도록 정책을 만들어야 해. 이걸 균형 개발이라고 해. 균형 개발을 하려면 지방에 투자와 지원을 늘려야 해. 지방에도 좋은 일자리를 만들면 사람들이 몰리겠지? 대기업이나 공공기관을 지방으로 옮겨서 수도권 사람들이 이사올 수 있도록 하는 거야. 지방에도 좋은 학교와 대형 병원을 늘려서 질 좋은 의료 서비스를 받게 해 수도권과 차이를 줄이면 좋아. 고속철도도 건설하고 도로망을 더 늘리면 지방과 수도권 간에 이동하기 편리해질 거야. 또 지방에는 수도권에 없는 자연환경과 전통문화가 남아 있어. 이런 문화들을 적극 활용하면 지역경제도 살릴 수 있어.

정부와 지역 사회가 힘을 합쳐 계속해서 노력하면 대한민국이 더 균형 있게 발전할 거야.

1. 다음 중 수도권 집중화 현상으로 나타나는 문제로 보기 어려운 것은?

① 입시 정보와 학원이 수도권에 몰려 지역 간 학력 격차가 생긴다.

② 지방의 병원·문화 시설 부족으로 의료·문화 접근성 차이가 커진다.

③ 수도권 주택 가격 상승으로 젊은 세대의 내 집 마련이 어려워진다.

④ 지방 대학의 학생 수가 늘어 지방 대학들이 문을 닫는 일이 줄어든다.

2. 다음 설명이 옳으면 ○, 틀리면 X를 표시해 보자.

> 대한민국 인구 카토그램에서 해가 갈수록 수도권이 커지고 지방이 작아지는 모습은, 수도권 인구가 늘고 지방 인구가 줄고 있음을 뜻한다. (   )

3. 다음 빈칸에 들어갈 말을 각각 써 보자.

> 공간 불평등'은 지역마다 ______ · ______ · ______ 차이가 나타나는 현상이다. 이런 문제를 해결하기 위해서는 수도권과 지방을 균등하게 발전할 수 있도록 정책을 만드는 _________(이)가 필요하다.

4. 수도권 집중화가 왜 문제인지에 대한 여러분의 생각을 써 보자.

힌트 본문에서 배운 교육, 의료, 집 같은 문제 중 하나를 골라 여러분이 사는 지역과 연결해서 써 보면 좋아.

더 알고 싶어 119

📖 도서　▷ 영상　🔍 사이트

📖 『**인구가 줄면 정말 위험할까?**』 (승지홍, 글담, 2024) 우리는 지금까지 수도권 집중화 문제에 대해 생각해 보았어. 여기에 확장해서 우리나라의 '인구 위기'에 대해서도 한 번 생각해 보자. 인구가 계속 줄어들게 되면 우리에게는 대체 어떤 일들이 생기게 되는 것일까?

▷ **서울 공화국이 된 이유 - 경제&교육&문화 모든 영역에서 서울 집중화 현상이 된 지금 - 언제부터 서울이 이렇게 비대해진 것일까? (tvN 알쓸별잡)** 왜 서울에 이렇게 모든 것이 집중되었는지 그 역사적 이유를 파헤치고, 그로 인해 발생하는 문제점과 미래의 해결책을 함께 고민해 보자.

🔍 **국토연구원** 이곳은 국토자원의 효율적인 이용, 개발, 보전에 관한 정책을 종합적으로 연구하여 국토의 균형 발전과 국민 생활의 질 향상에 기여하는 것을 목적으로 하고 있어.

왜 가난한 나라일수록 기후위기에 더 취약할까?

영화 〈기생충〉으로 보는 기후 불평등과 기후 정의

방글라데시는 최근 40년 만의 최악의 홍수와 산사태로 약 580만 명이 피해를 입었어. 인도에서는 기온이 50도까지 오르는 폭염이 있었고 몰디브는 해수면 상승으로 나라가 물에 잠길 위기에 처해 있어. 과연 이러한 기후위기는 모든 나라에게 똑같이 닥칠까?

학습 키워드   #기후불평등 #기후위기 # 기후변화 #기후재난 #기생충
교과 연계   중 〉사회2 〉V-2. 사회문제와 우리 생활

2022년, 국토의 3분의 1이 잠기는 심한 홍수로 인해 파키스탄에서는 수백만 명이 재해를 입고 수천 명이 죽었다고 해. 경제적 피해도 어마어마하게 발생했고, 또 농사를 짓는 땅이 망가져 식량 생산이 엄청 줄었어. 집과 생활 수단이 망가지면서 많은 사람들이 힘들어졌지. 우리는 이런 세계 여러 나라들의 기후 재난 소식들을 들으면서 기후위기가 심각하다는 것과 반드시 해결해야 하는 문제라는 건 알게 되었을 거야. 그렇지만 기후위기가 모든 사람들에게 공평하게 오지 않고, 가난할수록 기후재난으로 인한 피해가 더 크다는 걸 알고 있었니?

기후 불평등은 사회적 불평등 중에 하나로 기후변화나 날씨 문제로 사람들이 받는 피해가 다르게 나타나는 걸 말해. 돈이 많거나 좋은 환경에서 사는 사람들은 덜 힘들지만 경제적으로 어려운 사람들은 더 큰 피

해를 볼 수 있어. 이런 기후 불평등을 제대로 보여주는 영화가 있어. 바로 봉준호 감독의 〈기생충〉이야. 이 영화에서는 가난한 기택의 가족과 부유한 박사장 가족이 얼마나 다른 환경에서 사는지 여러 장면에서 볼 수 있어. 특히 영화에서 중요한 사건 중 하나가 폭우야. 비가 많이 내려서 기택의 가족이 사는 반지하 집이 물에 잠겨 버려. 반지하는 땅과 가까워서 빗물이 금방 들어차고, 결국 집에 있던 물건들도 망가져 가족들은 하룻밤 사이에 집을 잃게 돼. 반면 박사장 가족은 높은 지대에 있는 튼튼한 집에서 살고 있어. 폭우가 내려도 아무 피해 없이 편안하게 시간을 보내지. 이처럼 저소득층은 홍수 같은 극단적인 기후 현상에 큰 피해를 입지만 부유한 사람들은 영향을 덜 받는다는 걸 알 수 있어.

비가 그친 후에도 상황은 달라지지 않아. 기택 가족은 임시 대피소에서 힘든 밤을 보내야 했지만 박사장 가족은 아무 변화 없이 일상을 이어가. 같은 폭우를 겪었지만 환경과 경제적 상황에 따라 그 피해가 다르게 나타난다는 걸 알 수 있어.

기후 불평등과 기후 정의

이제 다시 세계 곳곳에서 일어나는 기후 불평등 이야기를 해볼까? 2022년 홍수로 국토의 3분의 1이 잠긴 파키스탄은 기후변화에 적응할 수 있는 인프라와 자원이 부족한 개발도상국이라 피해가 더 컸지. 사실 기후변화의 원인은 주로 선진국들이 산업화 과정에서 배출한 온실가스 때문이야. 그런데 그 피해는 오히려 파키스탄처럼 가난한 나라들이 더 크게 보고 있어. 기후변화에 대응할 기술이나 돈이 부족해서 재난이 닥쳤을 때 더 큰 어려움을 겪게 되는 거야.

방글라데시도 매년 반복되는 홍수와 사이클론 때문에 많은 피해를 보고 있어. 2020년 사이클론 암판 ^{Ampan}이 강타하면서 수십만 명의 이재민이 생겼고, 많은 사람들이 집이나 목숨을 잃었어. 방글라데시는 저지대에 있어서 해수면이 조금만 높아져도 홍수가 쉽게 발생해. 그런데 경제적으로 어려운 나라라서 방재 시설이 부족하고, 재난이 일어나도 빨리 대응하기가 어려워. 이처럼 기후변화의 피해를 직접적으로 겪고 있지만 그 원인은 선진국들이 배출한 온실가스 때문이라는 점이 불평등하다고 볼 수 있어.

몰디브는 해발 고도가 낮은 섬나라야. 그래서 해수면이 조금만 높아져도 섬이 물에 잠길 위험이 커. 실제로 해수면 상승으로 나라 전체가 사라질지 모른다는 위기까지 겪고 있어. 몰디브는 온실가스를 거의 배출하지 않지만 선진국들의 온실가스로 인해 기후변화의 피해를 오히려 가장 심하게 받고 있는 나라 중에 하나야.

이런 기후 불평등을 해결하려면 '기후 정의'가 필요해. 기후 정의란 기후변화로 인한 피해와 책임을 공정하게 나누고 모든 국가와 지역이 평등하게 기후변화에 대응할 수 있도록 돕는 걸 말해. 국제 사회도 이를 해결하기 위해 노력하고 있어. 예를 들어 매년 열리는 UN 기후변화총회 ^{COP}에서는 기후변화 문제를 논의하고 해결 방법을 찾고 있어. 2022년 이집트에서 열린 COP27에서는 기후 불평등 문제와 기후 정의에 대한 논의가 이루어졌고, 선진국들이 개발도상국을 돕기 위해 재정 지원과 기술 이전을 약속했어.

기후 정의는 단순한 문제가 아니야. 기후변화로 인해 피해를 보는 나라나 사람들, 즉 취약한 국가와 계층이 적절한 지원을 받을 수 있도록 하는 공정한 지원이 필요해. 기후변화는 모두에게 영향을 미치는 문제니까 지속가능한 미래를 만들어 나가자.

1. 다음 중 기후 불평등에 대한 설명으로 옳은 것은?

   ① 기후위기는 모든 사람에게 똑같이 닥친다.

   ② 온실가스 배출이 적은 나라는 피해를 거의 받지 않는다.

   ③ 기후변화로 사람들이 받는 피해가 다르게 나타나는 현상이다.

   ④ 기후 재난은 자연현상이라 우리 사회의 불평등 문제와 관련이 없다.

2. 기후변화로 인한 피해와 책임을 공정하게 나누고, 모든 국가와 지역이 평등하게 기후 변화에 대응할 수 있도록 돕는 것을 뜻하는 용어는 무엇일까?

3. 가난할수록 기후 재난에 대한 피해가 더 큰 이유를 적어 보자.

4. 파키스탄이나 몰디브처럼 기후위기로 큰 피해를 입는 나라들에게 어떤 국제적 지원이 필요할까?

   힌트 돈을 보내는 방법, 기술을 나눠주는 방법, 기후 피해를 줄이거나 복구할 수 있도록 도와주는 등 현실적인 방안 중심으로 제안해 보자.

더 알고 싶어 119

📖 도서　▶ 영상　🔍 사이트

📖 **『청소년을 위한 기후변화 에세이』(남성현, 해냄, 2024)**
　기후위기로 인해 우리 사회에는 더 고통 받는 사람이 있다는 것을 알게 되었을 거야. 심각한 기후변화의 현상과 정확한 원인을 파악해 보고, 해결책을 찾기 위한 기후 정의와 기후 행동에 대해 알아보자.

▶ **가라앉는 파나마 섬 -'기후 난민' 1,300여 명 "집 옮겨요" (YTN 사이언스)**
　피나마 섬처럼 기후변화 때문에 섬이 통째로 물에 잠겨 사람들이 이사하는 일이 현실이 되었고, 이들이 바로 최초의 '기후 난민'이 된 이야기야. 이처럼 우리가 외면할 수 없는 현실이 된 기후위기는 이제 전 세계적인 문제이지.

🔍 **유엔기후변화협약(UNFCC)** UNFCCC는 1992년 리우 환경회의에서 채택되어 1994년 발효된 국제 협약의 사무국 기능을 수행하며, 기후변화 문제 해결을 위한 국제 협력의 중심지 역할을 하고 있어.

교육 불평등,
다른 눈으로 보면 답이 보일까?

사회 불평등 문제를 통합적으로 바라보기

사회 문제를 이해할 때는 통합적으로 보는 관점이 필요해. 사람, 사회, 환경을 함께 생각하면서
사회 문제를 바라보는 게 중요하지. 왜 통합적으로 생각해야 할까?
그리고 교육 불평등 문제는 통합적인 관점에서 어떻게 해결할 수 있을까?

학습 키워드 #통합적관점 #시간적관점 #공간적관점 #사회적관점 #윤리적관점 #교육불평등
#건강불평등

교과 연계 중 〉 사회2 〉 V-2. 사회문제와 우리 생활

　　사회에서 일어나는 문제들은 단순한 하나의 이유로 생기는 게 아니야. 경제, 정치, 문화, 환경 같은 여러 요인들이 서로 영향을 주면서 복잡하게 나타나지. 그래서 문제를 제대로 이해하려면 한 가지 시각으로만 볼 게 아니라 여러 가지 관점을 통합해서 생각하는 게 중요해.

세상을 바라보는 다양한 관점들

　　세상을 바라보는 다양한 관점에는 시간적 관점·공간적 관점·사회적 관점·윤리적 관점이 있어. 시간적 관점은 과거에 어떤 일이 있었는지 살펴보고 당시의 시대적 상황과 역사적 사실을 현재와 연결해서 의미를 찾는 관점이야. 사회 문제가 나타나게 된 역사적 배경과 시대적 맥락을 이해하고 앞으로 어떤 변화가 필요한지 예측하는 데 도움을 줘.

공간적 관점이란 어떤 일이 어디에서, 왜 일어나는지 분석하는 관점을 뜻해. 관련이 있는 위치, 장소, 분포 유형, 이동과 네트워크 등 공간 정보를 고려하는 거야.

사회적 관점은 개인과 사회가 어떻게 영향을 주고받는지 살펴보는 관점을 의미해. 개인을 둘러싼 사회구조나 제도의 상호작용이 개인의 행동에 미치는 영향을 파악해 구성원의 행동이나 사회 변화의 이유와 문제점을 예측할 수 있어.

윤리적 관점이란 어떤 것이 옳고 그른지 판단하는 관점이야. 도덕적 가치와 규범을 기준으로 사회의 다양한 문제를 이해하고, 윤리적 관점을 통해 무엇이 옳고 그른지, 좋고 나쁜지를 판단하게 돼.

이렇게 여러 가지 관점을 통해 바라보는 걸 통합적 관점이라고 해.

교육 불평등 문제를 통합적 관점에서 바라보기

그럼, 우리 사회에서 발생하는 '교육 불평등' 문제의 해결 방안을 통합적 관점에서 찾아볼까?

먼저 시간적 관점으로 교육 불평등의 역사적 배경과 변화 과정을 살펴보는 거야. 교육 불평등 문제를 시간적 관점으로 해결하기 위해서는 과거에 어떤 정책들이 있었고 어떤 효과를 냈는지 분석한 뒤 오랫동안 지속될 수 있는

교육 시스템을 만들기 위해 장기적인 투자를 계획하는 것이 필요해.

공간적 관점에서는 도시와 농촌의 차이를 중심으로 교육 불평등 현상을 분석할 수 있어. 예를 들어 농촌의 학생들은 도시 학생들보다 교육을 받을 기회가 부족할 때가 많고, 대학 진학률이 낮아. 이 문제를 공간적 관점에서 해결하려면 모든 지역에 교육 자원과 시설이 골고루 배치될 수 있게 노력해야 해.

또 사회적 관점에서 교육 불평등은 가정 형편이나 사회적 배경에 따라서도 차이가 나는 거야. 경제적으로 어려운 가정의 학생들은 학원이나 과외를 받기 어렵고 대학 진학률도 낮아질 가능성이 커. 이 문제를 해결하려면 모든 학생이 자신의 배경과 상관없이 동등하게 교육 기회를 가질 수 있도록 장학금이나 교육 복지 정책을 확대하는 게 필요해.

윤리적 관점에서 교육은 모든 사람이 공평하게 받을 수 있어야 하는 기본 권리야. 하지만 현실에서는 그렇지 않은 경우가 많아. 그래서 공평한 기회의 원칙을 확립하고, 누구나 최소 기준을 넘는 배움에 도달하도록 국가가 '기본선'을 책임지는 것이 중요해. 누구나 태어난 환경과 상관없이 꿈을 이룰 기회를 가져야 하니까!

이처럼 시간적, 공간적, 사회적, 윤리적 관점을 모두 고려한 통합적 관점을 적용해 사회 현상을 탐구하면 사회 문제가 발생한 원인을 여러 방면으로 분석할 수 있고, 실제로 다양한 해결 방안을 찾을 수 있다는 것을 꼭 기억하자.

1. 다음 설명에 해당하는 관점은 무엇일까?

> 과거의 정책과 효과를 살펴 현재와 연결하고, 앞으로 필요한 변화를 예측한다.

① 시간적 관점   ② 공간적 관점   ③ 사회적 관점   ④ 윤리적 관점

2. 다음 빈칸에 들어갈 말을 써 보자.

> 시간·공간·사회·윤리의 여러 관점을 함께 고려해 문제를 이해하고 해결을 모색하는 관점을 ______________(이)라고 한다.

3. 통합적 관점으로 바라보는 교육 불평등 문제의 해결방안을 바르게 짝지어 보자.

> A. 시간적 관점 ____   B. 공간적 관점 ____   C. 사회적 관점 ____   D. 윤리적 관점____

① 도시·농촌 차이를 중심으로 현상을 분석하고 교육 자원과 시설을 골고루 배치
② 과거 정책과 효과를 살펴보고 장기적인 투자와 지속가능한 교육 시스템을 설계
③ 가정 형편·사회적 배경의 차이를 파악하고 장학금·교육 복지 정책을 확대
④ 교육을 기본적 권리로 보고 공평한 기회의 원칙을 확립

4. 교육 불평등 문제를 하나의 관점으로만 본다면 어떤 문제가 생길까?
   힌트 우리 사회문제를 여러 가지 관점에서 바라봐야 하는지 논리적으로 설명해 보자.

더 알고 싶어 119

📖 도서   ▷ 영상   🔍 사이트

📖 『**왜 불평등이 문제일까?**』 (윤홍식, 반니, 2024)
우리 사회에서 불평등이 자라난 이유가 무엇이고 이를 해결한 방안에 대해서 알아볼 수 있어. 특히 우리 나라의 급격한 경제 성장이 실패를 낳았다는 저자의 입장이 눈에 띄는 책이야. 더 나은 세상을 위해 우리는 무엇을 해야하는 것일까?

▷ **'태어날 때부터 정해져 있다' 통계보다 가혹한 대한민국 교육격차 현실 | 대치동 그리고 그 밖의 세상의 아이들 (EBS 다큐)** 대치동과 그 외 지역의 극심한 교육 격차를 통해, 노력만으로는 따라잡기 어려운 출발선의 불공정함이 아이들의 꿈에 얼마나 큰 영향을 미치는지 심도 깊게 파헤치고 있어. 교육 격차 문제는 '제도에 따른 불공정성'과 '환경에 따른 불평등'으로 인해 쉽게 해결되기 어렵다는 거지.

사람과 도시를 연결하는 공간 디자이너 도시계획가

우리가 매일 걷고, 쉬고, 살아가는 이 도시는 누가 만들었을까? 학교, 놀이터, 마트, 병원, 버스 정류장, 공원 같은 공간들은 그냥 생긴 건 아니야. 이 모든 공간은 누군가가 설계하고 계획한 결과지. 바로 '도시계획가'라는 사람이 그런 일을 해. 도시계획가는 사람들이 더 안전하고, 편리하고, 쾌적하게 살 수 있도록 도시의 구조를 설계하고 미래를 계획하는 전문가야. 오늘은 도시를 설계하는 직업, 도시계획가에 대해 알아보자.

도시계획가는 어떤 일을 할까?

도시계획가는 도시에서 일어나는 여러 가지 문제를 살펴보고 사람들의 삶이 더 좋아지도록 공간을 설계하는 일을 해. 우리가 사는 도시는 주택, 학교, 도로, 병원, 공원, 상가, 공공기관처럼 다양한 요소들로 구성되어 있어. 이 요소들이 어디에, 어떻게 연결되고 배치되는지에 따라 도시의 모습과 사람들이 살아가는 방식이 달라지지. 예를 들어 집과 학교가 너무 멀면 통학이 불편할 수 있고, 병원이 부족한 동네에서는 아플 때 빨리 도움을 받기 어려워. 또 공원이 전혀 없는 동네는 아이들이 마음껏 뛰놀 수 있는 공간이 부족할 거야. 도시계획가는 이런 문제들을 미리 살펴보고, 도시가 어떤 방향으로 발전하면 좋을지 계획을 세워.

또 도시계획가는 먼저 도시의 현재 모습을 조사하고 분석해. 인구는 얼마나 되는지, 사람들이 어떤 교통수단을 많이 이용하는지, 오래된 건물은 어디에 많은지, 공원이나 녹지 공간은 부족하진 않은지 여러 정보를 수집해. 이렇게 모은 정보를 바탕으로 도시의 문제를 파악하고, 앞으로 어떤 변화가 필요할지를 판단해.

그다음엔 '종합계획'이라는 큰 그림을 그려. 앞으로 10년, 20년 동안 도시가 어떻게 바뀔지, 어디를 개발하고 어디는 보존할지, 어떤 시설이 더 필요한지를 정하는 거야. 이 계획에 따라 도시가 달라지게 되는 거지.

도시계획가는 건축학, 도시공학, 지리학, 사회학, 환경학, 교통공학 등 여러 분야의 지식을 함께 활용해. 예를 들어 지리학으로는 땅의 모양과 지역의 특징을 파악하고, 사회학으로는 사람들의 생활 방식이나 요구를 분석하지. 환경학은 친환경 도시를 만드는 데 꼭 필요하고, 교통공학은 도로나 대중교통을 더 편리하게 만드는 데 중요해. 이렇게 도시계획은 여러 분야를 골고루 아우르는 종합적인 일이야. 또 도시계획가는 컴퓨터를 이용해 도시를 입체적으로 그려 보거나 지리정보시스템GIS으로 데이터를 분석하기도 해. 어디에 사람이 많이 다니는지, 교통이 막히는 곳은 어디인지, 상점이 많은 지역은 어디인지 시각적으로 보여주는 기술을 활용해 더 좋은 계획을 세우는데 도움을 받아.

도시계획가가 되려면?

도시계획가가 되려면 지도를 읽는 눈과 사람 사는 이야기를 듣는 귀, 그리고 숫자와 법을 다루는 손이 모두 필요해. 도시 계획은 멋진 건물을 '그리는' 일이 아니라 사람들이 어떻게 살고 이동하고 쉬는지를 '설계'하는 일이거든. 그래서 계획가들은 공간·교통·환경·주거 같은 지식을 두루 공부하고, 그걸 시민이 이해할 수

있게 지도로, 그림으로, 쉬운 말로 풀어내는 연습을 많이 해.

이 일은 도시를 좋아하고 걷는 걸 즐기는 사람, 문제를 발견하면 "왜?"부터 묻는 사람이면 더 잘할 수 있어. 주민설명회에서 다양한 이해관계자를 설득해야 하니 소통과 공감 능력도 중요하고, 서로 다른 전공과 협업하는 팀워크도 필수야.

도시계획가는 단순히 도로와 건물을 배치하는 사람이 아니야. 누구나 15분 안에 필요한 시설에 닿고, 걷고 싶은 거리와 공원이 있는 도시, 기후위기에 강한 도시를 '함께 논의해 설계'하는 사람이지. 혹시 지도를 좋아하고, 골목길의 불편함을 보면 개선 아이디어가 떠오르고, 동네 사람들 이야기 듣는 게 재미있어? 도시계획은 그 모든 걸 한꺼번에 실험할 수 있는 멋진 직업이야. 지금부터 우리 동네 15분 생활권 지도를 직접 그려 보고 위험한 보행 구간을 표시해 간단한 개선안을 써보는 건 어때? 그게 도시계획가로 가는 첫걸음이 될지도 몰라.

2부
사람답게 살 권리,
지켜지고 있을까?

설탕이
악마의 발명품이라고?

설탕은 사실 옛날에는 왕족들만 먹을 수 있는 아주 귀한 재료였대.
그런데 설탕을 많이 생산하려다 보니 값싼 노동력이 필요했고, 아프리카 사람들을
강제로 데려와 노예로 삼았어. 그래서 '악마의 창조물'이라고 부르기도 해.
설탕에 숨겨진 노예 무역의 역사를 통해 인권이란 무엇이고 왜 중요한지 알아보자.

학습 키워드 #설탕 #노예무역 #노예선 #대서양 #노예 제도 #인권

교과 연계 중 〉 사회 1 〉 XII-1. 인권 보장과 기본권의 종류
중 〉 도덕 1 〉 III-1. 인권은 보편적 가치일까?

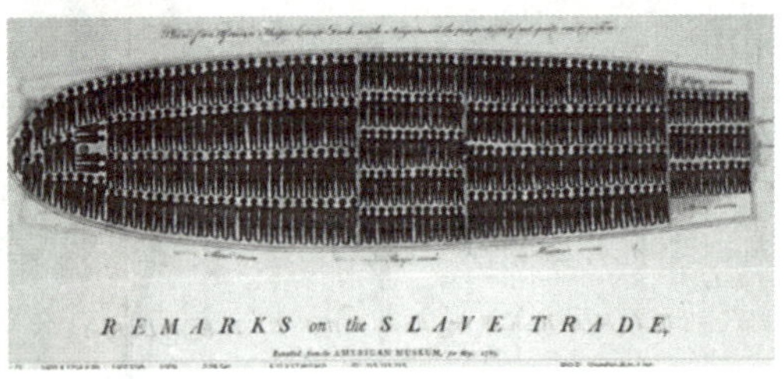

↑ 노예선 브룩스호의 하갑판의 모습을 묘사한 인쇄물

이 그림을 본 적이 있니? 그림을 자세히 들여다보면 사람의 형체가 빽빽하게 그려져 있어. 이 그림은 바로 노예를 한꺼번에 많이 태울 수 있도록 설계된 노예선의 설계도야. 바로 이 노예선과 노예 제도는 '악마의 창조물'이라고 불리는 '설탕'과 관련이 깊어. 15세기 유럽에서 설탕이 큰 인기를 끌면서 더 많은 설탕을 생산하려는 움직임이 생겼어. 설탕 농장을 운영하려면 일할 사람이 많이 필요했기 때문에 아프리카 사람들을 강제로 잡아와서 노예로 삼은 거야. 이렇게 해서 대서양 '노예 무역'이 시작되었어.

노예선과 인권

노예선 설계도에서 보는 것처럼 노예가 수송된 환경은 끔찍했어. 아프리카에서 아메리카로 가는 3개월이 넘는 항해 기간 동안 노예들은 배 아래층에 있는 좁고 어두운 공간에 짐처럼 움직이지도 못하고 있었대. 노예들은 배의 트윈데크tween deck라는 낮고 비좁은 공간에 눕혀졌어. 높이가 1.5미터도 되지 않아서 공기가 잘 통하지 않아 숨쉬기도 어렵고, 누군가가 병에 걸리면 쉽게 퍼졌어. 또 가장 비참했던 건 화장실이 없어서 그 자리에서 대소변을 봐야 했어. 더러운 환경은 전염병이 돌기 쉬웠고, 많은 노예들이 항해 도중 목숨을 잃었어. 병에 걸려 죽거나 너무 약해진 노예들은 바다에 던져지는 가혹한 일들이 발생했었지.

이런 노예 무역은 19세기 중반까지 계속되었어. 잔혹한 항해 후에 노예들은 항구와 시장에서 노예 경매로 팔리고, 설탕 농장에서 비참한 삶을 살았다고 해. 대서양 노예 무역은 역사상 가장 규모가 크고 잔인한 인권 침해 중 하나였어. 노예선에는 주로 아프리카의 성인 남성을 실어 날랐는데, 그렇게 아프리카는 노동력을 빼앗겨 문명 발달이 늦어지기도 했어. 설탕의 달콤함 아래에는 수많은 노예들의 고통과 희생이 숨겨져 있었던 거야. 우리나라 헌법 제 10조에는 이런 내용이 있어.

> "모든 국민은 인간으로서의 존엄과 가치를 가지며, 행복을 추구할 권리를 가진다.
> 국가는 개인이 가지는 불가침의 기본적 인권을 확인하고 이를 보장할 의무를 진다."

이 말은 모든 사람은 소중한 존재이고 행복하게 살 가치가 있어서 국가가 이걸 보장해야 한다는 걸 뜻해. 하지만 노예 제도는 이런 권리를 무시하고 인간으로서의 존엄과 가치를 빼앗았어. 여러분이 만일 노예선에 탄 노예였다면 인간으로서 대우받지 못한다고 느꼈을 거야.

노예 무역과 노예 제도의 역사를 통해 우리는 인권이 중요하다는 걸 깨달을 수 있을 거야. 인권은 모든 사람이 태어나면서부터 가지는 기본적인 권리이고 인간의 존엄성을 위해서 누구나 누려야 하는 거야. 인권에는 자유, 평등, 그리고 인간의 존엄성이 포함돼. 인권은 어떤 상황에서도 침해되어서는 안 되고 존중받아야 하는 권리야. 노예 제도는 인권을 극도로 침해한 사례이며, 인간의 존엄성과 자유를 철저히 무시했다고 볼 수 있어. 〈세계 인권 선언〉에도 인권의 특징이 잘 나타나 있어.

"인류 구성원 모두가 원래부터 존엄성과 동등하고도 남에게 양도할 수 없는 권리를 가지고 있다는 점을 인정하는 것이 자유롭고 정의로우며 평화로운 세상을 이루는 밑바탕이 된다."
– 〈세계 인권 선언〉 전문 중

인권의 특징을 살펴볼까? 인권은 남녀, 나이, 종교, 국적, 사회적 신분에 상관없이 모든 사람이 가질 수 있다는 보편성이 있어. 또 태어날 때부터 갖게 되는 당연한 권리여서 천부성을 가져. 내 인권은 다른 사람이 함부로 침해할 수 없고, 다른 사람에게 줄 수도 없다는 점에서 불가침성이라는 특징도 있지. 마지막으로 인권은 일정 기간에만 보호되는 게 아니라 영원히 보장된다는 항구성을 가져.

노예 제도는 인권을 무시한 대표적인 역사야. 게다가 오늘날에도 차별이나 부당한 대우를 받는 사람이 있어. 우리는 인권의 중요성을 알고 그것을 지키기 위해 노력해야 해. 비참했던 노예 제도처럼 인권이 침해되는 일이 일어나지 않도록 모두가 서로의 권리를 존중하자.

1. 다음 중 인권의 특징에 대한 설명으로 옳지 않은 것은?

① 특정 기간에 한하여 보장되는 권리이다.

② 태어날 때부터 갖게 되는 당연한 권리이다.

③ 다른 사람이 함부로 침해할 수 없고, 다른 사람에게 줄 수도 없다.

④ 남녀, 나이, 종교, 국적, 사회적 신분에 상관없이 모든 사람이 가질 수 있다.

2. 아래 내용이 담긴 역사적 문서는 무엇일까?

> 인류 구성원 모두가 원래부터 존엄성과 동등하고도 남에게 양도할 수 없는 권리를 가지고 있다는 점을 인정하는 것이 자유롭고 정의로우며 평화로운 세상을 이루는 밑바탕이 된다.

3. 다음 노예 제도 및 노예선에 대한 설명이 옳으면 ○, 틀리면 X를 표시해 보자.

> 1) 15세기 유럽에서 설탕의 인기가 커지면서 더 많은 노동력이 필요해 아프리카 사람들을 강제로 잡아와 노예로 삼았다. (   )
> 2) 노예선의 항해는 보통 며칠 정도로 짧아 큰 문제가 되지 않았다. (   )
> 3) 대서양 노예무역은 19세기 중반까지 계속되었다. (   )
> 4) 노예 제도는 인간의 존엄과 자유를 지키는 제도였다. (   )

4. 노예선 안에서 노예들이 겪은 상황을 떠올려 보고, 오늘날에도 비슷하게 인권이 침해되는 사례가 있는지 조사해 보자.

힌트 노예 제도 같은 명백한 인권 침해는 사라졌지만, 여전히 아동노동, 난민 문제 같이 인권이 침해되고 있는 사례가 많아. 과거와 현재의 공통점과 차이점을 비교하면서 인권의 중요성을 다시 생각해 봐.

더 알고 싶어 119

📑 도서   ▷ 영상   🔍 사이트

📑 『**노예선**』(마커스 레디커, 갈무리, 2018) 노예선 브룩스호의 하갑판의 모습을 묘사한 인쇄물을 보았지? 노예선에 승선했던 아프리카 노예, 선원, 선장의 이름과 사연에 대해 자세히 그려내고 있는 이 책을 읽으면서 노예선의 역사에 대해 알아보자.

▷ **인간이 자행한 잔혹함의 극치, 노예무역-죽음의 노예선에 빽빽이 실려 상품처럼 옮겨진 노예들 (tvN 벌거벗은 세계사)** 노예 무역의 역사는 인간을 '상품'으로 취급하는 극단적인 잔혹함의 기록이며, 그 과정에서 발생한 비인간적인 대우와 처참한 죽음은 우리가 기억해야 할 슬픈 현실이야. 대서양 노예 무역선에서의 생지옥 같은 여정을 쉽게 풀어 설명하고 있어.

🔍 **국제 앰네스티 한국지부** 이곳은 전 세계 모든 사람의 인권 보호와 증진을 위해 활동하는 국제 인권 단체인 국제 앰네스티의 한국 활동을 총괄해.

투표하려고
목숨을 걸었던 사람이 있다고?

영화 〈서프러제트〉로 보는 여성 참정권 운동과 세계 여성의 날

1913년 6월 4일, 영국의 어느 경마장. 이날은 영국에서 가장 큰 경마대회인 더비 경마대회가 열리는 날이었어. 많은 사람들이 경기를 보기 위해 몰려들었지. 경주가 시작되고 모두가 집중하고 있을 때 한 여성이 갑자기 "여성에게도 투표권을 달라!"고 외치면서 달려오는 말 앞에 뛰어들었어. 대체 왜 이 여성은 이렇게 위험한 행동을 했을까?

학습 키워드　#참정권 #여성참정권운동 #서프러제트(Suffragette) #투표권 #인권 #세계여성의날
교과 연계　중 〉 사회1 〉 XII-1. 인권 보장과 기본권의 종류

↑ 여성 참정권 운동가 에밀리 데이비슨의 모습

옆 사진은 여성 참정권 운동가 '에밀리 데이비슨'이 달리는 경주마에 뛰어들었던 장면이야. 에밀리 데이비슨은 심한 부상을 입고 병원으로 옮겨졌지만 안타깝게도 4일 후 세상을 떠났어. 그녀의 품에서 여성 참정권 운동 단체인 여성사회정치연합WSPU 깃발과 왕복 기차표가 발견되었어. 이 사건은 영국 전역에 큰 충격을 주었고, 여성들을 자각시켜 여성 참정권에 대한 사회적 관심을 높이는 계기가 되었어.

영국에서 여성들의 투표권이 보장되기 시작한 것이 고작 100년 전이라는 사실을 알고 있어? 19세기 후반에서 20세기 초반, 여성들은 교육을 받거나 직업을 가질 수 없었고 정치에도 참여할 수 없었어. 이런 불평등한 상황을 해결할 수 있는 열쇠가 바로 '투표권'이었어. 여성들은 평등한 권리를 찾기 위해 싸우기 시작했고 여성 참정권 운동이 시작되었어. 이때 여성 참정권 운동을 이끌었던 여성들을 '서프러제트Suffragette'라고 불러. 이들은 1903년 에멀린 팽크허스트Emmeline Pankhurst가 만든 여성사회정치연합Women's Social and Political Union, WSPU에서 활동했어. 서프러제트는 처음에는 평화적인 시위를 했지만, 정부가 무시하자 유리창을 깨고 우체통을 불태우는 등 강한 행동을 하며 목소리를 냈어.

여성 참정권 확대의 역사

영화 〈서프러제트〉는 20세기 초 영국에서 여성들이 투표권을 얻기 위해 싸웠던 이야기를 담고 있어. 여성 참정권 운동은 단순히 투표권뿐만 아니라, 평등한 교육 기회, 취업 기회, 여성의 사회적 지위 향상을 위해서도 싸웠어. 여성들은 집회, 시위, 연설 등으로 목소리를 내었고, 때로는 체포와 투옥도 불사하며 투쟁을 이어갔어. 하지만 당시 많은 남성들은 여성들이 정치에 참여하는

▲ 영화 〈서프러제트〉

것을 반대했어. 투표권을 요구하는 여성들을 정신 이상자로 취급하거나 아이들을 돌보지 않는 무책임한 엄마로 바라보기도 했어. 심지어 일부 여성들조차도 참정권 운동을 회의적으로 바라봤지. 하지만 서프러제트들

은 굳건히 자신의 길을 걸어 나갔어. 그 결과, 에밀리 데이비슨이 사망하고 5년 후인 1918년, 영국에서는 30세 이상의 여성들이 참정권을 가지게 되었고, 이후 1928년에는 21세 이상의 모든 여성에게 투표권이 주어졌지. 이건 여성 참정권 운동가들의 오랜 투쟁의 결과야. 영국의 변화는 다른 나라에게도 영향을 미쳐 전 세계적으로 여성 참정권을 확대하는 계기가 되었어. 여성 참정권 운동은 단지 투표권만을 얻기 위한 것이 아니라 교육, 직업, 사회적 지위 등에서의 평등을 요구하는 운동이었어. 인간으로서의 존엄과 권리를 되찾기 위한 중요한 시작이었던 거야. 여성사회정치연합WSPU을 결성한 에멀린 팽크허스트는 이렇게 말했어.

> "우리 여성 참정권 운동가들은 막중한 임무를 갖고 있다. 아마도 그것은 세상에서 가장 중대한 임무일 것이다. 그 임무란 바로 인류의 절반을 해방시키는 것이다. 그리고 그 해방을 통해서 인류의 나머지 절반을 구하는 것이다."
>
> — 에멀린 팽크허스트

여성 참정권 운동가들의 노력으로 오늘날 여성들은 기본적인 인권을 누릴 수 있게 되었고, 정치, 경제, 사회 각 분야에서 활약하고 있지. '세계 여성의 날'은 미국 여성 노동자들이 열악한 노동환경 개선과 참정권 보장을 요구하며 벌인 대규모 시위를 기념하며 시작되었어. 이 시위에서 노동자들은 "우리에게 빵과 장미를 달라!"라고 외쳤어. 여기서 빵은 노동 현장에서 시달리던 여성들의 생존권을, 장미는 참정권을 상징해. 이 운동을 기념하며 유엔은 1975년 3월 8일을 공식적인 '세계 여성의 날'로 지정했어. 지금은 여성도 자유롭게 교육을 받고 직업을 가지며 투표도 할 수 있어. 하지만 이런 권리는 오랜 싸움과 희생 속에서 얻어진 거야. 우리들이 당연하게 누리는 권리와 자유가 얼마나 소중한지 꼭 기억하자.

1. 여성사회정치연합(WSPU)에 대한 설명으로 옳은 것은?

   ① 프랑스에서 만들어진 단체이다.

   ② 1918년 정부가 설치한 공식 선거관리 기구였다.

   ③ 에밀리 데이비슨이 단독으로 창설하여 운영했다.

   ④ 1903년 에멀린 팽크허스트가 만들었고 서프러제트들이 활동했다.

2. 다음 글에서 빈칸에 들어갈 말을 써 보자.

> 1913년 6월 4일, 영국의 어느 경마장. 이날은 영국에서 가장 큰 경마대회인 더비 경마 대회가 열리는 날이었다. 많은 사람들이 경기를 보기 위해 몰려들었고, 국왕 조지 5세도 자신의 경주마를 응원하기 위해 참석했다. 경주가 시작되고 모두가 집중하고 있을 때 한 여성이 갑자기 "여성에게도 ___________(을)를 달라!"라고 외치면서 달려오는 말 앞에 뛰어들었다.

3. 영화 속 서프러제트들은 처음엔 평화롭게 시위하다가 나중에는 폭력적인 행동도 했어. 이런 행동이 정당하다고 생각해? 찬성, 반대 중 하나를 골라 그 이유를 말해 보자.

   힌트 폭력성과 정당성, 당시 상황을 잘 떠올려보고 입장을 정해 보자.

4. 여성 참정권 운동은 단지 투표만 하겠다는 건 아니었어. 여성이 정치에 참여하게 되면 삶이 어떻게 달라질 수 있다고 생각해?

   힌트 투표권을 넘어서 사회 전반의 불평등 해결과 연결되는 점을 강조하면 좋아.

더 알고 싶어 119

📖 도서　▷ 영상　🔍 사이트

📖 『**에멀린 팽크허스트**』 (윤해윤, 나무처럼, 2019)

민주주의의 뿌리가 된 서프러제트와 여성 참정권 운동에 대해 다루고 있어. 여성 참정권 운동가 에멀린 팽크허스트가 투사로 살아가면서, 그토록 얻고자 했던 여성의 투표권이 의미하는 바가 무엇일까?

▷ **여성과 정치 1부 : 여성참정권, 100년의 투쟁 (중앙선거관리위원회)**

여성들이 투표권을 얻기 위해 겪은 고난은 단순히 '권리 쟁취'를 넘어 진정한 민주주의를 완성하려는 거대한 투쟁의 역사였어. 이 소중한 한 표가 우리의 삶 전체를 바꿀 수 있다는 굳건한 믿음이 그들의 희생을 이끌어냈고, 오늘날 우리가 누리는 평등한 세상의 초석이 된 거야.

퇴근하고 상사 전화 받는 게 의무라고?

'연결되지 않을 권리'로 보는 일과 생활의 균형

신입사원 A는 고민이 많아. 퇴근 후 밤 10시나 주말에도 업무 연락을 하는 과장님 때문이야. 일 끝난 뒤에는 쉬고 싶은데, 혹시 중요한 일일까 봐 전화를 안 받을 수 없어서 전화를 받지만 이게 반복되다 보니 점점 스트레스가 쌓이고 있어. 여러분은 신입사원 A의 마음에 공감해? 퇴근 후에도 직장에서 온 전화는 꼭 받아야 할까? 아니면 받지 않아도 될까?

학습 키워드   #정보화 #연결되지않을권리 #고용노동부 #일과생활의균형
교과 연계   중 〉 사회1 〉 XII -1. 인권 보장과 기본권의 종류
             중 〉 도덕1 〉 III -1. 인권은 보편적 가치일까?

요즘 많은 사람들이 퇴근 후에도 업무 연락을 받아야 하는 상황을 겪고 있어. 2021년 경기연구원 조사에 따르면 직장인의 약 88%가 퇴근 후에도 업무 지시를 받은 적이 있다고 해. 그 이유의 70%는 외부 기관이나 상사가 갑작스러운 업무 처리를 요청해서였어. 또 한국노동연구원에서는 직장인이 휴일이나 업무 시간 외에 일처리를 하려고 스마트 기기를 쓰는 시간이 평균 1시간 26분 정도라는 결과가 나왔어.

이러한 일이 생기는 이유는 정보화 사회에 SNS와 메신저가 보편화되면서 일과 개인 시간의 경계가 점점 사라졌기 때문이야. 그래서 우리 사회에서는 '연결되지 않을 권리'라는 개념이 등장하게 되었어.

연결되지 않을 권리란 퇴근 후 업무 연락을 받지 않을 권리를 말해. 디지털 시대에는 일과 생활의 균형이 흐트러지기 쉬워서, 직장인의 사생

활과 여가를 보장하기 위해 나온 새로운 권리야. 또 근무 시간 이후에 보낸 업무 연락에 대답하지 않아도 직업적 의무를 위반한 것이 되지 않아.

코로나19 이후 재택근무가 많아지면서, 퇴근 후에도 일하는 문화가 더 심해졌어. 그래서 '연결되지 않을 권리'를 보장해야 한다는 목소리가 높아졌고, 정부도 '연결 차단권'을 추진하려는 움직임을 보이고 있어. 고용노동부에서는 근로 시간 제도를 변경해 근로자를 보호할 수 있는 방안을 고민하고 있대. LG유플러스, CJ그룹, 이랜드그룹 같은 기업도 퇴근 후 업무 연락을 하지 않는 캠페인을 진행하고 있어.

연결되지 않을 권리, 필요할까?

그렇다면 해외에서는 어떻게 하고 있을까? 필리핀, 프랑스, 이탈리아, 벨기에 등 몇몇 나라에서는 이미 법에 '연결되지 않을 권리'를 보장하고 있어. 특히 프랑스는 2016년 '로그오프법'을 만들었어. 근로자가 50명이 넘는 회사는 퇴근 후 상사의 연락을 받지 않아도 되고, 법 위반 시 사업주에게 1년 이하의 징역이나 3,750유로 이하의 벌금을 부과한대. 필리핀에서는 법으로 업무 이메일, 문자, 전화에 연락받지 않을 시간을 정할 수 있도록 보장하고 있어. 우리나라에서도 비슷한 법안, 일명 '카카오톡 금지법'이 국회에서 여러 번 발의되었어. 2022년에는 더불어민주당 국회의원이 발의한 '근로기준법 개정안'이 나오면서 사용자가 퇴근 후 반복적으로 카카오톡이나 SNS, 전화로 업무 지시를 하면 근로자의 사생활을 침해하는 것으로 간주하는 조항이 추가되었어.

제6조의2(근로자의 사생활 보장) 사용자는 이 법에서 정하는 근로 시간 이외의 시간에 전화(휴대전화를 포함한다), 전자문서, 문자메시지, 소셜네트워크서비스(SNS) 등 각종 통신수단을 이용

하여 업무에 관한 지시를 반복적이고 지속적으로 하는 등 근로자의 사생활의 자유를 침해하여서는 아니 된다.

그런데 퇴근 후 업무 연락을 법으로 금지하는 것에 대해서 찬반이 나뉘고 있어서 아직 관련 법안들은 통과되지 않았어.

찬성하는 입장은 퇴근 후 업무 연락은 근무시간이 연장된 것과 마찬가지라서 노동자의 휴식권을 보장해야 한다고 주장해. 업무 스트레스를 줄이고 개인 생활과 일의 균형을 이루기 위해 법이 필요하고, 해외처럼 법으로 근로자들을 보호해야 한다는 입장이야.

반대하는 사람들은 급한 일이 생기면 연락할 수 있어야 하는데, 법으로까지 막는 건 심하다고 해. 상사가 업무 외의 일로 계속 연락하면 이미 '직장 내 괴롭힘 처벌법'으로 처리할 수 있으니 필요하지 않고, 노사가 협의해서 자율적으로 근무 문화를 만드는 게 먼저라고도 해. 여러분은 어떤 입장에 공감이 가?

우리는 '인권 경영'이라는 개념을 생각해 볼 수 있어. 인권 경영이란 기업이 인권적 책임을 지고 경영에서 기본적으로 인권 가치를 존중하자는 의미야. 정보화 사회에서 기업도 사람을 존중하는 경영을 해야 하고, 근로자가 자신의 능력을 충분히 발휘할 수 있도록 일하는 문화를 바꿔야 해. 퇴근 후 업무 연락을 줄이는 지침을 만들고, 근로자들이 근로 시간에는 업무에 집중하고 퇴근 후에는 개인 시간을 즐길 수 있도록 하는 문화를 만드는 게 필요해.

현대 사회가 디지털 시대가 되면서 연결되지 않을 권리뿐만 아니라 잊힐 권리 같은 새로운 인권 개념이 등장하고 있어. 변화하는 시대에 맞춰 모두가 더 행복하게 일하고, 쉴 수 있는 환경을 만들어 가자.

1. '연결되지 않을 권리'에 대한 설명으로 옳은 것은?

① 인터넷상의 정보를 삭제할 권리를 말한다.

② 퇴근 후 1시간 이내에만 답하면 의무를 다한 것으로 본다.

③ 퇴근 후 업무 연락에 답하지 않아도 직업적 의무 위반이 아니다.

④ 야간에 받은 연락은 모두 시간외수당으로 자동 처리한다는 의미다.

2. 다음 빈칸에 들어갈 말을 써 보자.

> __________(이)란 기업 인권적 책임을 지고 경영에서 기본적으로 인권 가치를 존중하자는 의미이다.

3. '연결되지 않을 권리'를 법으로 만드는 것을 찬성해 반대해? 찬성과 반대 입장을 비교해 보고 어느 쪽에 더 공감하는지 이유를 말해 보자.

힌트 찬성과 반대 의견을 객관적으로 정리한 다음 여러분이 공감하는 입장을 논리적으로 뒷받침하면 돼.

4. 연결되지 않을 권리가 생긴다면 어떤 갈등이 생길까? 이 문제를 해결할 수 있는 방법을 제안해 보자.

힌트 현실에서 생길 수 있는 갈등을 떠올려 보고 그걸 해결할 수 있는 제도적 장치나 소통 방식을 활용한 해결 방법을 구체적으로 써 보자.

더 알고 싶어 119

📖 도서　▷ 영상　🔍 사이트

📖 **『청소년을 위한 노동인권 에세이』 (구정화, 해냄, 2022)**
누구나 건강하게 일하고 행복하게 꿈꾸며 살아갈 권리가 있어. 여러분들이 노동 현장에서 일을 하게 되었을 때, 스스로 자신의 권리를 보호하고 동시에 타인의 권리를 존중하기 위해서는 헌법과 법률에 나타난 노동인권에 대해 반드시 알아야 해.

▷ **연결되지 않을 권리 | 직장인 고충 처리반 (잡플러스 채용)**
퇴근 후 업무 연락은 현대인에게 큰 스트레스 일 수 있어. 연결되지 않을 권리를 주장하며 일과 삶의 균형을 찾기 위해서 왜 이 권리가 중요하고, 해외에서는 어떻게 법제화되었는지에 대해 알아보자.

🔍 **고용노동부** 취업 준비생부터 근로자, 사업주에 이르기까지 일과 관련된 모든 국민이 정부의 정책과 지원 제도를 확인하고 이용할 수 있는 이 사이트를 추천할게.

홍콩 맥도날드에 '난민'이 산다고?

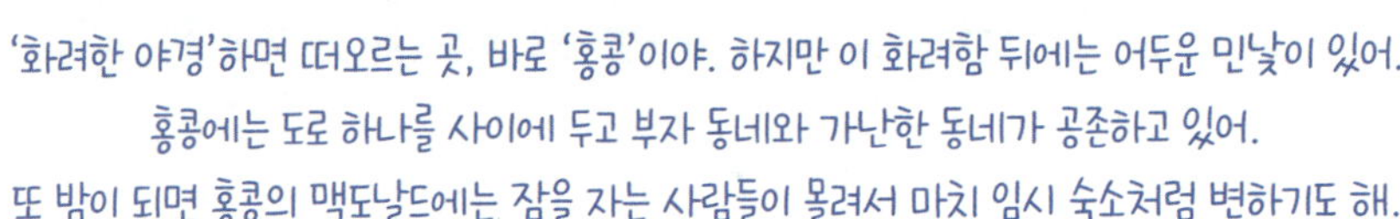

'화려한 야경'하면 떠오르는 곳, 바로 '홍콩'이야. 하지만 이 화려함 뒤에는 어두운 민낯이 있어.
홍콩에는 도로 하나를 사이에 두고 부자 동네와 가난한 동네가 공존하고 있어.
또 밤이 되면 홍콩의 맥도날드에는 잠을 자는 사람들이 몰려서 마치 임시 숙소처럼 변하기도 해.
대체 홍콩에는 왜 이런 일이 벌어지고 있을까?

학습 키워드　#주거권 #홍콩 #빈부격차 #쾌적한주거생활을할권리

교과 연계　중 〉 사회1 〉 XII-1. 인권 보장과 기본권의 종류
　　　　　　　중 〉 도덕1 〉 III-1. 인권은 보편적 가치일까?

↑ 닭장 같은 홍콩의 아파트, 홍콩의 주거 불평등을 보여주는 사진 (South China Morning Post)

홍콩에는 '인간 닭장', '관짝 집'이라고 부르는 1.4평짜리 작은 원룸에 20만 명 이상이 생활하고 있어. 옆 사진이 바로 원룸에서 사는 홍콩 사람들의 모습이야. 어떤 생각이 들어? 홍콩 사람들은 과연 쾌적한 주거생활을 보장 받고 있다고 할 수 있을까?

홍콩도 땅이 좁고 인구 밀도가 높아 집을 구하기가 어려워서 전 세계에서 집값이 가장 비싼 나라 중 하나야. 그래서 서민들은 집을 사기 힘

들어. 좁은 원룸이라도 도심에 있다면 월세가 300만 원이나 해. 12평짜리 아파트는 25억 원이 넘고, 사진 같이 좁은 방도 월세가 40만 원이 넘는대.

홍콩의 집값이 오른 건 2003년 사스(SARS) 이후 중국에서 자본이 들어오면서 시작되었고, 그 이후로 꾸준히 올랐어. 부동산 가격이 오르면서 집을 가진 사람들은 부유해졌지만 집이 없는 사람들은 높은 월세와 생활비 때문에 더 힘든 생활을 하고 있어. 앞에서 말했던 홍콩의 '맥도날드 난민'은 비싼 집값을 감당할 수 없는 사람들이 맥도날드에서 햄버거 하나를 시켜놓고 밤을 새는 모습을 말하는 거야. 홍콩 정부는 공공주택 정책을 일부 시행하고 있지만 인구 증가 속도를 따라가지 못하고 있어. 또 개발할 수 있는 토지가 제한적이라는 이유로 민간 시장에 의존했기 때문에 부유층과 기업 중심의 주택 공급 구조가 강화되었고, 그래서 주거 불평등은 더욱 심해졌지. 또 홍콩은 세계에서 가장 심각한 빈부격차를 겪고 있는 지역 중에 하나야. 홍콩은 금융과 서비스 산업이 발달한 도시여서 고소득 전문직과 저소득 서비스직 간의 소득 차이가 커. 게다가 좋은 교육을 받을 기회도 제한적이라 가난한 사람들은 고소득 직업으로 올라가기 어려운 구조야. 홍콩의 빈곤율은 2023년에 20%, 약 136만 명이 빈곤층에 속해. 가장 부유한 10%의 가구와 가장 가난한 10%의 소득 차이는 2023년 기준으로 57.7배나 돼.

이건 홍콩만의 문제는 아니야. 대만, 일본 도쿄 등 동아시아 여러 도시에서도 비싼 집값과 경제 불안정으로 청년들이 미래에 대한 불안을 느끼고 있어. 많은 청년들이 독립하기 어려워 부모와 살거나 결혼과 출산을 미루는 경우가 많아. 결국 이런 상황은 출산율을 낮추고 사회불안정으로 이어질 수 있지.

주거권이란 안정적인 환경에서 인간다운 생활을 할 권리를 뜻해. 쾌적한 주거 환경은 건강과 안전에 바로 연결되기 때문에 꼭 필요해. 집은 단순한 공간이 아니라 사회적 안정과 통합을 위한 필수 요소야. 우리나라 헌법 35조에도 국가는 국민이 쾌적한 주거 생활을 할 수 있도록 노력해야 한다고 되어 있어.

제35조 국가는 주택 개발 정책 등을 통하여 모든 국민이 쾌적한 주거 생활을 할 수 있도록 노력하여야 한다.

주거권이 보장되면 빈부 격차를 줄이고 더 많은 사람들이 인간다운 삶을 살 수 있어. 그래서 정부와 사회는 공공 임대주택을 확대하고, 저소득층이나 사회적 취약계층이 쾌적한 환경에서 살 수 있도록 주거비 지원과 주거 환경 개선 정책을 추진해야 해.

집은 단순히 '잠을 자는 곳'이 아니라 사회 속에서 정체성을 갖고 살아가는 기반이야. 따라서 주거권 보장은 단순한 집 마련을 넘어, 사회 구성원이 서로의 존엄을 지키며 함께 살아갈 수 있는 조건을 만드는 일이지. 홍콩의 '맥도날드 난민' 문제는 단순히 비싼 집값 때문이 아니라 사회의 불평등이 심해지고 있다는 신호야. 주거권이 보장되지 않으면 빈부 격차가 더 커질 수 있으니 모두가 안전하고 편안한 집에서 살 수 있는 사회를 만들기 위해 노력해야 해.

1. 다음 헌법 제35조에 관련된 인권으로 가장 적절한 것은?

> 제35조 국가는 주택 개발 정책 등을 통하여 모든 국민이 쾌적한 주거 생활을 할 수 있도록 노력하여야 한다.

① 환경권　　　　② 주거권　　　　③ 문화권　　　　④ 안전권

2. 우리 사회에서 주거권을 보장할 수 있는 방안을 두 가지만 써 보자.

3. 다음 진술이 옳으면 ○, 틀리면 X를 표시해 보자.

> 1) '맥도날드 난민'은 비싼 집값 탓에 매장을 야간 쉼터처럼 이용하는 사람들을 뜻한다. (　　　)
>
> 2) 홍콩 정부의 공공주택 정책은 인구 증가를 충분히 따라가 주거 불평등이 완화됐다. (　　　)
>
> 3) 2003년 사스(SARS) 이후 중국 자본 유입은 홍콩의 부동산 가격 하락을 가져왔다. (　　　)
>
> 4) 홍콩은 산악 지형이 많고 인구밀도가 높아 개발 가능한 토지가 적어 주택 공급이 제한된다. (　　　)

4. 주거권 문제를 해결하기 위해 어떤 국제적 노력이 필요할까?

힌트 국제기구나 국가 간 협력을 통해 주거권을 인권으로 보장하는 방향을 제안해 보자.

더 알고 싶어 119

📖 도서　▷ 영상　🔍 사이트

📖 『**내 집이 꼭 있어야 할까?**』(서윤영, 철수와영희, 2025)

우리 사회에서 많은 사람들은 '내집 마련'의 꿈을 가지고 있어. '공공 임대 주택'에 대해서는 들어 봤어? 다양한 주택 점유 형태 중 공공 임대 주택의 필요성에 대해 알아보고, 유럽 등 다른 나라의 주택 문제도 인권의 관점에서 접근해 보자.

▷ **세계에서 집값이 가장 비싼 곳, 홍콩의 맥도날드 난민** (KBS 중국 어제와 오늘)

홍콩의 살인적인 집값은 사람들을 잠 못 이루게 하여 결국 24시간 운영하는 맥도날드에서 밤을 보내는 '맥도날드 난민'을 양산하고 있어. 이 현상은 극심한 주거 불평등이 낳은 현대 사회의 슬픈 단면이며, 인간다운 삶의 최소한의 조건마저 위협받고 있음을 보여줘.

🔍 **옥스팜** 전 세계 80여 개국에서 활동하는 세계적인 국제 구호 개발 기구로 단순 구호를 넘어 가난을 심화시키는 구조적인 불평등을 개선하는 데 주력하고 있어.

인공지능 때문에
인권이 바뀐다고?

〈인공지능 개발과 활용에 관한 인권 가이드라인〉으로 보는 인공지능의 발전

인공지능의 발전에는 긍정적인 면과 부정적인 면이 공존하면서 인공지능 법률안을 둘러싼
사회적 논의가 계속되고 있어. 인공지능의 발달은 인권에 어떤 영향을 미칠까?
앞으로 AI 기술이 발전하면서 인권을 보호하기 위해 어떤 방향으로 나아가야 할까?

학습 키워드 #인공지능 #AI법 #인공지능법률안 #인공지능과인권
교과 연계 중 〉 사회2 〉 VI-1. 사회 변동과 우리 생활의 변화
          중 〉 도덕2 〉 III-4. 과학 기술 시대의 윤리적 쟁점은 무엇일까?

인공지능AI 기술이 빠르게 발전하면서 사회 전반에 걸쳐 사람들의 삶에 큰 영향을 미치고 있어. 인공지능의 발달은 삶의 질을 높여주기도 하지만 다양한 문제를 발생시키기도 해. 인공지능이 우리에게 미친 긍정적 영향과 부정적 영향에 대해 알아보자.

먼저 긍정적인 영향이야. 첫째, '의료 혁신'이야. 인공지능은 의료 영상 분석, 질병 예측 모델링, 맞춤형 치료법 개발 같은 분야에서 큰 발전을 이루었어. AI 기반 시스템은 MRI, CT 스캔 같은 영상을 분석해 초기 단계의 질병을 빠르고 정확하게 진단할 수 있거든. 또 많은 의료 데이터를 분석해 새로운 치료법을 찾고 환자에게 제일 잘 맞는 치료 계획을 세워줄 수 있어.

둘째, '생산성의 향상'이야. 제조업, 물류, 농업 같은 여러 산업에서

AI와 로봇을 활용해 생산 과정을 자동화해서 생산성이 크게 올라갔어.

셋째, '연구 개발과 맞춤형 교육'이야. AI는 새로운 과학적 발견과 기술 혁신을 빠르게 하고 있어. 예를 들어 새로운 약을 개발하는데 화합물 탐색하기도 하고, 기후변화 모델링에서도 AI가 크게 활약하고 있어. 또 AI는 학생의 학습 데이터를 분석해 맞춤형 교육 콘텐츠와 학습 방법을 제안해 줘. 한편 인공지능이 발전하고 퍼지면서 개인 삶의 질이 올라갈 것으로 기대하지만, 인공지능이 발달할수록 인권 침해가 늘어날 수 있다는 의견도 있어.

인공지능 발달의 또다른 영향

'이루다' 사태를 들어본 적이 있니? 이루다는 한 기업에서 개발한 20대 여성의 성격을 가진 AI 챗봇이야. 자연스럽게 대화하면서 사용자의 질문에 대답해 주고 일상적인 대화를 나눌 수 있게 설계되었어. 이루다의 대화 데이터는 '연애의 과학'이라는 기존 애플리케이션 사용자들의 실제 대화 데이터를 기반으로 훈련되었다고 해. 기존 애플리케이션 사용자는 자신의 개인적인 대화 내용이 동의 없이 이루다의 학습 데이터로 사용됐다며 개인정보가 침해를 주장했어. 또 온라인 커뮤니티에서는 이루다를 성적으로 대상화하는 사람들이 생겨서 이루다와 성적 대화를 하는 방법을 공유해 성희롱 논란이 일어나기도 했어. 결국 2021년 이루다를 개발한 기업은 서비스를 잠정 중단하겠다고 발표했어. 게다가 개인정보 침해 문제로 개인정보 보호 관련 기관에 조사와 제재를 받았대.

인공지능이 발달하면서 생긴 부정적인 영향은 대표적으로 세 가지야. 첫째, '개인정보 침해 문제'야. AI 시스템은 대량의 데이터를 수집하고 분석하기 때문에 개인정보의 침해 위험이 커. 이런 빅데이터가 나쁘

게 사용되면 심각한 문제가 발생할 수 있지. 둘째는 '윤리적 문제'야. AI는 배운 데이터를 그대로 따라하기 때문에 그 안에 있는 편견도 같이 배우게 돼. 이루다처럼 AI가 훈련 데이터의 편견도 학습하게 되면, 인종, 성별, 사회적 지위 같은 것 때문에 차별적인 결과를 내놓을 수 있어. 셋째, '일자리 감소'야. AI와 로봇이 많이 쓰이면서 직업들이 자동화되어 일자리가 줄어들고 있어. 특히 같은 일을 반복하거나 단순한 작업을 하는 직업이 가장 큰 영향을 받아.

이루다 사태 이후 한국을 포함한 여러 나라에서 AI 개발과 활용에 대한 법과 윤리 기준을 강화하려는 움직임이 활발해졌어. 특히 우리나라의 국가인권위원회에서는 AI가 개발되고 사용되는 과정에서 인권을 침해하거나 차별을 일으킬 가능성이 있다고 지적했어. 그것을 막기 위해 〈인공지능 법률안〉과 〈인공지능 개발과 활용에 관한 인권 가이드라인〉 제정을 권고했어.

인공지능의 발달이 우리의 삶의 질을 높여주었지만 개인정보 유출로 인권 침해 같은 문제도 발생하고 있어. 그래서 우리는 인공지능을 활용할 때 '인공지능 활용 윤리'를 지키려는 노력이 필요해.

1. 인공지능(AI) 기술에 대한 설명으로 옳지 않은 것은?

① AI의 발달로 인해 개인정보 유출과 같은 문제도 발생하고 있다.

② AI 기술은 사회 전반에 걸쳐 사람들의 삶에 큰 영향을 미치고 있다.

③ AI 기술이 발전함에 따라 개인의 삶의 질이 올라갈 것이라 기대하고 있다.

④ AI 개발에 대한 법과 규칙을 한국을 제외한 해외 여러 나라에서 만들고 있다.

2. 다음 빈칸에 들어갈 말을 적어 보자.

> 인공지능의 발달이 우리의 삶의 질을 높여주었지만 개인정보 유출로 인권 침해 같
> 은 문제도 발생하고 있다. 그래서 우리는 인공지능을 활용할 때 _______________
> (을)를 지키려는 노력이 필요하다.

3. 인공지능 발달로 인한 긍정적인 영향(A)과 부정적인 영향(B)을 바르게 짝지어 보자.

> ① 직업들이 자동화되어 일자리가 줄어들고 있다.
>
> ② AI가 훈련 데이터의 편견도 학습하게 되면, 차별적인 결과가 나타날 수 있다.
>
> ③ 학생의 학습 데이터를 분석해 개별 맞춤형 교육 콘텐츠와 학습 방법을 제안한다.
>
> ④ AI와 로봇을 활용해 만드는 과정을 자동화해서 산업 생산성이 향상되었다.

4. AI 기술이 발전하는 과정에서 '인간의 존엄성'을 지키려면 기업과 정부는 어떤 책임을
져야 할까?

힌트 법 제정, 가이드라인 마련, 시민 교육 같은 제도적 차원의 책임을 언급하면 좋아.

더 알고 싶어 119

📑 도서 ▷ 영상 🔍 사이트

📑 『**인공지능 윤리를 부탁해**』 (허유선, 나무야, 2024)
우리는 인공지능과 일상을 함께하고 있어. 인공지능 덕분에 우리 삶이 편리해지고, 효율적으로 변화한 것
은 확실해. 하지만 인공지능이 정말로 인간의 삶이 좋아지게만 할까? 전 세계 여러 정부와
기업들이 말하고 있는 '인공지능 윤리'란 대체 무엇일까?

▷ **[인권교육] 인권을 지키는 인공지능 (국가인권위원회)** 인공지능이 아무리 똑똑해져도 인간
의 존엄성을 해치지 않도록 법과 윤리라는 안전장치를 단단히 구축해야만 해. AI가 일으킬
수 있는 인권 침해의 다양한 모습과 이를 막기 위한 구체적인 해법에 대해 알아보자.

🔍 **인공지능 윤리 소통채널** 이곳은 과학기술정보통신부 산하의 정보통신정책연구원(KISDI)이
운영하는 공식 웹사이트로, 인공지능 시대의 윤리적 쟁점과 사회적 논의를 위한 공론의 장
역할을 수행하고 있어.

코로나 걸리면
시험도 못 본다고?

코로나 확진자의 시험 제한 및 기본권 제한의 요건

변호사 시험을 보는데 코로나19 확진자는 시험을 볼 수 없다고 해 보자.
만약 내가 코로나에 걸린 상태에서 시험을 봐야 하는 상황이라면 기분이 어땠을까?
시험을 못 봐서 억울할 것 같아? 아니면 감염 위험이 있으니 이런 규칙이
필요하다고 생각할 것 같아?

학습 키워드　#기본권 #헌법재판소 #기본권 제한 #기본권 제한의한계
교과 연계　　중 〉 사회1 〉 XII-2. 기본권 제한 요건과 침해 구제 방법

지금 변호사 시험을 본다고 생각해 봐. 그래서 법무부 홈페이지에서 시험 공지를 확인하는데, 다음과 같은 〈유의 사항〉이 적혀 있네.

유의 사항

1. 코로나19 확진 환자는 시험에 응시할 수 없습니다.

2. 감염병 의심자 중 보건당국으로부터 자가 격리 통지서를 받아 격리 중인 자는 관할 보건소와 협의 후 별도의 장소에서 시험에 응시할 수 있습니다.

만약 코로나19에 걸린 상태에서 시험을 봐야 한다면 기분이 어떨까? 시험을 못 봐서 억울할 것 같아? 아니면 공공의 이익을 위해 이런 규칙이 필요하겠다고 생각할 것 같아?

우리나라 헌법은 국민의 기본권이 보장된다고 나와 있어. 하지만 나라가 국민 전체의 안전을 위해 꼭 필요하다고 판단할 경우, 일정한 조건을 두고 기본권을 제한할 수도 있어. 가령 코로나19 같은 감염병이 퍼지는 상황에서 확진자나 감염이 의심되는 사람에게는 자가 격리를 하도록 할 수 있지.◆

자가 격리는 감염병이 퍼지는 걸 막기 위해 코로나19에 걸렸거나 걸렸을 가능성이 있는 사람이 일정 기간 동안 외출하지 않고 집이나 지정된 장소에서 지내야 하는 방역조치야. 우리나라에서는 확진자와 2m 이내에서 접촉했거나 확진자가 마스크 없이 기침한 공간이 있던 사람을 자가 격리 대상으로 정했어. 그리고 보건소에서 격리 대상자에게 주의할 점과 필요한 물품을 전달했지.

자가 격리는 국민이 자유롭게 이동할 권리를 제한하는 거야. 이런 국민의 기본권을 제한하는 조치는 반드시 최소한의 범위로만 해야 해. 헌법 37조 2항에는 기본권 제한의 요건을 두고 있는데, 기본권 제한의 목적을 '국가 안전 보장, 질서 유지, 공공복리' 중에 하나라도 해당해야 한다고 되어 있어. 또 국회가 정한 법률로만 제한해야 하고 자유와 권리의 기본 내용은 침해하면 안 돼. 이렇게 엄격한 조건과 제한을 둔 이유는 국가가 마음대로 하는 것을 막고 국민의 기본권을 보장하기 위해서야.

그렇다면 코로나19 확진자는 변호사 시험을 못 보는 게 맞을까?

2020년 법무부는 2021년 변호사 시험 공고를 내면서 코로나19 확진자는 변호사 시험을 볼 수 없다고 했어. 자가 격리 중인 사람은 보건소와

◆ 제37조 1　국민의 모든 자유와 권리는 국가 안전 보장·질서 유지 또는 공공복리를 위하여 필요한 경우에 한하여 법률로써 제한할 수 있으며, 제한하는 경우에도 자유와 권리의 본질적인 내용을 침해할 수 없다.

협의해서 따로 마련된 장소에서 시험을 볼 수 있도록 한다고 했지. 하지만 변호사 시험을 보려는 수험생들은 크게 반발했어. 변호사 시험은 5년 안에만 볼 수 있는데 코로나19에 걸렸다고 1년 기회를 잃는 건 불공평하다는 거야. 또 헌법에는 "모든 국민은 직업을 자유롭게 선택할 권리가 있다."고 되어 있는데 변호사 시험을 못 보면 변호사라는 직업을 선택할 기회가 막히는 거니까. 수험생들은 법무부가 '직업선택의 자유, 건강권, 생명권, 평등권'을 침해한다며 헌법재판소에 이 문제를 해결해 달라고 요청했어.

헌법재판소는 법무부의 조치가 잘못됐다고 판단했어. 코로나19 확진자라도 시험장 말고, 의료기관이나 생활치료센터 같은 격리 장소에서 변호사 시험을 볼 수 있게 한다면 감염병이 퍼지는 것도 막고 시험을 볼 수 있는 기회도 보장할 수 있다고 본 거야. 의료자원이 부족할 수도 있다는 막연한 걱정으로 시험 보는 걸 모두 금지한 건 국민의 기본권을 과하게 막은 거라고 판단했지. 헌법재판소 이선애 재판관은 이런 의견을 내놓았어.

> "나는 이 사건 응시제한이 청구인들의 직업선택의 자유를 침해한다는 법정의견과 의견을 같이하면서도 그 이유를 달리하므로 다음과 같이 별개의견을 남긴다.
>
> 라. 결국 피청구인이 임의로 확진환자 등을 이 사건 변호사시험 응시결격자로 지정하여 일률적으로 시험 응시를 제한할 법률상 근거를 찾아볼 수 없고, 이러한 추가적인 응시결격사유의 창설은 변호사시험법상 응시자격 및 응시결격사유를 열거한 내용에 반하는 것이다. 따라서 이 사건 응시제한은 법률상 근거 없이 기본권을 제한하여 법률유보원칙에 위배된다.
>
> 마. 이 사건 응시제한은 법률유보원칙에 위배되어 청구인들의 직업선택의 자유를 침해한다.

어떤 이유로든 기본권이 제한될 때는 과도하지 않은지 꼭 따져보자.

1. 코로나 확진자의 변호사 시험 응시 제한에 대한 헌법 재판소의 판단으로 옳은 것은?

   ① 응시 제한은 청구인들의 직업선택의 자유를 침해한다.

   ② 국민의 자유와 권리의 본질적인 내용은 침해되지 않았다.

   ③ 법무부가 청구인들의 참정권, 평등권, 자유권을 침해한다.

   ④ 일률적으로 시험 응시를 제한할 법률상 근거를 찾아볼 수 있다.

2. 다음은 기본권 제한에 관한 헌법 조항이다. 빈칸에 들어갈 말을 차례대로 써 보자.

   > 헌법 제37조 2항 국민의 모든 자유와 권리는 ＿＿＿＿＿＿＿, ＿＿＿＿＿＿,
   > ＿＿＿＿＿(을)를 위하여 필요한 경우에 한하여 법률로써 제한할 수 있으며, 제
   > 한하는 경우에도 자유와 권리의 본질적인 내용은 침해할 수 없다.

3. 코로나 확진자가 변호사 시험을 못 보게 한 조치에 대해 공공의 안전과 개인의 권리 중
   어느 쪽이 더 중요하다고 생각해? 그 이유를 함께 적어 보자.

   힌트 공공의 안전 VS 기본권 보호라는 두 가치의 충돌을 고려해 자신의 가치 판단을 드러내면 좋아.

4. 기본권을 제한할 수 있는 헌법 제37조 2항의 내용을 바탕으로 코로나 확진자가 시험
   을 못 보게 한 조치가 왜 헌법에 어긋났는지 정리해 보자.

   힌트 헌법 조항의 핵심 문장을 중심으로 요약하고, 이 조항이 왜 중요한지 설명해 봐.

더 알고 싶어 119

📑 도서　▷ 영상　🔍 사이트

📑 『**대한민국을 발칵 뒤집은 헌법재판소 결정 20**』 (김광민, 현암사, 2019)
　　우리가 함께 알아본 코로나 확진자의 변호사 시험 제한 사례 이외에도 헌법재판소가 내린 역사적 결정과
　　그 결정이 불러온 우리 사회의 변화에 대해서도 알아볼 수 있어. 한국 사회를 뒤흔든 헌법
　　재판소의 합헌에서 위헌 결정을 함께 읽어보자.

▷ **변호사 시험에서 코로나19 확진환자의 응시를 금지하고, 자가격리자 및 고위험자의 응시
　를 제한한 법무부 공고에 관한 사건, 선고 결과는? (대한민국헌법재판소)** 코로나19 때문에
　　변호사 시험 못 보게 된 건 명백한 위헌이라는 헌법재판소의 판결이 났어. 이 판결은 감염
　　병 예방과 국민의 기본권 사이에서 균형이 얼마나 중요한지를 보여줘.

🔍 **헌법재판소** 이곳에서는 헌법재판소가 내린 모든 결정 및 심판 정보를 국민과 전문가들이
　　쉽게 검색하고 활용할 수 있어.

대머리라서
아르바이트를 못 한다고?

외모 차별과 국가인권위원회의 역할

2016년에 실제로 있었던 일이야. 호텔에서 아르바이트를 하려고 출근했는데 대머리라는 이유로
일할 수 없다고 쫓겨났어. 이건 외모 때문에 일자리를 빼앗긴 차별 사례야.
이렇게 우리가 정당한 이유 없이 차별을 받거나 인권이 침해되는 일이 생길 수도 있잖아.
그럴 때 억울한 일을 해결할 수 있는 방법이 있을까? 함께 알아보자.

학습 키워드   #기본권 #기본권침해 #기본권구제 #국가인권위원회
교과 연계   중 〉 사회1〉 XII-2. 기본권 제한 요건과 침해 구제 방법

우리 헌법 11조 1항에서는 누구나 성별, 종교, 인종, 신분, 장애 같은
것으로 차별받지 않아야 한다고 정하고 있어.

제11조 1항 모든 국민은 법 앞에 평등하다. 누구든지 성별·종교 또는 사회적 신분에 의하여 정치
적·경제적·사회적·문화적 생활의 모든 영역에 있어서 차별을 받지 아니한다.

하지만 현실에서는 이런 차별이 종종 일어나. 가령 문신이 있다는 이
유로 면접 기회조차 얻지 못한 사례나 비만이라는 이유로 서비스직 채용
에서 탈락한 사례도 있었어. 헌법상 평등권을 침해한 차별로 볼 수 있지.
2016년 5월, A씨는 한 호텔에서 열리는 연회 행사에서 단기 아르바
이트를 하려고 지원했어. 호텔의 채용 담당자는 출근 복장 규정을 알려

주면서 A씨에게 근무하러 오라고 했어. 그런데 출근한 A씨를 본 담당자는 머리를 계속 쳐다보면서 "채용공고에 단정한 머리라고 적혀 있긴 한데…"라면서 관련 부서 직원에게 물어보겠다고 자리를 떴어. 잠시 후 돌아온 채용 담당자는 A씨에게 일을 할 수 없다고 했어. A씨가 대머리였기 때문이야.

A씨는 외모 때문에 부당한 차별을 당했다고 생각하고 국가인권위원회에 도움을 청했어. 하지만 호텔 측은 '채용은 협력업체가 했기 때문에 우리와 상관없다'고 주장했어. 협력업체의 채용 담당자는 '지금까지 대머리는 채용한 적이 없어서 호텔 직원과 상의해서 결정했다'고 했어. 국가인권위원회가 조사를 해보니, 호텔과 협력업체 모두 '대머리는 호텔에서 손님을 맞이하는 일에 적합하지 않다'는 편견을 가지고 있었어. 호텔의 단기 아르바이트 모집 내용이야.

◇ 업무내용 : 간단한 서브나 백사이드에서 핸드링 기물정리 업무여서 쉬워요.
  급여 익일 지급
◇ 근무조건
  - 급여 : 시급 7,000원(협의 가능)
  - 근무기간 : 5월 26, 27일(단 하루도 가능!!)
  - 근무시간 : (생략)
◇ 지원조건
  - 성별 : 무관 / 연령 : 무관 / 학력 : 무관
◇ 모집방법 (생략)
◇ 근무복장 및 준비물
- 남녀구분 없이 유니폼 지급되구요. 염색금지. 검정구두는 무늬, 장식이 없어야 하고 검정 이외의 색상이 들어가 있을 경우 불가능함

호텔의 아르바이트 모집 내용처럼 구인 사이트를 보면 '단정한 머리, 단정한 복장' 같은 조건을 자주 볼 수 있어. 그런데 이런 조건은 때로는 차별로 이어질 수 있어. A씨가 대머리라는 이유로 채용이 거부되었을 때, 호텔 측은 '대머리는 호텔에서 손님이 불편해 할 수 있고 거부감을 줄 수 있는 외모'라 채용하지 않았다고 주장했어. 하지만 국가인권위원회는 다르게 판단했어. 탈모는 개인이 선택할 수 없는 신체적 특징이기 때문에 차별의 이유가 될 수 없고, 대머리가 호텔에서 손님을 맞는데 적당하지 않다는 객관적인 이유도 없으며 단지 외모를 이유로 채용을 거부한 건 헌법이 보장하는 '평등권'을 침해하는 것이라고 판단했어. 결국 국가인권위원회는 호텔과 협력업체에 다시는 이런 차별이 발생하지 않도록 대책을 세우라고 권고했어.

우리는 일상에서 알게 모르게 차별을 경험할 수 있어. 만약 나라가 헌법에 보장하는 기본권을 심하게 제한하면 헌법재판소에 도움을 요청할 수 있어. 만약 부당한 차별이나 인권 침해를 당했다면 국가인권위원회에 '진정'을 제기할 수 있어.

국가인권위원회는 차별 행위를 조사하여 필요하면 법적 조치를 취하도록 하고, 정부와 국회에 인권 보호를 위한 법과 제도를 개선하라고 제안해. 이렇게 해서 법과 제도가 인권을 보호할 수 있게 노력하고 있어.

오늘 배운 사례를 통해서 알 수 있듯이 합리적인 이유 없이 차별하는 건 헌법이 보장한 '평등권'을 침해하는 일이야. 만약 내 인권이 침해당했다면 국가인권위원회를 통해 도움 받을 수 있다는 걸 기억하자.

1. 다음 중 평등권이 침해될 가능성이 큰 채용 조건을 고르면?

　① 직무 수행에 필요한 자격증을 요구하는 것

　② 안전모 착용이 가능한 헤어스타일을 권장하는 것

　③ 객관적 이유 없이 비만인 사람을 채용에서 배제하는 것

　④ 법령에 근거하여 성범죄 경력 조회서 제출을 요구하는 것

2. 다음은 우리 헌법에서 보장하는 기본권인 평등권과 관련된 헌법 조항이다. 빈칸에 들어갈 말을 차례대로 써 보자.

> 제11조 ① 모든 국민은 ＿＿＿＿ 앞에 평등하다. 누구든지 성별·종교 또는 사회적 신분에 의하여 정치적·경제적·사회적·문화적 생활의 모든 영역에 있어서 ＿＿＿＿(을)를 받지 아니한다.

3. 다음 역할을 하는 국가 기관은 어디인지 적어 보자.

> 대한민국의 독립적인 국가기관으로 인간의 존엄성과 기본적 인권을 보호하고 증진하는 역할을 한다. 주요 역할은 인권침해 및 차별 행위 조사·구제, 인권정책 권고 및 법·제도 개선 촉구, 국제 인권 기구와 협력, 인권 교육 및 홍보 등이 있다.

4. 국가인권위원회가 왜 A씨의 사례를 평등권 침해로 판단했는지 본문을 참고해서 설명해 보자.

힌트 국가인권위원회가 어떤 근거로 평등권 침해라고 판단했는지 헌법과 사례 내용을 기반으로 서술해 보자.

더 알고 싶어 119

📖 도서　▷ 영상　🔍 사이트

📖 『**청소년을 위한 인권 에세이**』 (구정화, 해냄, 2015)
　인권이 침해되는 문제가 발생하면 어떤 근거로 가치 판단을 내릴 것인지에 대한 논의가 필요해. 이 판단을 위해 요구되는 것이 바로 '인권 감수성'이야. 인권 감수성은 인권의 원리를 중심으로 생각과 태도, 말과 행동을 조절할 수 있는 능력이야. 이 책은 여러분들의 인권 감수성을 길러 주는 책이야.

▷ **'대머리' 이유로 호텔 채용 거부…"평등권 차별"** (SBS 뉴스)
　머리카락이 없다는 이유로 일자리를 잃게 되는 것이 공정하지 못한 대우라는 것을 알 수 있어. 외모가 업무 능력과 무관하게 고용을 결정하는 기준이 되어서는 안 된다는 거지.

🔍 **국가인권위원회** 이 사이트에서는 실제로 '대머리'를 이유로 호텔 채용이 거부당한 A씨의 사례와 국가인권위원회의 판단에 대해서 확인할 수 있어.

근로계약서
꼭 써야 하는 이유

청소년 노동인권 침해 사례로 보는 청소년 노동법

아르바이트를 해 본 적 있어? 아르바이트를 시작할 때 근로계약서를 썼는지 기억나?
어떤 친구들은 썼을 수도 있지만 그냥 일하기 시작한 친구들도 있을 거야.
2022년 경상남도에서 청소년 노동 실태조사를 했는데 아르바이트 한 청소년 중
60% 이상이 근로계약서를 쓰지 않았대. 근로계약서는 꼭 써야 하는 걸까?

학습 키워드   #청소년노동인권 #청소년노동법 #근로기준법
교과 연계   중 〉 사회1 〉 XII-3. 근로자의 권리

아르바이트를 하면서 부당한 대우를 받은 적 있어? 사실 많은 청소년이 아르바이트를 하면서 차별이나 불공정한 대우를 경험한다고 해. 2021년 서울시 교육청이 조사해보니, 아르바이트를 해 본 청소년의 44.6%가 노동인권 침해를 당한 적이 있다고 했어. 근로계약서를 쓰지 않은 경우(37.1%), 일한 돈을 받지 못한 경우(15.1%), 상사에게 욕을 들은 경우(7.9%), 성희롱을 당한 경우(6.8%)가 자주 발생하고 있는 것들이야. 그럼, 실제로 어떤 일이 있었는지 사례를 볼까?

[사례 1] 일한 돈을 못 받은 경우: 고등학생 A는 서울의 한 편의점에서 3개월 동안 아르바이트를 했어. 하지만 사장이 월급을 제때 주지 않았어. 매출이 적다고 계속 미루니 결국 A는 노동청에 신고했어. 그런데 A는 근로계약서를 쓰지

않아서 자신이 일한 걸 증명하기가 어려웠어.

왜 청소년들은 아르바이트를 하면서 부당한 대우를 받고 있을까? 청소년들이 이런 피해를 입는 이유는 노동법과 자신의 권리를 잘 모르기 때문이야. 학교에서도 노동인권 교육을 많이 하지 않고, 가정에서도 아르바이트와 관련된 법을 잘 모르는 경우가 많아. 그래서 부당한 대우를 받아도 이런 게 불법인지 모르거나 신고할 방법을 모르는 경우가 많지. 또 아르바이트와 학업을 같이 해야 하는 상황의 청소년들은 어쩔 수 없이 열악한 조건을 참고 일하는 경우도 많아. 많은 어른들은 '청소년은 아르바이트를 경험 삼아 하는 거니까 대충 해도 된다'는 생각을 하기도 해.

근로계약서는 일하는 시간, 급여, 휴일, 일할 장소, 업무 내용 같은 중요한 내용이 적힌 서류야. 만약 문제가 생겼을 때 내가 일했다는 걸 증명할 수 있는 유일한 자료가 되기도 해. 특히 일한 돈을 못 받았을 때 근로계약서가 없으면 증명하기 어려워.

청소년도 성인과 마찬가지로 노동법의 보호를 받아. 오히려 청소년은 더 강한 보호를 받도록 되어 있어. 위험한 일이나 유해 업종에서는 일할 수 없고 노동시간도 제한이 있어. 근로기준법에서는 청소년 근로 시간과 야간 및 휴일 근로의 제한을 정해 놓았어.

제69조(근로 시간) 15세 이상 18세 미만인 자의 근로 시간은 1일에 7시간, 1주일에 35시간을 초과하지 못한다. 다만 당사자 사이의 합의에 따라 1일에 1시간, 1주일에 5시간을 한도로 연장할 수 있다.

제70조(야간 근로와 휴일 근로의 제한) ② 사용자는 임산부와 18세 미만자를 오후 10시부터 오전 6시까지의 시간 및 휴일에 근로시키지 못한다. 다만, 다음 각 호의 어느 하나에 해당하는 경우로서 고용노동부장관의 인가를 받으면 그러하지 아니하다.

근로기준법 69조에 따르면 15세 이상 18세 미만 청소년은 하루 7시간, 일주일에 35시간을 넘겨 일할 수 없어. 만약 청소년과 고용주가 합의하면 하루 8시간, 일주일에 40시간까지는 일할 수 있어. 70조에 따르면 밤 10시부터 아침 6시까지 청소년은 일할 수 없어. 만약 꼭 일해야 한다면 고용노동부의 허가를 받아야 해.

청소년들도 자신의 노동인권을 보장받으려면 자신의 노동권리를 제대로 알고 적극적으로 지켜야 해. 또 고용하는 사람은 청소년 아르바이트생의 노동인권을 보호하기 위해 노력해야 하고, 우리 사회도 청소년 노동인권이 지켜질 수 있도록 국가인권위원회 같은 기관이 법과 제도를 계속 개선하고 있어. 앞으로도 청소년들이 더 안전하고 정당한 대우를 받으며 일할 수 있게 노동법을 잘 알고 적극적으로 권리를 찾자. 그리고 일할 땐 책임을 다하는 의무도 잊지 말자.

연소근로자(18세 미만인 자) 표준근로계약서

(이하 "사업주"라 함)과(와) (이하 "근로자"라 함)은 다음과 같이 근로계약을 체결한다.

1. 근로개시일 :   년   월   일부터
2. 근 무 장 소 :
3. 업무의 내용 :
4. 소정근로시간 :   시   분부터   시   분까지 (휴게시간 :   시 분~   시   분)
5. 근무일/휴일 : 매주   일(또는 매일 단위) 근무, 주휴일 매주   요일
6. 임금
    - 월(일, 시간)급 :   원
    - 상여금 : 있음 (원), 없음 (   )
    - 기타급여(제수당 등) : 있음 (원), 없음 (   )
    - 임금지급일 : 매월(매주 또는 매일)   일(휴일의 경우는 전일 지급)
    - 지급방법 : 근로자에게 직접지급(   ), 근로자 명의 예금통장에 입금(   )
7. 연차유급휴가
    - 연차유급휴가는 근로기준법에서 정하는 바에 따라 부여함
8. 가족관계증명서 및 동의서
    - 가족관계기록사항에 관한 증명서 제출 여부:
    - 친권자 또는 후견인의 동의서 구비 여부 :
9. 사회보험 적용여부(해당란에 체크)
    ☐ 고용보험   ☐ 산재보험   ☐ 국민연금   ☐ 건강보험
10. 근로계약서 교부
    - 사업주는 근로계약을 체결함과 동시에 본 계약서를 사본하여 근로자의 교부요구와 관계없이
      근로자에게 교부함(근로기준법 제17조, 제67조 이행)
11. 근로계약, 취업규칙 등의 성실한 이행의무
    - 사업주와 근로자는 각자가 근로계약, 취업규칙, 단체협약을 지키고 성실하게 이행하여야 함
12. 기타
    - 13세 이상 15세 미만인 자에 대해서는 고용노동부장관으로부터 취직인허증을 교부받아야
      하며, 이 계약에 정함이 없는 사항은 근로기준법령에 의함

년   월   일

(사업주) 사업체명 :   (전화 :   )
주소 :
대 표 자 :   (서명)

(근로자) 주소 :
연 락 처 :
성명 :   (서명)

1. 다음 청소년 근로에 관한 설명이 옳으면 ○, 틀리면 X를 표시해 보자.

> 1) 청소년은 성인과 달리 근로기준법의 보호를 받기 어렵다. (　　　)
> 2) 청소년은 위험한 일이나 유해한 업종에서 일할 수 없다. (　　　)
> 3) 15세 이상 18세 미만인 청소년의 근로 시간은 원칙적으로 1일 7시간, 1주 35시간을 초과할 수 없다. (　　　)
> 4) 17세인 청소년을 밤 10시~아침 6시 사이에 근무시키려면 고용노동부 장관 인가가 필요하다. (　　　)

2. 다음 빈칸에 공통으로 들어갈 말을 써 보자.

> ＿＿＿＿＿＿＿(은)는 일하는 시간, 급여, 휴일, 일할 장소, 업무 내용 같은 것이 써 있는 중요한 서류이다. 만약 문제가 생겼을 때 내가 일했다는 걸 증명할 수 있는 유일한 자료가 될 수도 있다. 특히 일한 돈을 못 받았을 때 ＿＿＿＿＿＿＿(이)가 없으면 증명하기 어렵다.

3. 아르바이트를 시작하는 친구에게 근로계약서를 왜 써야하는지 설득력 있게 말해 보자.

힌트 청소년들이 노동 현장에서 자주 인권 침해를 당하게 되는 이유에 대해 생각해 봐. 그리고 연소 근로자(만 18세 미만) 표준 근로 계약서에 어떤 내용이 포함되는지도 함께 이야기 해주면 좋아.

4. 청소년들이 아르바이트를 할 때 노동인권 침해를 겪는 이유는 무엇일까? 노동인권 침해를 해결하기 위해 어떻게 하면 좋을까?

힌트 구체적인 사례나 사회적 맥락을 바탕으로 청소년 노동인권이 왜 침해당하는지 분석하는 게 중요해.

 **더 알고 싶어 119**　　　📖 도서　▷ 영상　🔍 사이트

📖 『열 가지 당부』(하종강 외, 창비, 2020)
근로 현장에서 일하게 될 여러분들이 반드시 알아야 할 노동인권 지식과 상식을 우리 사회를 대표하는 노동 전문가들이 당부의 말로 전하고 있어. 어떤 직업을 앞으로 갖게 되든지 노동자로서의 나의 권리를 당당하게 요구할 줄 알아야 해.

▷ **알바 전 필독! 뒤통수 안 맞는 근로계약서 작성법 | 노동위기대응매뉴얼 | 하이클래스 6회 | 안성민 선생님 (기획재정부)** 아르바이트할 때 계약서를 안 쓰면 나중에 큰 코 다칠 수 있으니, 내 권리는 내가 챙겨야 해. 청소년들이 알바하면서 겪을 수 있는 위험을 피하고, 정당한 대우를 받도록 돕는 '내 권리 지키기 필살기' 모음집을 함께 확인해 보자.

원조 평양냉면은 슴슴한 맛이 아니었다고?

2018 남북정상회담과 통일의 중요성

자극적인 맛보다 오히려 슴슴한 평양냉면 맛을 좋아하는 사람들 많지? 그런데 2018년 남북정상회담 때 연예인들이 북한의 '옥류관'에서 평양냉면을 먹어봤더니, 우리가 알던 맛과 전혀 다르더래. 그럼 2018년 남북정상회담에서는 어떤 일이 있었는지 알아보자.

학습 키워드　#남북분단 #평화 #통일의 필요성 #남북정상회담 #판문점 선언
교과 연계　중 〉 사회2 〉 XI-3. 한반도 평화와 통일 국토의 미래

2018년 4월 27일, 대한민국의 문재인 대통령과 조선민주주의인민공화국 김정은 국무위원장이 판문점에서 마주 섰어. 두 사람 사이에는 공동경비구역JSA의 군사분계선이 있었지. 그때 문재인 대통령이 "저는 언제쯤 넘어갈 수 있겠습니까?"라고 물었어. 그러자 김정은 위원장이 "그

럼, 지금 넘어가 볼까요?"라고 화답했고 두 정상은 손을 맞잡고 군사분계선을 함께 넘었어. 이 장면은 아주 특별했어. 남과 북이 분단된 지 70

년 동안 남북 정상이 서로의 땅을 오간 적은 단 한 번도 없었거든. 동반 월경, 왕복이라는 역사적인 이 순간은 역사에 남을 중요한 일이 되었어.

그날 김정은 위원장은 판문점에서 방명록에 "새로운 력사는 이제부터. 평화의 시대, 력사의 출발점에서"라고 적었어. 그리고 두 정상은 회담을 가진 뒤 '4.27 판문점 선언'을 공동 발표했지. 이 선언에는 남과 북이 앞으로 어떻게 평화를 만들고 함께 협력할지에 대한 내용이 담겨 있었어. 그럼 판문점 선언에는 어떤 약속이 있는지 살펴볼까?

1. 남과 북은 남북 관계의 전면적이며 획기적인 개선과 발전을 이룩함으로써 끊어진 민족의 혈맥을 잇고 공동번영과 자주통일의 미래를 앞당겨 나갈 것이다. 남북관계를 개선하고 발전시키는 것은 온 겨레의 한결같은 소망이며 더 이상 미룰 수 없는 시대의 절박한 요구이다.

2. 남과 북은 한반도에서 첨예한 군사적 긴장상태를 완화하고 전쟁 위험을 실질적으로 해소하기 위하여 공동으로 노력해 나갈 것이다.

3. 남과 북은 한반도의 항구적이며 공고한 평화체제 구축을 위하여 적극 협력해 나갈 것이다. 한반도에서 비정상적인 현재의 정전상태를 종식시키고 확고한 평화체제를 수립하는 것은 더 이상 미룰 수 없는 역사적 과제이다.

몇 달 후, '2018 남북정상회담 평양'이 열렸어. 이번 회담에는 정치, 경제, 문화 등 여러 분야에서 활동하는 52명의 특별수행원이 문재인 대통령과 함께 북한을 방문했어. 이때 연예인들도 평양을 방문했는데 북한의 유명한 냉면집 '옥류관'에서 평양냉면을 먹어보고 "늘 먹던 평양냉면과 맛이 완전히 달라요. 원래 밍밍한 맛일 줄 알았는데 오히려 균형 잡힌 맛이었어요."라는 후기를 전했어. 원조 평양냉면, 한 번 먹어보고 싶지 않아?

통일의 중요성

2018 남북정상회담은 통일이 왜 필요한지 다시 한 번 생각해 보는 계기였어. 그렇다면 남북 통일이 되었을 때 장점은 무엇일까?

첫째로 가족이 다시 만날 수 있다는 점이야. 남과 북이 나뉘면서 이산가족이 생겼어. 이산가족은 전쟁 때문에 헤어진 가족이야. 헤어져서 오랜 세월 동안 서로 만나지 못한 가족들이 자유롭게 왕래하고 다시 만날 수 있도록 통일이 꼭 필요해.

두 번째로는 전쟁 걱정 없이 살 수 있다는 점! 현재 남북한은 군사적으로 긴장 상태야. 통일이 되면 서로 싸우지 않고 평화를 유지할 수 있어. 전쟁 위험이 줄어들면 한반도뿐 아니라 동아시아 전체에도 평화로운 분위기가 만들어질 거야.

세 번째는 경제가 더 발전할 수 있다는 점이야. 통일이 되면 남한의 기술력과 자본, 그리고 북한의 자원과 노동력이 합쳐져서 경제가 더 발전할 수 있어. 남과 북이 힘을 합치면 새로운 일자리도 많이 생길 거야. 도로, 철도, 항만 같은 기반 시설도 더 많이 만들어질 거고, 한반도 전체가 더 넓은 시장이 되어 경제가 활발해질 거야.

네 번째는 남과 북이 서로 문화를 이해할 수 있다는 점이야. 남북은 오랫동안 떨어져 지내면서 문화가 많이 달라졌어. 하지만 통일이 되면 서로 문화를 공유하고 새로운 문화를 함께 만들어 갈 수 있어.

이렇게 우리나라의 통일은 개인적·민족적 차원과 정치, 경제, 사회 문화의 전 영역에 이르기까지 여러 긍정적인 효과를 가져올 수 있어. 통일은 한반도와 동아시아, 나아가 전 세계의 평화와 번영을 위해 중요한 과제야.

1. 남북 통일의 필요성으로 옳지 않은 것은?

　① 이산가족의 자유로운 왕래와 상봉을 위해

　② 전쟁 위험 감소와 동아시아의 평화를 위해

　③ 남북 문화 중 더 우월한 문화를 평가하기 위해

　④ 남북 자본·기술·자원의 결합으로 경제 발전을 위해

2. 다음은 남북 정상이 2018년 공동으로 발표한 선언문이다. 이 선언의 명칭은 무엇일까?

> 1. 남과 북은 남북 관계의 전면적이며 획기적인 개선과 발전을 이룩함으로써 끊어진 민족의 혈맥을 잇고 공동번영과 자주통일의 미래를 앞당겨 나갈 것이다. 남북관계를 개선하고 발전시키는 것은 온 겨레의 한결같은 소망이며 더 이상 미룰 수 없는 시대의 절박한 요구이다.
> 2. 남과 북은 한반도에서 첨예한 군사적 긴장상태를 완화하고 전쟁 위험을 실질적으로 해소하기 위하여 공동으로 노력해 나갈 것이다.
> 3. 남과 북은 한반도의 항구적이며 공고한 평화체제 구축을 위하여 적극 협력해 나갈 것이다. 한반도에서 비정상적인 현재의 정전상태를 종식시키고 확고한 평화체제를 수립하는 것은 더 이상 미룰 수 없는 역사적 과제이다.

3. 남북한의 문화적 차이가 통일 후에 미칠 영향과 이를 극복할 방법에 대해 적어 보자.

힌트 언어, 생활 방식, 교육 체제 등에서 보이는 차이를 생각해서 문제점을 예상하고, 문화 교류나 통합 교육 같은 구체적인 방안을 제시해 봐.

 **더 알고 싶어 119**　　　📖 도서　▶ 영상　🔍 사이트

📖 **『10대와 통하는 평화통일 이야기』** (정주진, 철수와영희, 2019)

우리는 한반도 상황과 남북 관계를 평화의 관점에서 바라보아야 해. 한국전쟁 이후 군사적 긴장과 남북 대화가 반복되는 남북 관계의 과거와 현재를 살펴보고, 남북한이 평화적 통일을 이루기 위한 방법에 대해 생각해 보자.

▶ **[남북정상회담] 문재인 대통령-김정은 위원장, 역사적 첫만남 풀영상** (MBN News)

문재인 전 대통령과 김정은 위원장의 역사적 첫 만남은 예상하지 못한 깜짝 이벤트들이 많았어. 두 정상의 만남에서 나타난 비공식적이고 상징적인 행위들이 무엇을 의미했는지를 재미있게 풀어내고 있으니 함께 봐도 좋아.

🔍 **통일부** 남북 간 평화 통일을 실현하고, 남북 관계를 발전시키며, 북한 사회에 대한 이해를 높이는 데 중점을 두고 있어.

어린 소년이 전쟁터에서 종을 든다고?

영화 〈모가디슈〉로 보는 소년병 문제와 국제 평화의 중요성

영화 〈모가디슈〉는 1991년 소말리아 내전이 벌어졌을 때, 소말리아 수도 모가디슈에 갇힌 남북한 대사관 직원들과 가족들이 탈출하는 과정을 그린 이야기야.
영화에서 긴장감 넘치는 장면 중 하나는 탈출하는 중에 어린 소년들과 마주치는 순간이었어. 그 소년들은 장난스러운 표정으로 총을 겨누며 쏠 듯한 행동을 했지. 그런데 이 소년들은 누구였을까?

학습 키워드   #전쟁 #평화 #평화의 중요성 #소년병 #국제사회의갈등
교과 연계   중 〉 사회2 〉 V-2. 국제 분쟁과 시민의 역할

영화 〈모가디슈〉는 1991년 소말리아 내전이 한창일 때를 배경으로 해. 당시 남한 대사관 직원들과 그 가족들은 내전으로 인해 고립되었고 결국 북한 대사관 직원들과 협력해서 탈출을 시도했어. 전쟁의 혼란 속에서 남북한 사람들이 힘을 합쳐 위기에서 벗어나려고 했던 거야. 생존을 위해 서로 돕는 건 한반도가 갈라져 있는 현실 속에서도 인간애를 발휘할 수 있다는 희망을 보여주었어.

↑ 영화 〈모가디슈〉 포스터

소말리아 내전은 1991년 독재자 모하메드 시아드 바레가 쫓겨난 후

다양한 무장 군벌들이 권력을 차지하려고 싸우면서 시작되었어. 수도 모가디슈는 그 싸움의 중심지였고, 많은 사람들이 희생되었지. 전쟁이 길어지면서 수많은 사람들이 난민이 되어 국제사회도 개입했어. 1992년에 유엔이 평화유지군을 보내 미국도 '희망 회복 작전Operation Restore Hope'을 벌였지만 결국 1993년 모가디슈 전투(블랙 호크 다운 사건)에서 큰 피해를 입고 철수했어.

영화 속에서 총을 든 어린 소년들의 정체는 바로 '소년병'이야. 소년병은 18세 미만의 어린이들이 전쟁에 동원되는 경우를 말해. 단순히 전투에 참여하는 것뿐만 아니라, 요리사, 우편병, 전달자, 스파이 역할을 하거나 심지어 나쁜 어른들에게 성적으로 학대당하는 경우도 포함돼. 영화 모가디슈에서 소년은 해맑게 웃고 있었지만 손에는 무기가 들려 있었어. 그 모습은 충격적이었고, 전쟁이 어린이의 삶을 얼마나 파괴할 수 있는지를 보여주는 장면이었지. 소년병으로 살아남은 아이들은 종종 폭력에 익숙해지고, 사회에 돌아가도 적응하지 못해 다시 무장단체에 가담하는 경우도 있다고 해.

소년병 문제는 어떻게 해결할 수 있을까?

하버드 보건대학원의 보고서를 보면, 오늘날 전쟁으로 피폐해진 87개 나라 중 30만~50만 명의 어린이들이 소년병으로 전투에 참여하고 있대. 국제법에 따르면 18세 미만 어린이를 전쟁에 참여시키면 안 되고, 특히 15세 미만 어린이를 군인으로 모집하는 건 전쟁 범죄에 해당돼. 소말리아에서는 소년병의 절반 이상이 납치를 당해 강제로 전쟁에 참여하게 되었대. 또 어떤 가정에서는 너무 가난해서 아이들이 직접 무장단체에 들어가기도 해.

왜 어린이들이 전쟁에 동원될까? 어린이들이 전쟁에 끌려가는 이유는 여러 가지야. 첫째, 어른 병사들보다 어린이들에게 주는 음식이나 돈이 적게 들어서야. 둘째, 어린이들은 쉽게 속아 넘어가고 시키는 대로 하기 때문에 무장단체가 조종하기 쉬워. 셋째, 적군 입장에서 보면, 총을 든 어린이는 예상치 못한 위협이 되기 때문에 더 큰 충격을 줄 수 있어. 이런 이유들로 인해 소년병 문제는 쉽게 사라지지 않고 있어. 너무 충격적이지 않니?

유엔 보고서를 보면 2019년에 전 세계 소년병 1만여 명이 무장단체에서 해방되었지만 여전히 많은 어린이들이 전쟁터에 있대. 특히 소말리아뿐만 아니라 남수단, 중앙아프리카공화국, 콩고민주공화국 같은 오랫동안 분쟁 중인 나라들은 무장단체가 어린이들을 소년병으로 모으고 있어.

매년 2월 12일은 '세계 소년병 반대의 날'이야. 2002년 유엔이 어린이들의 전쟁 참여를 막기 위해 국제법으로 만든 날을 기념하는 거지. 유엔은 소년병을 동원한 국가와 무장단체를 국제형사재판소[ICC]에 제소하거나 경제 제재를 가하는 방식으로 대응하고 있어. 유니세프는 전쟁 지역에서 소년병의 해방과 재활을 위한 교육 프로그램을 운영하고 지역 공동체와 협력해 재통합을 돕고 있어. 이처럼 국제사회는 계속해서 비참한 소년병 문제를 해결하기 위해 노력하는 중이야. 많은 어린이들이 전쟁터에서 벗어나 다시 평범한 생활을 할 수 있도록 돕는 일이 중요해. 전쟁은 절대 어린이의 몫이 아니야. 어린이에게 총이 아닌 책과 연필을 쥐여 주어야 해. 어린이들이 안전하게 살아갈 수 있도록 평화를 위해서 우리가 할 수 있는 일을 고민하고, 전쟁이 없는 세상을 만들기 위해 노력하자.

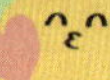

1. 소년병 문제를 해결하기 위한 국제 사회의 노력으로 옳지 않은 것은?

   ① 세계 각국은 군사 훈련을 권장하고 군비를 증강하고 있다.
   ② 매년 2월 12일을 '세계 소년병 반대의 날'로 지정해 기념하고 있다.
   ③ 유엔은 소년병을 동원한 국가와 무장단체를 국제형사재판소에 제소하고 있다.
   ④ 유니세프는 전쟁 지역에서 소년병의 해방과 재활을 위한 교육 프로그램을 운영하고 있다.

2. 다음 빈칸에 들어갈 사건을 써 보자.

   > ______________(은)는 1991년 독재자 모하메드 시아드 바레가 쫓겨난 후 다양한 무장 군벌들이 권력을 차지하려고 싸우면서 시작되었다. 수도 모가디슈는 그 싸움에 중심지였고 많은 사람들이 희생되었다.

3. 다음 진술이 옳으면 ○, 틀리면 X를 표시해 보자.

   > 1) 국제법상 15세 미만 어린이를 군인으로 모집하는 것은 전쟁범죄에 해당한다. (   )
   >
   > 2) 소년병은 총을 쏘는 아동만을 뜻하며 요리사·전달자·스파이는 제외된다. (   )
   >
   > 3) 소년병은 18세 미만의 어린이들이 전쟁에 동원되는 경우를 말한다. (   )
   >
   > 4) 미국은 희망 회복 작전을 벌여 모가디슈 전투에서 크게 승리했다. (   )

4. 평화는 단지 전쟁이 없는 상태만을 의미하지 않아. 영화 〈모가디슈〉와 소년병 문제를 통해 '적극적 평화'의 의미를 설명해 보자.

   힌트 적극적 평화의 의미를 구조적 폭력, 인권 보장, 정의 구현 같은 요소와 연결해서 설명해야 해.

더 알고 싶어 119

📑 도서   ▷ 영상   🔍 사이트

📖 **『집으로 가는 길』** (이스마엘 베아, 아고라, 2021)
이 책의 저자인 이스마엘 베아는 소년병 출신의 인권 운동가야. 열두 살의 어린 나이에 모든 것을 잃고 소년병이 되어야 했대. 총을 들고 전쟁에 참여해야만 했던 이 소년의 이야기를 읽으면서 전쟁의 참혹함에 대해 생각해 보자.

▷ **50만 명의 소년병, 그들이 전쟁에서 무기가 되는 이유** (꼬리에 꼬리를 무는 그날 이야기)
소년병 문제는 아이들을 도구로 쓰는 비인간적인 행위의 심각성을 보여줘. 이 영상을 보게 되면 전쟁에 소년병들이 왜 사용되고, 그들이 겪는 고통이 어떤 것인지 이해할 수 있어.

🔍 **유니세프** 유니세프는 전 세계 분쟁 지역에서 가장 취약한 위치에 있는 소년병 문제 해결에 집중적인 노력을 기울이는 중이야.

세상의 변화를 만드는 사람
사회단체 활동가

뉴스에서 '시민단체가 기자회견을 열었다', '환경단체가 캠페인을 벌였다'는 얘기 들어 본 적 있어? 그냥 그런가 보다 하고 넘겼을 수도 있지만 사실 이건 다 사회단체 활동가들이 한 일이야. 세상의 문제를 그냥 지나치지 않고 직접 나서서 바꾸려는 사람들이 바로 활동가들이지. '불공평한 일엔 목소리를 내야 해'라고 생각하는 친구들이라면 이 직업이 꽤나 흥미로울 거야.

사회단체 활동가는 어떤 사람?

사회단체 활동가는 사회의 여러 문제를 해결하기 위해 움직이는 사람이야. 기후위기를 막기 위한 환경운동, 성평등을 위한 여성운동, 인권이나 노동자 권리를 위한 활동, 동물 보호, 청소년 권리 보장 같은 다양한 문제들을 사람들에게 알리고 정책을 바꾸기 위한 캠페인을 벌이거나 직접 현장에서 어려움을 겪는 사람들을 돕기도 해. 예를 들어볼게. 미세먼지가 점점 심해지자 환경단체 활동가들은 정부에 '공장 배출 규제를 강화하라'고 요구했어. 기자회견도 열고 시민들과 함께 청원을 모으기도 하지. 때론 거리에서 플래시몹이나 퍼포먼스를 열기도 해. 그냥 조용히 문제를 말하는 게 아니라 사람들의 눈과 귀를 확 끌어당겨서 '이게 왜 중요한지'를 강하게 알려주는 거야. 또 '아수나로'라는 청소년 인권 단체 활동가들은 청소년들이 학교에서 머리 길이나 옷차림 때문에 차별받는 일이 없도록 법과 제도를 바꾸려고 열심히 활동했어. 국회의원들을 직접 만나기도 하고, 온라인 설문조사를 해서 자료를 만들고, 토론회도 열었지. 이런 노

력 덕분에 어떤 학교에서는 교복 규정을 바꾸기도 했고, 학생인권조례가 만들어졌어. 이건 진짜 대단한 변화야.

사회단체 활동가는 혼자서 움직이지 않고 보통은 비영리단체, 비정부기구^{NGO}, 시민단체 같은 곳에 소속돼 있어. 이런 단체들은 시민들의 후원금이나 기부금, 때로는 국제기구의 도움으로 운영되기도 해.

뭘 준비해야 할까?

특별한 자격증이 필요한 건 아니야. 대신 어떤 사회 문제에 관심이 있고 그 문제에 대해 깊이 고민해 본 경험이 있다면 그게 아주 큰 준비야. 환경 문제에 관심이 많다면 환경단체에서, 청소년 인권에 관심이 있다면 청소년 단체에서 인턴이나 자원봉사를 해보는 것도 좋은 방법이야. 그렇게 경험을 쌓다 보면 자연스럽게 활동가가 될 수도 있어.

어떤 일을 할까?

책상에 앉아 정책을 연구하거나 자료를 만들기도 하고 기자회견 대본을 쓰거나 SNS에 올릴 콘텐츠를 만들기도 해. 또 국회에 찾아가 법안을 제안하고 거리에서 캠페인을 하거나 전단지를 나눠주기도 해. 어떤 날은 밤늦게까지 회의를 하거나 기획서를 쓰기도 해. 좀 힘들 수 있지만 내가 믿는 가치를 위해 일한다는 뿌듯함이 커.

돈은 얼마나 받을까? 솔직히 말하면 일반 회사보다는 받는 급여가 적은 편이야. 특히 규모가 작은 단체일수록 예산이 부족해서 활동가 급여도 낮을 수 있어. 하지만 그만큼 일에 대한 만족도는 높은 편이야. 그냥 돈을 벌기 위해서가 아니라 내가 믿는 가치를 실천하는 일이라는 점에서 큰 의미를 갖거든.

앞으로의 전망 앞으로는 이런 활동가가 더 점점 더 중요해질 거야. 기후위기, 인권 문제, 사회 불평등 같은 문제들이 많아지고 있잖아. 그래서 이걸 해결하려는 사람들의 목소리도 더 많아질 수밖에 없거든. 특히 청소년과 청년들의 참여가 점점 늘어나고 있어서 젊은 활동가들의 참여가 기대되고 있어. 또 이 직업이 멋진 이유는 나 한 사람의 참여가 세상을 바꾸는 데 도움이 된다는 걸 느낄 수 있기 때문이야. 물론 단번에 바뀌진 않아. 하지만 내가 쓴 성명서 한 장, 내가 만든 캠페인 한 번이 어떤 사람에게는 큰 영향을 줄 수 있어. 그리고 그런 것들이 모이면 진짜 변화가 일어나.

3부
돈보다 더
중요한 게 있다면?

학교 양심 우산, 왜 자꾸 없어질까?

기후위기로 알아보는 글로벌 공유지의 비극

오늘도 학급 단톡방에 학생회 공지가 올라왔어.
"양심 우산이 거의 사라졌습니다. 양심 우산을 사용한 학생들은 꼭 돌려주세요."
학생회 사업으로 준비해 둔 양심 우산은 왜 자꾸 없어져서 정작 비오는 날에는
사용할 수가 없을까? 다들 돌려놨다고 하는데 우산에 발이라도 달린 걸까?

학습 키워드　#공유지의 비극　#공유자원　#기후위기
교과 연계　중 〉 사회2 〉 Ⅱ-1. 합리적 선택

　　우리 학교의 양심 우산이 자꾸 사라지는 문제는 작고 사소해 보일 수 있지만 사실 이 문제는 세계 곳곳에서 벌어지고 있는 더 큰 문제들과 닮아 있어. 누군가 우산 하나를 돌려놓지 않았을 뿐인데 그 결과로 모두가 불편해지는 일이 생긴 거잖아. 이렇게 개인의 이기심이나 무책임한 행동은 결국 공동체 전체의 피해로 이어질 수 있어.

　　공중 화장실에서 한 번쯤 화장지가 없어 곤란했던 경험이 있을 거야. 공중 화장실의 화장지가 빨리 없어지는 이유도 '공유지의 비극' 때문이야. 공유지의 비극이란 공공자원을 자율적으로 사용하도록 하면 금방 자원이 고갈될 위험이 있다는 것을 설명하는 개념이야. 이 개념은 미국의 미생물학자 하딘Hardin, G.의 〈공유지의 비극〉이라는 논문에서 처음 썼어.

　예를 들어 마을 사람들이 공동으로 쓰는 목초지가 있다면, 각자 소를 많이 키우기 위해 남보다 풀을 많이 먹이게 되어 결국 풀이 금방 없어져 모두가 손해를 보겠지? 개인의 이익 추구로 모두에게 부정적인 영향이 생긴 거야. 마을의 공동 목초지는 내 것이 아니니까 굳이 아끼지 않아도 된다는 이기심이 공유지의 비극을 만든 것이지. 학교의 양심 우산과 공중 화장실의 휴지도 마찬가지야. 어차피 내 우산이 아니니까, 내가 산 휴지가 아니니까 마구 써버리는 거야.

　마을 사람들이 함께 소유한 목초지를 바로 '공유 자원'이라고 해. 공유지의 비극은 공유 자원이 가지고 있는 특성 때문에 생겨. 쉽게 정리하면 이렇게 나눌 수 있어.

	경합성 있음	경합성 없음
배제성 있음	빵, 라면	케이블 TV, 유료 도로
배제성 없음	초원, 공기, 바다 물고기	국방, 가로등

　'경합성'은 한 사람이 쓰면 다른 사람이 못 쓰는 걸 의미하고 '배제성'은 돈을 내지 않으면 사용할 수 없다는 것을 뜻해.

　경합성과 배제성이 모두 있는 빵이나 라면 같은 건 우리가 일상에서 쓰는 사적 재화야. 경합성이 없고 배제성이 있는 케이블 TV나 한산한 유료 도로는 비용을 내면 누구나 쓸 수 있는 재화지. 국방, 치안, 가로등 같은 공공재는 경합성과 배제성이 모두 없어. 경합성은 있지만 배제성이 없는 공유 자원은 없지. 공유 자원은 지하 자원, 초원, 공기, 바다의 물고기 같은 것들이야. 특히 바다 속 어류 자원을 예로 들어볼게. 어느 한 나라가 어획량을 제한 없이 늘리면 다른 나라도 손해 보기 싫어서 경쟁적으로 물고기를 잡게 되니 결국 바다 속의 어류 자원들이 고갈되어 모두가 손해를 보게 되는 거야.

　모두가 사용해야 할 공유 자원을 개인의 자율성에만 맡기면 현재 세대가 남용해서 자원이 고갈될 위험이 있어. 그래서 국가는 특정 산이나 바다를 국립공원으로 지정해서 관리하는 거야. 공유지의 비극을 피하기 위해 노력하는 거지. 하지만 기후변화 같은 문제는 더 큰 노력이 필요해.

공유지의 비극에 대응하기 위한 노력

　〈공유지의 비극〉에서 하딘은 곧 닥칠 자원 고갈과 환경오염을 경고했어. 지금 발생한 기후위기는 대기나 해양 같은 지구의 자원을 공유지라고 생각하고 산업화와 경제 성장을 위해 마구 써버린 '글로벌 공유지의 비극'이야. 우리 모두가 지구 공동체의 일원이라는 인식이 부족했기 때문이지.

　기후위기에 대응하기 위해 '탄소 중립'과 '지속가능한 발전'이 필요하고 개인의 노력도 중요해. 우리 주변에서부터 실천할 수 있는 일들도 있어. 집에서 쓰지 않는 불은 끄고, 불필요한 소비는 줄이고, 일회용품 대신 텀블러를 쓰는 일도 작지만 소중한 변화야. 학교 안에서 양심 우산을 돌려놓는 일도 결국은 지속가능한 공동체를 만들기 위한 첫걸음이 될 수 있어.

　공유 자원을 지키는 일은 멀리 있는 이야기가 아니야. 학교 안에서 시작해서 지역 사회로, 나라로, 세계로 확장해 갈 수 있어. 결국 우리가 자라서 어른이 되었을 때, 이 지구를 어떻게 물려줄지를 고민하는 게 바로 오늘날에 필요한 '세계 시민'으로서의 자세야.

1. 다음 중 글로벌 기후위기에 대응하기 위한 노력으로 옳지 않은 것은?

　① 탄소 중립과 지속가능한 발전이 필요하다.

　② 정부의 환경 정책이 개인의 노력보다 중요하다.

　③ 우리 주변에서부터 실천할 수 있는 일들을 찾는다.

　④ 우리 모두가 공동체의 일원이라는 인식을 가져야 한다.

2. 다음 빈칸에 공통으로 들어갈 용어를 써 보자.

> 공중화장실의 화장지가 빨리 없어지는 이유도 ___________ 때문이다.
> ___________(이)란 공공 자원을 자율적으로 사용하도록 하면 금방 자원이 고갈
> 될 위험이 있다는 것을 설명하는 개념이다.

3. 다음은 재화를 경합성과 배제성의 유무에 따라 구분한 것이다. (A)~(D)에 들어갈 재화
의 사례를 채워 보자.

	경합성 있음	경합성 없음
배제성 있음	(A)	(C)
배제성 없음	(B)	(D)

4. 기업에 이산화탄소 배출권을 할당하고 거래하도록 하는 제도가 공유지의 비극을 해결
하는 데 어떤 역할을 할까?

힌트 배출권 제도가 어떻게 자원 남용을 막고, 개인(기업) 이익과 공동체 이익을 잘 어울리게 할지 설명해 보자.

더 알고 싶어 119

📖 도서　▷ 영상　🔍 사이트

📖 『**1일 1단어 1분으로 끝내는 경제공부**』 (태지원, 글담, 2021)
　우리는 '공유지의 비극'을 우리 일상 생활 속 사례를 통해 쉽게 알아보았어. 어렵고 복잡해 보이는 경제
기본 지식들을 친근한 일상을 바탕으로 재미있는 이야기와 함께 풀어내는 이 책도 추천해 볼게.

▷ **기후환경 | '공유지의 비극' 인간이 해결하지 못할 지구 문제, 지구온난화 (tvN 알쓸별잡)**
　우리가 쓰는 전기 한 줄기는 사실 빅뱅까지 거슬러 올라가는 엄청난 에너지의 여정이며, 이
복잡하게 얽힌 전력 시스템은 인간이 감당하기 힘든 기후위기 앞에서 근본적인 전환을 요
구받고 있어. 지구 온도 1.2도 상승은 원자폭탄 수백만 개를 터뜨린 것과 맞먹는 엄청난 에
너지 변화이며, 우리가 현재의 작은 실천을 넘어 시스템 자체의 변화를 만들어내야 할 때
임을 깨달아야 해.

'이 재킷 사지 마세요!' 이상한 광고의 이유는?

파타고니아의 ESG 경영과 지속가능한 발전

혹시 여러분은 파타고니아 재킷의 광고를 본 적이 있어?
파타고니아에서는 '이 재킷을 사지 마세요'라는 광고를 냈대.
기업은 원래 제품을 많이 팔아야 하는데, 왜 이런 광고를 했을까?

학습 키워드　#지속가능한발전　#경제주체의역할　#기업의역할　#ESG경영
교과 연계　중 〉 사회2 〉 Ⅱ-3. 기업의 역할과 사회적 책임

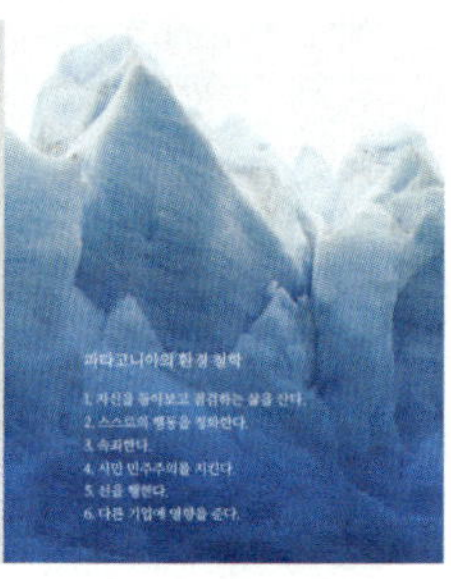

↑ 블랙 프라이데이 파타고니아 브랜드의 광고

2011년 11월, 블랙 프라이데이를 맞아 파타고니아는 뉴욕 타임즈에 '이 자켓을 사지 마세요 Don't Buy This Jacket'라는 광고를 실었어. 블랙 프라이데이는 1년 중 매출이 가장 높은 날인데, 이 브랜드는 오히려 소비를 줄이자는 메시지를 전한 거야. 왜 그랬을까? 파타고니아는 소비자들에게 불필요한 구매를 하지 말고, 이미 가지고 있는 옷을 오래 입으라고 말하고 싶었대. 옷을 만들려면 많은 원재료와 에너지가 필요해. 예를 들어 재킷 한 벌을 만드는 데도 엄청난 양의 물과 면화가 쓰이고 배송 과정에서도 탄

소가 많이 배출된대. 특히 블랙 프라이데이에는 물건을 많이 사고 배송도 많아지기 때문에 환경오염이 심해져. 그래서 파타고니아는 이날만이라도 소비를 줄이고 환경을 생각해 보자는 캠페인을 진행한 거야.

파타고니아와 EGS 경영

파타고니아가 이런 광고를 한 이유는 바로 ESG 경영 때문이래. ESG는 환경Environment, 사회Social, 지배구조Governance의 앞 글자를 딴 말이야. 기업이 돈을 버는 것뿐만 아니라 환경을 보호하고, 사회적 책임을 다하며, 투명하게 운영하는 걸 중요하게 여기는 경영 방식이야. 파타고니아는 대표적인 ESG 경영 기업이지.

ESG 경영은 2004년 UN의 보고서에서 처음 등장했어. 예를 들어 노르웨이 국부 펀드는 환경을 오염시키는 기업에는 투자하지 않아. 또 유럽연합EU은 ESG 관련 법안을 만들어 기업이 관련 정보를 공개하도록 하고 있어. ESG 요소 중 '환경'은 기업이 환경에 미치는 영향을 최소화하고, 친환경적인 경영을 하는 거야. '사회'란 기업이 사회적 책임을 다하고, 직원, 고객, 지역 사회 같은 다양한 관계자들에게 좋은 영향을 미치는 걸 포함해. '지배구조'는 기업의 경영 구조를 투명하고 윤리적으로 운영하는 것을 말해.

파타고니아는 어떻게 ESG를 실천할까? 많은 소비자들에게 사랑받고 있는 파타고니아의 창업주 이본 쉬나드는 원래 등반 장비를 직접 만들어 쓰다가 사업을 시작했어. 그런데 그가 만든 '피톤'이라는 장비가 암벽을 손상시킨다는 걸 알고, 암벽을 덜 해치는 '초크'를 개발했대. 이후 피톤의 판매를 중단했고, 기업의 이익보다 환경을 보호하는 방식으로 회사의 운영 방식을 바꿨어. 파타고니아는 버려진 페트병을 재활용해 옷

을 만들고, 유기농 면만 사용해 제품을 생산해. 또 망가진 옷을 수선해서
입도록 권장하고, 제품을 오래 사용하자는 캠페인을 진행하지. 게다가
1985년부터 '1% for the Planet'이라는 프로그램을 운영하면서 매출의
1%를 환경 보호 단체에 기부하고 있어.

우리나라의 ESG 경영 실천 기업

우리나라 SK나 삼성전자 같은 기업들도 ESG 경영을 실천하고 있어.
SK는 친환경 에너지 사업을 확대하고, 다양한 사회 공헌 활동을 열심히
하고 있어. 또 지배 구조를 투명하게 만들려고 노력 중이야. 삼성전자도
친환경 제품을 개발하고 재생 에너지를 늘리는 등 환경 보호에 힘쓰고
있어. 또 지역 사회를 돕거나 협력사와 상생하는 활동도 진행하고 있대.

대한상공회의소가 2021년에 조사한 결과에 따르면, 63%의 소비
자가 기업의 ESG 활동을 보고 제품을 구매한다고 했어. 심지어 88%는
ESG를 잘 실천하는 기업의 제품이라면 추가 비용을 지불할 의향도 있
다고 응답했대. 소비자들도 기업이 환경 보호와 사회적 책임을 다하길
바라고 있는 거야. 하지만 ESG 경영을 악용하는 기업도 있어. 겉으로만
친환경적인 것처럼 홍보하는 '그린워싱Greenwashing'이 문제야. '친환경
제품'을 출시했다고 광고해 놓고 실제로는 극히 일부 제품만 친환경적
이거나 실제로는 친환경에 도움이 되지 않는 제품을 파는 경우도 있지.

파타고니아의 '이 재킷을 사지 마세요' 캠페인은 ESG 경영의 진정
한 의미와 가치를 잘 보여주는 사례야. 기업은 경제적 이윤뿐만 아니라
환경 보호와 사회적 책임도 함께 실천해야 해. 우리 소비자들도 그린워
싱에 속지 말고, ESG 경영을 잘 실천하는 기업을 선택해 지속가능한 미
래를 만들어 가야 해.

1. ESG에 대한 설명으로 옳지 않은 것은?

   ① ESG라는 용어는 2004년 UN이 작성한 보고서에 처음 등장하였다.
   ② ESG 요소 중 환경 요소는 기업이 환경에 미치는 영향을 최대화하고, 친환경적인 경영을 하는 것이다.
   ③ ESG 요소 중 지배 구조는 기업의 경영 구조를 투명하고 윤리적으로 운영하는 것을 말한다.
   ④ ESG 요소 중 사회는 기업이 사회적 책임을 다하고, 다양한 관계자들에게 좋은 영향을 미치는 것을 포함한다.

2. 다음 설명에 해당하는 용어는 무엇일까?

   > 한 기업이 친환경 제품을 출시했다고 광고하지만, 실제로는 전체 제품 중 극히 일부만 친환경적인 경우이거나 실제로는 친환경에 도움이 되지 않는 경우도 있다. 우리는 겉으로만 친환경적인 것처럼 홍보하는 마케팅에 속지 않도록 조심해야 한다.

3. 국내외 ESG 경영의 실천 사례를 바르게 짝지어 보자.

   > A) 파타고니아 _______________   B) 삼성전자 _______________

   ① 친환경 제품을 개발하고, 재생 에너지를 늘리는 등 환경 보호에 힘쓰고 있다.
   ② 망가진 옷을 수선해서 입도록 권장하고, 제품을 오래 사용하자는 캠페인을 진행하고 있다.
   ③ 지역 사회를 돕거나 협력사와 상생하는 활동을 진행하고 있다.
   ④ '1% for the Planet'이라는 프로그램을 운영하면서 매출의 1%를 환경 보호 단체에 기부하고 있다.

더 알고 싶어 119

📘 도서　▶ 영상　🔍 사이트

📖 『지속가능한 세상을 위한 슬기로운 소비생활』 (장성익, 이상북스, 2024)
우리의 소비는 이 세상 전체와 연결되어 있어. 물건을 쉽게 사고 빨리 버릴 때 우리가 살고 있는 세계에는 어떤 일이 발생하게 될까? 가장 좋은 소비란 대체 무엇일까?

▶ 자기 회사 옷 사지 말라고 광고하는 아웃도어 브랜드, 파타고니아의 역사 (세상의 모든 지식)
파타고니아는 "지구를 살리는 일에 진심인" 아웃도어 브랜드로 제품 판매를 넘어 환경 보호를 최우선 가치로 삼아 독특한 방식으로 성공을 이룬 기업이야. 이들의 이야기는 등반 장비 제작에서 시작해 환경을 생각하는 경영 철학까지, 기존의 비즈니스 관습에 도전하는 여정을 담고 있어.

요즘 MZ세대가
오마카세에 빠진 이유는?

MZ세대의 소비 습관으로 보는 비합리적 소비

최근 20~30대 사이에서 30만 원이 넘는 오마카세, 5성급 호텔에서 자는 호캉스,
유명 셰프의 파인다이닝, 500만 원이 넘는 명품 가방 같은 이른바
'플렉스(Flex)'가 유행하고 있어. 대체 MZ세대들은 어떻게 돈이 생겨서
비싼 것들을 다 사는 걸까? 직장인이 되면 이런 것들을 다 살 수 있을까?

학습 키워드 #지속가능한발전 #경제주체의 역할 #기업의 역할 #ESG경영
교과 연계 중 〉 사회2 〉 Ⅱ-1. 합리적 선택

　'명품 오픈런'을 들어본 적 있니? 명품 오픈런은 명품 브랜드의 매장에서 제품을 구매하기 위해 사람들이 매장 오픈 시간에 맞춰 빨리 달려가 줄을 서는 걸 말해. 서울 시내 백화점 명품관 앞에는 명품을 사려는 사람들이 새벽부터 대기하고 있어. 심지어 텐트를 가져와 밤을 새는 사람도 있고, 대신 줄을 서주는 아르바이트도 생겼대. 2023년에 대한민국은 1인당 명품 소비에서 세계 1위를 차지했어. 세계적인 투자은행 모건스탠리는 한국인의 지난해 명품 소비가 전년보다 24% 증가한 168억 달러라고 발표했지. 1인당 약 325달러를 소비한 셈인데 이는 중국(55달러)이나 미국(280달러)보다 많은 수치야.

　특히 소비 트렌드를 주도하는 20대, 30대들 사이에서는 '플렉스^{Flex}'라는 말이 유행이래. 1990년대 미국 힙합 문화에서 래퍼들이 귀중품을 뽐

내는 모습에서 유래해 성공이나 부를 자랑하는 의미로 사용되고 있어. 요즘 20~30대들은 해외여행을 자주 가고, 1인당 30만 원이 넘는 오마카세를 먹고 골프 라운딩을 다녀. 그리고 이런 생활을 인스타그램 같은 SNS에 공유해. 실제로 인스타그램에서 '#오마카세'를 검색하면 60만 개가 넘는 게시물이 나오기도 해. 정말 20대, 30대가 되면 이런 소비가 쉬운 걸까?

SBS 뉴스에서는 "월급 210만 원에 190만 원을 써요… 못 버텨" 무너진 20대라는 보도를 했어. 즉 월급의 대부분을 소비하는 20대가 많다는 거야. 2023년 기준 MZ세대가 진 빚이 무려 134조 원이라고 해. 서울회생법원에 따르면, 개인회생을 신청한 30세 미만 청년 비중이 2020년 10.7%에서 2022년 15.2%로 50% 가까이 늘었대. 신용대출 연체율도 1년 만에 2배로 증가했고, 최근 5년간 채무 조정을 신청한 2030세대가 8배 증가했어. 특히 20대는 무려 14배 증가했다고 해.

MZ세대가 이런 소비를 하게 된 데에는 SNS의 영향이 커. SNS는 MZ세대가 자신의 라이프스타일을 뽐내는 공간이 되었지. 오마카세를 먹거나 명품을 소비하는 모습을 공유하는 게 일상화되면서, 이걸 따라 하려는 경향이 강해졌어. 이렇게 가격이나 만족도를 고려하지 않고 무분별하게 소비하는 걸 '비합리적 소비'라고 해.

일상생활에서 나타나는 비합리적 소비의 유형에는 과소비, 충동 소비, 과시 소비, 모방 소비 같은 것들이 있어. '과소비'란 자기의 소득보다 더 많이 쓰는 소비인데, 광고나 세일 같은 마케팅 전략의 영향을 받아. 과소비는 가계 경제를 어렵게 만들고, 물가 상승의 원인이 될 수도 있어. '충동 소비'는 계획 없이 순간적인 감정에 의해 꼭 필요하지 않은 물건을 사는 행동이야.

타인을 의식하는 소비에는 '과시 소비'와 '모방 소비'가 있어. '과시 소비’는 만족감보다는 자신의 부와 지위를 보여주기 위해 소비하는 걸 말해. 예를 들어 한 명품 가방의 원가는 10만 원도 안 되지만, 백화점에서는 400만 원에 팔려. 그런데도 사람들이 비싼 가격일수록 더 사고 싶어 하는데, 이를 ‘베블런 효과Veblen effect’라고 불러.

베블런 효과란 가격이 오르는 데도 과시욕이나 허영심으로 사려는 사람이 줄어들지 않는 현상이야. 과시 소비를 하는 사람들은 부와 지위를 보여주려고 사치품의 가격이 비싸질수록 더 구매하고 싶어한다는 거야. 가격이 오르면 수요가 감소해야 하는데, 오히려 증가하는 특징이 나타나는 거지.

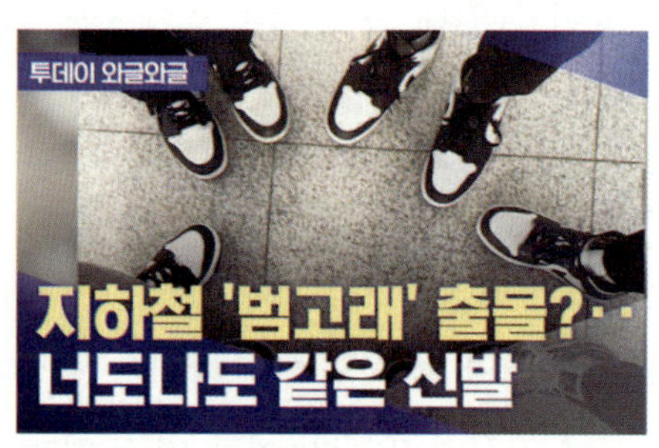

↑ 일명 '범고래 운동화'를 신은 시민들

‘모방 소비’는 다른 사람들이 사니까 따라서 사는 소비야. 대표적인 예로 ‘범고래 운동화’가 있어. 출시 당시 12만 원이었던 이 신발은 방탄소년단 슈가 같은 연예인들이 신으면서 유명해졌고, 리셀가가 40만 원까지 올랐어. 또 2000년대 초반 ‘등골 브레이커 패딩’도 있었어. 기능이나 가치를 따지기보다 친구들이 입으니까 유행에 뒤처지지 않기 위해서 나도 입어야 할 것 같아 사는 거지. 이런 현상을 ‘편승 효과bandwagon effect’라고 불러.

과소비, 충동 소비, 과시 소비, 모방 소비 같은 비합리적 소비를 줄이려면 ‘합리적인 소비자’가 되어야 해. 사고 싶은 물건의 가격과 기능을 비교하고, 그걸 샀을 때의 만족감과 기회비용을 꼼꼼히 따져 봐야 해. SNS에 보이는 모습만 따라 하기보다 진짜 필요한 소비를 하도록 하자.

1. 비합리적 소비의 유형에 대한 설명으로 가장 적절한 것은?

① 과소비: 다른 사람들이 사니까 따라서 사는 소비를 의미한다.

② 모방 소비: 만족감보다는 자신의 부와 지위를 보여주기 위해 소비하는 것이다.

③ 충동 소비: 계획 없이 순간적인 감정에 의해 꼭 필요하지 않은 물건을 사는 행동이다.

④ 과시 소비: 자기의 소득보다 더 많이 쓰는 소비로 광고나 세일 같은 마케팅 전략이 영향을 준다.

2. 빈칸에 들어갈 용어를 써 보자.

> 사람들은 타인을 의식하여 비싼 가격일수록 더 사고 싶어 하는 경향을 보이기도 한다. 대표적인 예시에는 원가가 10만 원도 하지 않는 명품 가방이 백화점에서 400만 원임에도 불구하고 잘 팔리는 것이 있다. ___________(이)란 가격이 오르는 데도 과시욕이나 허영심으로 사려는 사람이 줄어들지 않는 현상이다. 즉 가격이 오르면 수요가 감소해야 하는데, 오히려 증가하는 특징이 나타나는 것이다.

3. 지난 1년 동안 여러분들의 일상생활에서 나타났던 비합리적 소비의 사례를 적어 보고, 이를 줄일 수 있는 방안에 대해 말해 보자.

힌트 비합리적 소비의 유형에는 과소비, 충동소비, 모방소비, 과시소비가 있어. 여러분들의 일상생활에서 이러한 비합리적 소비가 나타난 경험을 생각해 보자.

더 알고 싶어 119

▤ 도서　▷ 영상　🔍 사이트

▤ **『MZ 세대를 위한 경제 상식 수업』** (유지윤, 북오션, 2025)
MZ 세대를 위한 경제 입문서를 추천할게. 특히 '경제를 움직이는 소비심리의 세계' 부분을 유심히 읽어 봐. 여러분들의 돈은 심리에 의해서 움직이고, 돈을 쓰게 하는 마케팅이란 무엇이며, MZ 세대의 소비 트렌드에 대해서도 알 수 있을 거야.

▷ **'비합리적 소비'란 무엇일까? 합리적인 소비자가 되는 법!** (KDI 경제교육·정보센터)
나의 지갑은 왜 자꾸만 텅 비는 것 같을까? 사실, 여러분들은 비합리적 소비라는 함정에 빠져있을 수 있대. 충동구매나 남들 따라 사기에 휘둘리지 않고, 똑똑한 소비자가 되는 가장 쉬운 비법을 들어보자.

🔍 **기획재정부 경제배움e+** 국민들이 복잡한 경제 지식을 쉽고 재미있게 배우고, 합리적인 경제생활을 할 수 있도록 지원하고 있는 사이트이니 자주 들어가보면 많은 도움이 될 거야.

몇 번 안 쓰는 물건,
굳이 사야 할까?

서울시 '따릉이'로 보는 공유경제의 의미와 효과

서울특별시의 '따릉이', 대전광역시의 '타슈', 광주광역시의 '타랑께', 세종특별시의 '어울링'에 대해 들어본 적이 있니? 이것들은 각 도시에서 운영하고 있는 '공공 자전거 대여 서비스'로 최근 이 서비스의 이용객들이 증가하고 있어. 그렇다면 왜 사람들은 자전거를 사지 않고 빌려 타고 있을까?

학습 키워드　#공유경제 #소유의종말 #합리적인소비
교과 연계　중 〉 사회2 〉 II-1. 합리적 선택

지난 시간에 배운 '공유 자원' 기억나니? 공유 자원을 남용하면 '공유지의 비극'이 나타나게 된다는 것을 배웠지. 주인이 없는 공유 자원과 달리 오늘 배울 '공유경제'는 빌려 쓰는 개념이기 때문에 주인이 있고 우리 사회에 긍정적인 효과가 발생하고 있다고 해.

공유경제는 차량, 숙소, 공간, 물건 등을 다른 사람들과 나눠 쓰는 협력 소비를 의미해. 특히 1인 가구가 늘어나면서 공유경제가 점점 활성화되고 있어. 서울시의 '따릉이' 같은 공공 자전거 대여 서비스가 대표적인 예야. 서울에서 운영하는 따릉이는 2020년부터 2022년까지 대여 건수가 꾸준히 증가했어. 이런 서비스를 운영하는 도시도 점점 늘어나고 있고 '카카오 바이크' 같은 공유 자전거 업체도 생겨나고 있어.

공유경제라는 개념은 1980년대 미국의 경제학자 마틴 와이츠먼이

⬆ 서울 자전거 따릉이 무인대여시스템 (서울 자전거 따릉이 홈페이지)

처음 제시했어. 당시 석유 파동으로 경제가 불황에 빠지고 물가가 급등하는 스태그플레이션이 일어났어. 이런 경기침체를 해결하기 위한 방법으로 공유경제가 등장한 거야.

공유경제가 본격적으로 사용되기 시작한 건 최근 10년 사이야. 미국 시사 주간지 〈타임〉은 2011년 '세상을 바꿀 10가지 아이디어' 중 하나로 공유경제를 선정했어. 사람들은 이제 과잉 소비를 줄이고, 환경을 보호하면서도 경제활동을 이어갈 수 있는 방법을 고민하고 있기 때문이야. 즉 각자 소유하고 있던 자원을 사람들과 공유하면서 새로운 가치를 창출하고 자원 활용을 높일 수 있으면 얼마나 좋을까 생각한 거야. 그리고 스마트폰과 SNS가 발달하면서 공유경제가 더 빠르게 확산되고 있지.

공유경제의 가장 대표적인 성공 사례가 바로 에어비앤비Airbnb야. 에어비앤비는 숙박 공유 서비스로, 여행객이 호텔보다 저렴한 가격에 방을 빌릴 수 있어. 집주인도 남는 방을 공유해 수익을 낼 수 있지. 코로나19 이후 여행이 다시 활발해지면서 2023년 4~6월 기준 역대 최고 실적을 기록했어.

두 번째 성공 사례는 우버Uber야. 우버는 사용하지 않는 시간대의 차량을 공유하는 서비스야. 개인이 차량을 등록하면 우버 기사로 일할 수 있고, 이용자는 이 차량을 콜택시처럼 이용할 수 있어. 현재 우버는 100개국 이상에서 운영 중이고, 음식 배달, 화물 운송 서비스까지 확장됐어.

이렇게 우버, 에어비앤비, 그리고 서울시의 따릉이 같은 공유경제 서비스는 전 세계로 퍼지고 있지. 공유경제가 활성화되면 여러 가지 긍정적인 효과가 있어.

첫째, 기존에 거래되지 않던 자원이 공유되면서 관련 서비스 시장이 커져서 새로운 일자리가 생겨. 둘째, 저렴한 비용으로 필요한 서비스를 이용할 수 있어서 소비자의 만족도가 높아져. 셋째, 청년, 노인, 저소득층도 공유경제 서비스의 공급자로 참여할 수 있어서 사회적 배려 계층의 소득 증대에 도움이 돼. 공유경제는 단순한 '가성비'를 넘어 '가심비(마음의 만족)'까지 고려하는 소비 방식으로 발전하고 있는 거야.

하지만 공유경제가 모든 사람에게 좋은 것만은 아니야. 우리나라에서는 '카카오 T 카풀' 서비스가 등장하면서 택시 업계가 반발했어. 우버도 2014년 한국에 진출했지만 택시업계와 충돌하고 법적 문제로 인해 결국 서비스를 중단했어. 기존 사업자와 이해관계 측면에서 충돌이 일어나고 있는 거야. 이런 문제를 해결하기 위해 정부는 2019년 '공유경제 활성화 방안'을 발표했어. 기존 사업자들과의 상생을 고려하면서 자동차 공유 서비스를 활성화하고, 숙박업계와도 협력하는 방향으로 도시민박업을 제도화해 발전시키기로 했지.

2001년 제러미 리프킨Jeremy Rifkin은 『소유의 종말』에서 '이제 소유보다 접근이 중요한 시대가 올 것'이라고 말했어. 1인 가구가 늘어나면서 사람들은 모든 것을 직접 사는 대신 필요할 때 빌려 쓰는 방식을 선택하고 있어. 공유경제는 과잉 소비를 줄이고 합리적인 소비 습관을 기를 수 있는 좋은 대안이 될 거야.

1. 2011년 미국 시사 주간지 〈타임〉이 공유경제를 선정한 항목은?

① 올해의 발명품　　　② 세계 100대 기업　　　③ 실패한 비즈니스 모델

④ 세상을 바꿀 10가지 아이디어

2. 공유경제가 활성화되었을 때 긍정적인 효과를 두 가지만 써 보자.

----

3. 다음 진술이 옳으면 ◯, 틀리면 X를 표시해 보자.

1) 공유경제의 개념은 마틴 와이츠먼이 1980년대에 제시했다. (　　　)

2) 우버는 100개국 미만에서 운영되고 배달·화물 서비스는 하지 않는다. (　　　)

3) 스마트폰과 SNS의 발달은 공유경제 확산에 도움이 되었다. (　　　)

4) 제러미 리프킨은 『소유의 종말』에서 소유보다 접근이 중요해지는 시대를 말했다. (　　　)

4. 공유경제는 개인의 소비 습관을 어떻게 바꾸고 있을까? 예를 들어 설명해 보자.

힌트 '필요할 때 빌린다'는 공유경제의 핵심이 기존의 '사고 소유한다'는 소비 습관과 어떻게 다른지 생각해 봐.

👍 더 알고 싶어 119

📖 도서　▷ 영상　🔍 사이트

📖 **『공유경제 쫌 아는 10대』 (석혜원, 풀빛, 2020)**

'공유경제'에 대해 알고 싶다면 추천해. 무엇을 공유하는 것인지, 공유경제는 언제부터 시작되었는지, 지금에 이르기까지 공유경제는 어떤 과정을 거쳐 왔는지, 공유경제의 빛과 그림자는 무엇인지, 공유경제의 가치는 무엇이고 어떤 방향으로 나아가야 하는지에 대해 알 수 있을 거야.

▷ **따릉이가 성공할 수 있었던 비결은? (매일경제 TV)**

서울시의 자전거 공유 서비스인 따릉이는 공유경제의 성공적인 국내 사례로 꼽힌대. 공유경제가 자원을 효율적으로 쓰게 만들어 '가성비'와 '가심비'를 높여주지만, 거시 경제 지표에는 왜곡을 줄 수 있다는 점에도 주목해 보자.

🔍 **서울자전거 따릉이** 서울특별시가 운영하는 무인 공공 자전거 대여 서비스인 '따릉이'의 공식 웹사이트야. 따릉이는 공유경제 모델로써 도시 교통과 환경 문제 해결에 기여하고 있어.

도시를 떠나서 시골로 가는 청년들이 늘어난다고?

영화 〈리틀 포레스트〉로 본 청년 귀농과 스마트팜

영화 〈리틀 포레스트〉에서 아카시아꽃 튀김, 밤 조림, 취나물 사과꽃 파스타 같은 음식을 직접 만들어 먹는 주인공을 보면서 잔잔하게 힐링한 사람들 많지? 그런데 최근 리틀 포레스트를 꿈꾸며 귀농하는 청년들이 많아졌다고 해. 청년 농부들이 어떤 삶을 살고 있는지 한 번 알아볼까?

학습 키워드　#창업 #청년창업 #청년귀농 #청년창업지원 #스마트팜
교과 연계　중 〉 사회2 〉 Ⅱ-2. 기업의 역할과 사회적 책임

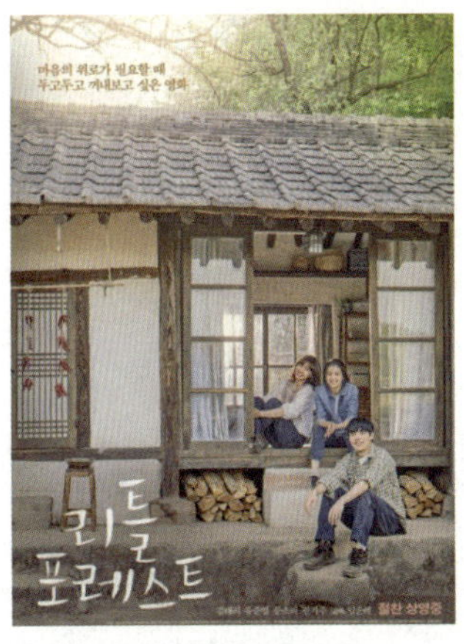
↑ 영화 〈리틀 포레스트〉

유튜브나 SNS를 보면 '시골 브이로그', '퇴사 후 귀농일기', '혼자 농사짓는 30대' 같은 콘텐츠가 인기야. 많은 청년들이 빠른 속도의 도시 생활, 치열한 경쟁, 정서적 소외에서 벗어나고 싶어 하지. 일과 인간관계에서 지친 MZ세대에게 자연과 함께하는 시골살이는 힐링의 대안처럼 느껴지기도 해. 영화 〈리틀 포레스트〉가 150만 명이나 볼 정도로 흥행했던 것도 바로 이 흐름과 맞닿아 있어.

〈리틀 포레스트〉는 도시의 일상에 지친 주인공 혜원이 고향으로 내려와 친구들과 함께 자급자족하며 지난 상처를 치유해 나가는 영화야.

혜원은 엄마랑 살던 고향 집에서 농사를 짓고 살기 시작해. 고향에서 어
린 시절 친구 재하와 은숙을 다시 만나는데, 재하는 시골 농부로 살고 있
고, 은숙은 도시에서 꿈을 이루지 못하고 돌아왔어. 이들은 함께 시간을
보내며 아픔과 고민을 나누고, 자연 속에서 행복을 찾아. 영화의 주요 볼
거리는 혜원이 직접 농사지은 재료로 요리하는 장면이야. 어떤 프로그
램에서는 이 영화를 '본격 퇴사 권장 영화'라고 설명하기도 했어. 실제로
리틀 포레스트처럼 자급자족 슬로 라이프를 꿈꾸며, 직장을 그만두고 귀
농한 청년들이 증가하고 있대.

귀농과 스마트팜

귀농이란 도시에서 살던 사람이 농촌으로 이주해 농업에 종사하는
걸 말해. 농림축산식품부 조사에 따르면, 2021년 30대 이하 귀농 · 귀촌
인구가 전체의 45.8%를 차지할 정도로 많아졌어. 젊은 세대가 농업의 발
전 가능성을 보고 직업으로 선택하고 있는 거야.

귀농의 이유는 다양해. 코로나19로 인해 농촌에 대한 관심이 커졌
고, 도시의 높은 주택 가격도 영향을 줬어. 실제로 귀농한 청년들은 경제
적으로 안정된 생활을 하고 있고, 약 70%가 생활에 만족한다고 해. 귀농
한 청년들은 새로운 농법을 도입하고, 유튜브로 농업 관련 콘텐츠를 공
유하는 등 다양한 시도를 하고 있어.

특히 청년 농부들이 주목하는 것이 바로 '스마트팜'이야. 스마트팜
은 비닐하우스나 유리온실, 축사 등에 정보통신기술(ICT)을 접목해 원
격 · 자동으로 작물과 가축을 관리하는 시스템이야. 이를 통해 노동력과
에너지를 절감하면서도 생산성을 높일 수 있어. 스마트팜이 확산되면 농
업 경쟁력이 강화되고, 미래 성장 산업도 될 수 있어. 또 농사를 지을 때

시공간이 자유로워져 여유 시간도 늘고 농촌에서의 삶의 질도 올라가게 되지. 네덜란드는 이런 스마트 농업으로 세계 2위의 농산물 수출국이 되었어. 한국도 스마트팜으로 농업 경쟁력을 높이고 있다고 해.

전라북도 김제시에는 '스마트팜 혁신밸리'가 있어. 이곳에는 빅데이터 센터, 스마트청년농업 교육센터, 실증단지 등이 마련되어 스마트 농업을 연구하고 있어. 서울대 출신 청년 농부가 체험 스마트팜을 운영하는 모습이 언론에 보도되기도 했지.

하지만 스마트팜을 시작하는 데는 초기 투자 비용이 많이 들어가서 자금이 부족한 청년들에게 부담이 된다고 해. 농지 구입도 쉽지 않아서 귀농 청년들이 어려움을 겪고 있어. 이를 해결하기 위해 정부는 여러 지원 정책을 마련했어. 청년귀농 장기교육으로 농업 기술을 배우고 실습할 수 있도록 지원하고 있어. 청년 농업인 영농정착지원사업은 40세 미만의 독립 경영 3년 이하 농업인에게 3년간 월 최대 110만 원을 지원해 소득을 확보해 주고, 토지도 지원받을 수 있도록 해준대. 기업들도 사회공헌 사업을 통해 청년 귀농을 돕기 위해 노력하는 중이야. 예를 들어 농심은 '함께하는 청년 농부' 프로그램을 통해 감자 농사를 지원하고 있어.

딸기 스마트팜을 운영하는 한 청년은 "귀농을 생각하는 청년들에게 스마트팜이 좋은 기회가 될 것"이라고 말했어. 청년 귀농이 늘어나면 농촌 경제가 활력을 얻고 새로운 형태의 농업이 발전할 가능성이 커져. 미래의 농업은 더 이상 낫과 삽만으로 이뤄지는 일이 아니야. 디지털 기술과 창의력을 가진 청년들이 농업을 혁신하며, 진짜 '리틀 포레스트'를 현실에서 만들어 가고 있어. 도시를 떠나 새로운 삶을 찾고 싶은 청년들에게 귀농은 매력적인 선택지가 될 수 있을 거야.

1. 스마트팜의 특징에 대한 설명으로 가장 적절한 것은?

   ① 스마트팜을 시작하는 데에는 초기 투자 비용이 적게 들어간다.

   ② 우리나라는 스마트팜으로 세계 2위의 농산물 수출국이 되었다.

   ③ 스마프팜을 통해 노동력과 에너지를 절감하면서도 생산성을 높일 수 있다.

   ④ 스마트팜으로 인해 농업의 미래 산업으로씨의 경쟁력이 약화될 우려가 있다.

2. 다음 빈칸에 들어갈 말을 써 보자.

   > 스마트팜은 비닐하우스나 유리온실, 축사 등에 _________________(을)를 접
   > 목해 원격·자동으로 작물과 가축을 관리하는 시스템이다.

3. 청년들이 귀농을 선택하는 이유에 어떤 사회적 배경이 작용했을지 생각해 보자.

   힌트 귀농은 단순한 개인 선택이 아니라 도시 사회의 구조적 문제와도 관련이 있어. 청년들이 떠나는 도시의 현
   실을 함께 생각해 봐.

   -

   -

4. 청년 귀농의 성공을 위해 정부, 지역사회, 기업이 각각 어떤 방식으로 협력할 수 있을지
   구체적인 정책 아이디어를 생각해 보자.

   힌트 '단기 지원'이 아니라 '지속가능성'을 키우는 협력 구조가 중요하다는 점에 주목해 봐.

   -

   -

더 알고 싶어 119

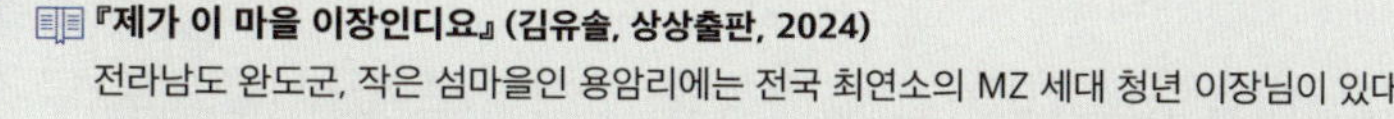

📖 『**제가 이 마을 이장인디요**』 (김유솔, 상상출판, 2024)
전라남도 완도군, 작은 섬마을인 용암리에는 전국 최연소의 MZ 세대 청년 이장님이 있대. 귀촌을 원하지
만 귀농이 아닌 다른 삶의 방식을 모색하는 이 흥미로운 청년의 이야기를 한 번 들어보자.

▷ [**귀농 백과사전**] **청년 귀농 지원 대폭 확대! '영농정착지원'부터 '청년농촌보금자리'까지!
모두 알려드림! (귀농다큐 살어리랏다)** 농림축산식품부의 청년 귀농 지원 정책이 대폭 확대
되어 이제 교육 중인 청년 농업인도 영농정착지원금을 받을 수 있게 되었대. 특히 공동 육
아 시설을 갖춘 '청년 농촌 보금자리' 주택 지원을 통해 주거와 육아 문제를 해결하며 청년
층의 안정적인 농촌 정착을 적극 지원할 예정이래. 이 정책으로 인해 우리 청년들에게는 어
떤 변화가 나타날지 궁금하지 않아?

🔍 **스마트팜코리아** 농업인이 스마트팜 기술을 쉽게 이해하고 도입할 수 있도록 돕고, 관련 산
업의 성장 기반을 마련하는 데 중점을 두고 있어.

틱톡이 금지된 나라가 있다고?

틱톡(TikTok)을 보다 보면 어느새 하루가 다 지나 있지 않니?
2020년에 트럼프 대통령이 미국 내 틱톡 사용을 금지하는 데에 서명한데 이어
2024년 4월 '틱톡 금지법'이 미국 의회에서 통과되었대.
대체 왜 미국에서는 틱톡을 퇴출하려고 할까?

학습 키워드 #틱톡금지법 #무역분쟁 #무역갈등 #보호무역
교과 연계 중 > 사회2 > IV-3. 국제 거래와 환율

▲ 틱톡 애플리케이션 로고

전 세계에서 8억 명이 넘는 이용자가 있는 틱톡이 미국에서 퇴출될 위기에 처했어. 2024년 4월 바이든 대통령은 중국 기업 바이트댄스가 소유한 틱톡을 금지하는 법안에 서명했어. 이 법안에 따르면 바이트댄스가 2025년 1월까지 틱톡의 미국 자산을 매각하지 않으면 미국에서 틱톡 사용이 금지된대. 트럼프 대통령도 2020년에 틱톡을 주시하고 있고 앞으로 금지할 수도 있다고 했어. 미국 정부는 틱톡이 미국인의 개인정보를 중국 정부에 제공할 위험이 있다고 주장해. 반면 중국 바이트댄스는 이 조치가 미국헌법 1조 표현의 자유를 침해한다며 소송을 제기했지.

미국이 중국 어플 틱톡을 금지하려는 이유는 단순한 개인정보 보호 문제가 아니라 미·중 무역 갈등이 디지털로 옮겨진 것이라고 할 수 있어.

미국과 중국의 무역 갈등이 발생한 이유

미국과 중국의 무역 갈등은 2018년부터 본격적으로 심화됐어. 미국은 중국과의 무역에서 계속 적자를 기록해 왔고, 2017년 대중 무역 적자는 약 3,750억 달러였어. 미국이 중국에서 수입하는 물건이 훨씬 더 많기 때문이야. 이에 트럼프 대통령은 중국의 불공정 무역 관행을 이유로 철강, 알루미늄 등 중국산 제품에 높은 관세를 부과했지. 2018년 7월과 8월, 미국은 500억 달러 규모의 중국산 제품에 25% 관세를 부과했고, 중국도 미국산 농산물, 자동차, 수산물에 보복 관세를 부과했어. 관세는 수입하는 물건에 부과하는 세금이야. 물건값에 세금을 더해서 팔아야 하니 물건값이 올라가서 수입 제품의 경쟁력이 떨어지게 되는 거지. 이렇게 미국과 중국은 서로에게 관세를 부과하면서 무역 전쟁이 시작되었어.

보호무역은 자국 산업을 보호하기 위해 수입을 제한하는 무역 정책이야. 대표적인 방법으로는 관세 부과, 수입 쿼터, 수출 보조금이 있어. 트럼프 대통령처럼 국내 제품의 경쟁력을 보호하기 위해 수입품에 관세를 부과하거나, 특정 상품의 수입량을 제한해 국내 시장을 보호하는 수입쿼터를 사용하는 거지. 또 국내 상품이나 기술의 수출을 증대시키려고 국내 수출 산업이나 수출업자에게 수출 보조금을 지원하기도 해. 미국은 중국과의 무역 적자를 줄이고, 자국 산업과 일자리를 보호하기 위해 이런 보호무역 정책을 적극적으로 시행했어.

미국과 중국의 무역갈등이 미치는 영향

미국과 중국의 무역 갈등에 대한 이야기를 좀 더 해줄까? 2019년 미국은 중국의 통신장비 제조업체 화웨이를 국가 안보 위협으로 간주하고 미국 기업들과의 거래를 금지했어. 이 방법은 중국의 첨단 기술 산업에 큰 타격을 줬어. 2020년 1월, 중국은 미국산 농산물과 에너지 제품을 대규모로 구매하고 미국은 일부 관세를 철회하는 조건으로 1단계 무역 합의를 체결했지만 근본적인 문제들은 해결되지 않았어. 5G, 반도체, 인공지능 같은 첨단 기술 분야에서도 미·중 경쟁이 치열해지는 중이야. 미국은 중국의 첨단 기술 산업에 강하게 제재를 하고, 중국은 기술 자립을 위해서 막대한 투자를 하고 있지.

미국이 중국산 제품에 높은 관세를 부과하자 미국 기업들은 원자재 비용이 증가해 생산 비용이 높아졌어. 미국 철강·알루미늄 산업은 보호받았지만 이를 사용하는 제조업체들은 큰 부담을 겪었대. 소비자들도 중국산 제품의 가격이 올라 더 많은 돈을 지출해야 했지. 반대로 중국도 미국산 제품의 수입이 줄면서 경제 성장률이 둔화됐어. 이런 무역 갈등은 전 세계적으로 보호무역주의를 강화하는 계기가 되었고 글로벌 경제에 큰 영향을 미쳤어.

우리나라도 무역 의존도가 높아서 미·중 무역 갈등이 심화되면 경제에 영향을 크게 받아. 특히 반도체, 자동차, 전자제품 같은 수출 산업이 타격을 받을 수 있지. 따라서 우리는 국제 무역 환경을 주의 깊게 살펴보고 변화에 대비해야 해. 미·중 무역 갈등과 보호무역의 흐름을 이해하면 글로벌 경제의 변화를 더 잘 파악할 수 있을 거야.

1. 미국과 중국의 무역 분쟁이 전 세계에 미치는 영향으로 가장 적절한 것은?

　① 전 세계적으로 보호역주의를 약화시키는 계기가 되었다.

　② 중국은 미국산 제품의 수입이 증가하여 경제 성장률이 상승하였다.

　③ 미국의 소비자들은 중국산 제품의 가격이 올라 더 많은 돈을 지출하게 되었다.

　④ 높은 관세로 인해 미국 기업들의 원자재 비용이 감소하여 생산비용이 낮아졌다.

2. 빈칸에 들어갈 말을 써 보자.

> 우리나라는 ___________(이)가 높은 나라이다. 따라서 미·중 무역 갈등이 심화
> 되면 우리 경제도 영향을 크게 받는다. 특히 반도체, 자동차, 전자제품 같은 수출
> 산업이 타격을 받을 수 있다. 따라서 우리는 국제 무역 환경을 주의 깊게 살펴보고,
> 변화에 대비해야 한다.

3. 다음 보호무역의 대표적인 방법과 그 설명을 바르게 짝지어 보자.

> ㄱ. 관세　　　ㄴ. 수입 쿼터　　　ㄷ. 수출 보조금

ㄱ. 관세 ・　　　・1) 국내 수출 산업 또는 수출업자에게 보조해주는 돈

ㄴ. 수입 쿼터 ・　　　・2) 수입하는 물건에 부과하는 세금 방법

ㄷ. 수출 보조금 ・　　　・3) 특정 상품의 수입량을 제한해 국내 시장을 보호

4. 미·중 무역 갈등 속에서 한국이 할 수 있는 외교·경제적 전략은 무엇이 있을까?

힌트 한국은 무역 의존도가 높은 나라이기 때문에 균형 외교와 산업 다변화가 중요해. 한국의 위치에서 현실적인 대안을 찾아보자.

더 알고 싶어 119

📖 도서　▷ 영상　🔍 사이트

📖 **『차이나는 클라스 국제정치 편』** (김원중 외, 중앙북스(books), 2020)
　미국과 중국의 무역 갈등 원인, 그리고 이에 따른 영향까지, 계속해서 발생하고 있는 국제 분쟁과 갈등의 현장에서 우리나라는 어떤 입장을 취해야 하는지에 대해 생각해 보면 좋겠어.

▷ **'틱톡' 매각 합의…미중 무역 분쟁 분수령?** (SBS 뉴스)
　미국과 중국이 '틱톡'이라는 문제에 대해 잠정적으로 합의점을 찾은 것이 두 나라 간의 껄끄러운 무역 전쟁을 녹이는 첫 단추가 될 수 있다고 해. 단순히 앱 하나를 사고파는 것을 넘어 복잡하게 얽힌 미중 관계의 중대한 전환점이 될 잠재력을 이야기하고 있어.

🔍 **대한민국 외교부** 외교부는 대한민국의 국익을 증진하고 평화적인 국제 관계를 구축하는 것을 목표로 하고 있어. 이 사이트에서 대한민국 정부의 대외 정책, 외교 활동, 국제 관계 및 재외국민 보호에 관한 모든 공식 정보를 확인해 봐.

주식을 사놓고
10년 동안 그냥 둔다고?

엔비디아(NVIDIA)로 보는 주식과 주식 시장

1억을 투자해 156억의 수익을 낸 한국의 투자 전문가
에셋플러스자산운용의 강방천 회장은 한 방송에 출연해
"주식을 사라, 그리고 수면제를 먹어라! 10년 후에 깨어나면 부자가 되어 있을 것이다."
라는 말을 남겼어. 이게 대체 무슨 뜻일까?

학습 키워드　#자산관리 #금융생활 #주식 #주식시장 #주식투자
교과 연계　중 〉 사회2 〉 II-2. 안정적인 경제생활

강방천 회장은 유튜브에서 최근 주식 시장을 뒤흔들었던 AI 반도체에 대해서도 언급했어. '엔비디아NVIDIA'는 AI 반도체의 대장 주식이라고 불려. 10년 전 엔비디아 주식에 1,000만 원을 투자했다면, 지금쯤 25억 원이 되었다는 분석이 나올 정도로 엔비디아의 주가는 최근 1~2년 사이에 급등했어.

대체 주식이 뭐길래 이렇게 온 세상이 떠들썩한 것일까? 주식은 기업이 경영 자금을 마련하기 위해 투자자에게 판매하는 지분을 의미해. 주식을 사면 그 회사의 일부를 소유하게 되고, 주주로서 배당금을 받을 수도 있어. 또 주식을 되팔아 시세차익을 얻을 수도 있지. 한국거래소를 통해 우리나라에서 상장된 주식을 사고팔 수 있어. 우리나라 주식 시장은 코스피KOSPI 시장과 코스닥KOSDAQ 시장으로 나뉘어 있어. 코스피 시

장은 우리나라 대표 기업과 규모가 큰 기업들의 주식이 거래되는 시장이고, 코스닥 시장은 규모는 작지만 성장 잠재력이 높은 벤처 기업과 중소기업의 주식이 거래되는 시장이야. 투자자들은 증권사 거래 시스템에서 주식을 사고 팔아.

주가는 왜 오르락 내리락 할까?

이 귀여운 캐릭터는 한국거래소의 마스코트 '황비'와 '웅비'야. 황비는 황소의 모습이고 웅비는 곰의 모습으로 한국거래소에는 '황소'와 '곰' 동상이 있어. 황소는 뿔을 위로 치켜들며 공격하는 모습에서 주가 상승(강세장)을 의미해. 반대로 곰은 앞발로 내려치는 공격 방식 때문에 주가 하락(약세장)

↑ 한국거래소 마스코트 황비&웅비

을 상징하지. 주가는 황소와 곰이 싸우듯이 계속 오르고 내리기를 반복해. 그렇다면 주가를 오르락 내리락하게 영향을 미치는 요인은 무엇일까?

첫째, 기업의 실적이야. 기업의 이윤이 증가하면 주가가 오르고, 반대로 손실이 나면 주가는 하락해. 개별 기업뿐만 아니라 한 업종 전반에 좋은 소식, 즉 호재가 있다면 같은 업종의 기업 주가도 함께 오를 가능성이 높아.

둘째, 세계 경제 상황도 주식 시장에 영향을 줘. 글로벌 경제 위기나 호황에 따라 주식 시장도 영향을 받아. 코로나19가 확산되던 2020년 2월 중순부터 3월 중순 사이에는 한 달간 주가 지수가 급락했어. 우리나라의 코스피 지수는 35%가 하락했고, 미국의 다우존스 지수도 비슷한 하락률을 보였어. 경제에 대한 불확실성이 커지면 사람들의 투자 심리가 얼어붙어 주가는 하락해.

엔비디아는 그래픽 처리 장치GPU와 인공지능AI 기술을 선도하는 미국의 기업이야. 특히 고성능 그래픽 카드 및 GPU 기술의 선두 주자로 게임·데이터센터·자율주행 차량 등 AI 반도체 시장에서 강자로 자리 잡으면서 최근 1년 만에 주가가 250% 상승했어. AI 기술은 단순한 유행이 아니라 4차 산업혁명의 핵심이야. 자율주행차, 의료 인공지능, 챗봇, 산업 자동화 같은 다양한 분야에서 AI 반도체가 쓰이기 때문에 관련 기업들의 가치도 함께 높아지고 있는 거야. 그래서 AI 관련 산업은 미래의 성장 동력으로 주목받고 있고, 투자자들도 이런 가능성을 보고 투자하고 있는 거지.

세계적인 투자자인 워렌 버핏Warren Buffett은 "장기 투자를 해라. 10년 이상 주식을 보유할 생각이 없으면 10분도 보유하지 말라."고 말했어. 단기적인 주가 변동에 휘둘리기보다 장기적인 성장 가능성을 보고 투자해야 한다는 의미지. 미국 월스트리트의 '투자의 전설' 피터 린치Peter Lynch는 "주식은 도박이 아니지만, 투자자가 기업에 대해 공부하지 않는다면 도박과 같다."라고 했어. 주식 투자는 높은 수익을 기대할 수 있지만 그만큼 원금을 잃어버릴 위험도 크기 때문에 신중한 분석이 필요해. 남의 의견을 따라가기보다는 스스로 투자 원칙을 세우고, 기업의 미래 가치를 판단하는 능력을 키우는 것이 중요해.

지금은 아직 직접 투자를 시작하지 않더라도 뉴스에서 경제 이슈를 찾아보고 기업들의 성장 흐름을 읽는 습관을 길러 보자. 주식 투자는 돈 벌기 수단이 아니라 세상을 보는 눈을 넓히고 경제를 이해하는 훌륭한 도구가 될 수 있어. 미래의 투자자가 되기 위한 준비는 지금부터 천천히 하지만 꾸준히 시작해도 늦지 않아.

1. 우리나라의 주식 시장에 대한 설명으로 옳지 않은 것은?

　① 한국거래소는 주식 등이 거래 되는 시장이다.

　② 투자자들은 증권사의 거래 시스템에서 주식을 사고팔 수 있다.

　③ 우리나라 주식 시장은 코스피 시장과 코스닥 시장으로 나뉘어 있다.

　④ 코스피 시장에서는 코스닥 시장과 달리 벤처 기업과 중소기업의 주식이 거래된다.

2. 다음 빈칸에 들어갈 말을 차례대로 써 보자.

> 주식은 기업이 경영 자금을 마련하기 위해 투자자에게 판매하는 지분을 의미한다.
> 주식을 사면 그 회사의 일부를 소유하게 되고, 주주로서 __________(을)를 받을 수
> 도 있어. 또 주식을 되팔아 ___________(을)를 얻을 수도 있다.

3. 주가가 오르락 내리락 하도록 영향을 미치는 요인 두 가지를 써 보자.

4. 엔비디아를 예를 들어 장기 투자의 장점과 단점을 설명해 보자.

　힌트 장기 투자는 주가의 단기 변동에 영향을 덜 받지만 미래 예측이 어렵다는 점도 고려해야 해.

5. 청소년이 주식을 배우는 게 왜 중요한지 여러분의 삶과 연결해서 말해 보자.

　힌트 기업, 산업, 국제 정세를 공부하면서 시야가 넓어질 수 있어.

더 알고 싶어 119

📖 도서　▶ 영상　🔍 사이트

📖 **『청소년을 위한 돈의 속성』** (강인성, 스노우폭스북스, 2024)
'부자'가 되고 싶은 친구들은 주목해 봐. 부자가 되려면 우리는 '돈'에 대해서 잘 알아야 하지. 이 책을 읽다 보면, 돈의 진정한 의미와 가치를 찾고, 그 너머에 있는 돈의 속성을 발견할 수 있을 거야.

▶ **투자는 1억, 수익은 156억?? 이거 제대로 터졌다: 투자의 신 강방천 회장님이 푸는 주식 투자 플렉스 썰 (tvN 유퀴즈온더블록)** IMF 때 1억을 156억으로 불린 '투자의 신' 강방천 회장의 비결은 따로 있는 것이 아니라, 좋은 기업을 찾아 '잠자는 동안에도 돈을 벌어주는' 방식으로 주식에 오랫동안 투자했대. 강방천 회장이 위기를 어떻게 기회로 만들었는지, 그리고 '좋은 투자'의 네 가지 황금률이 무엇인지 알아 보자.

🔍 **네이버페이 증권** 국내 최대 규모의 온라인 금융 및 증권 정보 포털이야. 단순히 주식 거래 서비스(증권사 기능)를 제공하는 것을 넘어, 투자에 필요한 방대한 정보와 데이터를 통합적으로 제공하고 있어.

은하수 다방, 왜 사라졌을까?

핫플레이스들 폐업으로 보는 젠트리피케이션

"사랑은 은하수 다방 문 앞에서 만나 홍차와 냉커피를 마시며 매일 똑같은 노래를 듣다가 온다네."
가수 10cm가 부른 〈사랑은 은하수 다방에서〉라는 노래야.
실제로 은하수 다방은 서울 홍대 앞에 있던 카페였고 노래의 인기로 핫플레이스가 되었지만
2016년에 문을 닫았어. 대체 왜 문을 닫았을까?

학습 키워드　#젠트리피케이션 #임대료 #골목상권보호 #지속가능한발전
교과 연계　　중 〉 사회2 〉 IX-2. 수도권의 공간 구조와 변화

최근 인기있는 핫플레이스들은 서울 이태원의 '경리단길'을 시작으로 서울 마포구의 '망리단길', 경기도 수원시 행궁동의 '행리단길'이 대표적이야. 수도권 말고도 경주시 황남동의 '황리단길'도 경주의 핫플레이스로 자리 잡았어. 서울 이태원에서 10년 넘게 태국 음식점을 운영했던 한 연예인은 과거 방송에서 '젠트리피케이션'의 부당함에 대해 호소했어.

젠트리피케이션Gentrification은 도심의 특정 지역에서 부동산 가치가 상승하면서 기존 주민과 상인들이 내몰리는 현상을 말해. 1960년대 영국 런던의 첼시와 햄스테드 지역에서 처음 나타났고, 이후 세계 여러 도시에서 비슷한 현상이 일어나고 있어.

첼시와 햄드테드는 가난한 사람이 살던 동네였지만 중산층이 들어오면서 오래된 집을 새로 지어 부동산 가격이 높아지게 되었어. 원래 살

던 주민들은 임대료와 재산세를 감당하지 못하고 쫓겨나 이 지역의 성격이 변하게 된 거야. 이런 현상을 설명하려고 도시 학자 루스Ruth Glass는 젠트리피케이션이라는 용어를 썼어. 영국의 전통적 중간계급인 '젠트리gentry'에서 나온 말인데, 주로 예술가나 교수 집단이 임대료가 싼 지역에서 작업 공간을 쓰다가 그 지역이 인기 있게 되면 임대료가 폭등해 젠트리피케이션이 일어나.

국토연구원에서는 우리나라의 젠트리피케이션 발생 과정을 이렇게 설명했어. 소상공인과 예술가가 어느 한 지역에 모이면 그 지역만의 특성이 생기고 유동 인구가 늘어서 임대료가 올라가. 이후 대기업 프렌차이즈들이 들어와 임대료가 폭등하면 기존의 소상공인과 예술가가 이탈하게 된다는 거야. 홍대 앞 은하수 다방이 대표적인 사례야. 홍대 부근은 예술가들과 개성 있는 가게들이 모여 핫플레이스로 떠올랐지만 인기가 많아지면서 임대료가 급등했어. 부동산114에 따르면 홍대 인근의 임대료는 2008년 3.3㎡당 482만 원에서 2014년 1,515만 원까지 상승했어. 결국 은하수 다방도 8년 동안 4배나 높아진 임대료를 감당하지 못하고 폐업하게 된 거야.

젠트리피케이션의 해결 방안

영국처럼 도시가 작다면 주거 지역은 주로 도심에 있게 돼. 점차 도시가 커지면서 도심에 가게와 사무실이 생기고, 자동차가 있는 부유층은 교외로 이사를 가. 도심 주변의 집들은 노동자들이 살다가 낡아지면서 빈민이나 부랑자들이 거주하면서 점차 황폐해지지. 정부가 황폐화한 공간을 재개발하면 사무실, 상업 시설, 고소득층을 위한 주거지가 들어서서 비싼 부동산을 가격을 감당하지 못하는 원래 거주자들은 다른 지역으로 쫓겨날 수밖에 없게 돼. 홍대 같은 상업 지역뿐만 아니라 주거지역도 재개발과 재건축으로 인해 대규모 아파트 단지가 되면서 젠트리피케이션이 나타나기도 하는 거야.

젠트리피케이션은 어떻게 해결할 수 있을까? 서울의 핫플레이스인 성수동은 2020년에 비해 2022년에 임대료가 45%나 올랐대. 성동구는 성수동을 보호하기 위해 2015년부터 '지속가능한발전구역'으로 지정해서 대기업 프랜차이즈 입점을 제한하고, 임대료 안정 협약을 체결했어. 그 결과, 평당 임대료 상승률이 낮아지면서 젠트리피케이션을 완화하는 효과가 나타났어. 임대료가 다시 올라갈 기미가 보이자 최근 성동구는 지속가능한발전구역을 8.6배 확대하며 추가적인 보호 조치를 시행하고 있어. 지역 사회는 골목 상권을 보호하려고 노력하고 있어.

물론 젠트리피케이션이 부정적 측면만 있는 건 아니야. 젠트리피케이션은 황폐화된 구도심을 되살린다는 긍정적인 측면도 가지고 있어. 전문가들은 젠트리피케이션 해결 방안으로 '상생'을 강조해. 지역 경제와 골목 상권을 보호하면서도, 핫플레이스를 지속가능하게 운영할 방법을 모색해야 해. 앞으로도 젠트리피케이션을 해결하기 위한 다양한 정책이 필요할 거야.

1. 젠트리피케이션에 대한 설명으로 옳지 않은 것은?

   ① 미국의 전통적 중간 계급인 '젠트리'에서 나온 용어이다.

   ② 황폐화된 구도심을 되살린다는 긍정적인 측면도 가지고 있다.

   ③ 우리나라에서는 서울 성수동, 이태원, 경리단길 등이 대표적인 사례이다.

   ④ 부동산 가치 상승으로 기존 주민·상인이 임대료 등을 감당하지 못해 내몰리는 현상이다.

2. 빈칸에 들어갈 말을 써 보자.

   > 전문가들은 젠트리피케이션 해결 방안으로 _________(을)를 강조한다. 젠트리피케이션 문제를 해결하기 위해서는 지역 경제와 골목 상권을 보호하면서도, 핫플레이스를 지속가능하게 운영할 방법을 모색해야 해야 한다.

3. 다음 진술이 옳으면 ○, 틀리면 X를 표시해 보자.

   > 1) 젠트리피케이션은 상업 지역에서만 발생한다. (   )
   > 2) 서울 성동구는 대기업 프랜차이즈 입점을 촉진해 임대료를 낮췄다. (   )
   > 3) 젠트리피케이션은 지역 특성을 만든 소상공인·예술가의 이탈을 유발할 수 있다. (   )
   > 4) 서울 성동구는 성수동을 보호하기 위해 지속가능한발전구역을 지정했다. (   )

4. 도시 재개발이 젠트리피케이션으로 이어지는 과정에서 요구되는 정부의 역할에 대해 서술해 보자.

   힌트 정부는 단순한 도시 개발이 아니라 공공성과 형평성을 고려한 개입이 필요해.

더 알고 싶어 119

📑 도서　▶ 영상　🔍 사이트

📑 **『젠트리피케이션 쫌 아는 10대』 (강성익, 풀빛, 2019)**
화려한 도시 안에는 자신이 살던 둥지를 잃고 쫓기는 사람들이 있다는 것을 알게 되었을 거야. 젠트리피케이션을 해결하기 위해 어떤 노력이 필요할까? 여러 나라들의 사례를 통해서 알아보도록 하자.

▶ **세상의 모든 법칙 - 그 핫플레이스가 망한 이유는? (EBS 교양)**
젠트리피케이션을 해결하기 위해서 우리는 '주인 의식'을 가져야 해. 단기적인 이익이나 유행만을 좇게 되면 우리 동네 전체의 가치가 흔들릴 수 있기 때문이지. 우리가 살고 있는 이곳을 아끼는 마음으로 지속가능한 발전이란 무엇인지에 대해 고민해 보면 좋겠어.

🔍 **성수동 지속가능발전구역** 기존 상인이나 주민들이 쫓겨나는 젠트리피케이션현상을 예방하고 지역 공동체가 상생할 수 있는 기반을 마련하는 것을 핵심 목표로 두고 있어.

치킨집 사장님을
'돈쭐' 내주자는 게 뭔지 알아?

MZ세대의 새로운 소비 트렌드로 보는 가치소비와 미닝아웃

얼마 전 서울의 한 치킨집 사장님이 '돈쭐'이 났다고 해.
사람들이 치킨을 엄청 주문하고 심지어 가게 앞에 선물까지 두고 갔다는데
대체 무슨 일이 있었던 걸까?

학습 키워드　#가치소비 #미닝아웃 #친환경소비 #그린슈머 #돈쭐
교과 연계　중 〉 사회2 〉 XII-2. 글로벌 환경 이슈와 지속가능한 발전

　　서울의 한 치킨집 앞에 고등학생 형과 초등학생 동생이 5천 원을 들고 서성이고 있었어. 동생은 치킨을 먹고 싶어 보챘고 형은 용기를 내서 사장님께 "5천 원어치만 살 수 있나요?"라고 물었대. 그러자 사장님은 망설이던 형제에게 가장 맛있는 치킨을 내어주었고 돈도 받지 않았어. 심지어 사탕까지 쥐어주며 따뜻하게 배웅했지.

　　이 형제는 부모님을 잃고 할머니와 함께 어렵게 살고 있었어. 사장님은 동생의 긴 머리를 보고 미용실에 데려가 머리를 깎아주기도 했어. 1년 뒤 형은 이 모든 이야기를 편지에 써서 치킨 프랜차이즈 본사에 보냈고 사장님의 따뜻한 선행이 알려지면서 많은 사람들이 감동했어. SNS에는 "이런 가게는 진짜 오래오래 장사했으면 좋겠다", "우리 동네에도 이런 사장님이 있었으면" 같은 댓글이 달렸어. 그래서 사람들이 치킨을

마구 주문하고 가게 앞에 돈이나 선물을 두고 가면서 사장님을 '돈쭐' 내
주기로 한 거야. 이렇게 '돈쭐' 문화는 SNS와 인터넷 커뮤니티를 즐겨하
는 MZ세대를 중심으로 시작되었어.

가치소비와 미닝아웃

　이렇게 착한 가게를 돕기 위해 일부러 소비하는 게 바로 '가치소비'
야. MZ세대는 단순히 물건을 사는 게 아니라 자신의 가치관에 맞는 소
비를 하려 해. 이전 세대가 주로 '가격'이나 '성능'을 중심으로 제품을 골
랐다면 MZ세대는 '윤리성', '브랜드의 철학'까지 고려해 소비하는 경향
이 강해. 즉 '나에게 어떤 물건이 잘 맞느냐'보다 '내가 지지할 만한 브랜
드인가'를 더 중요하게 여기는 거지. 성장 관리 앱 '그로우'의 조사에 따
르면, MZ세대 928명 중 79%가 "나는 가치소비자다"라고 대답했대. MZ
세대들은 내가 소비하는 물건이 곧 나를 보여준다고 생각하며, 본인다
운 소비를 한 후 SNS에 인증해. 이런 소비 방식을 '미닝아웃Meaning Out'
이라고 불러. '미닝Meaning'은 의미, '아웃Out'은 드러낸다는 뜻인데, 소
비를 통해 자신의 신념과 사회적 가치를 표현하는 거야. 예를 들어 치킨
집 사장님처럼 착한 가게를 돕는 돈쭐 문화, 동물복지를 고려하거나 친
환경 제품을 사는 소비, 그리고 자기 자신을 위한 소비를 하는 미코노
미 등이 있어.

　MZ세대는 농산물을 살 때도 가치소비를 실천해. 예를 들면 강원도
화천군에서 애호박을 폐기해야 한다는 소식이 전해지자 전국에서 주문
이 몰려 하루 만에 112톤이 팔렸대. 그리고 환경을 생각하는 소비자들
은 조금 비싸더라도 친환경 제품이나 동물복지 상품을 구매하기도 해.

　이렇게 환경을 생각하며 소비하는 사람들을 '그린슈머Green+Consumer'라고 해. 그린슈머들은 제품을 고를 때 단순히 가격이나 디자인만 보는 게 아니라, 환경을 해치지는 않았는지 또는 동물 실험을 하지 않았는지도 꼼꼼히 따져. 요즘에는 비건(채식) 제품을 선택하는 사람도 많아지고 있어.

기업들도 MZ세대의 가치소비 트렌드에 맞춰 변화하고 있어. 설문조사 결과, MZ세대의 64.7%가 기업의 환경 보호 활동(ESG)에 관심이 많다고 응답했대. 그래서 패션 브랜드들은 생분해 소재나 페이크 퍼(가짜 털)로 옷을 만들고, 비건 음식을 파는 식당도 늘어나고 있어.

업사이클링 브랜드도 주목받고 있어. 업사이클링Up-cycling이란 재활용품에 새로운 디자인을 더해 가치를 높이는 걸 말해. 대표적인 브랜드로 '프라이탁FREITAG'이 있는데, 트럭 방수천으로 가방을 만들고 자동차 안전벨트로 끈을 만들지. 가방을 마감할 때도 자전거 고무 튜브를 활용한대. 덕분에 MZ세대에게 큰 인기를 끌면서 매년 30만 개 이상의 제품이 팔리고, 연 매출이 700억 원이 넘는다고 해.

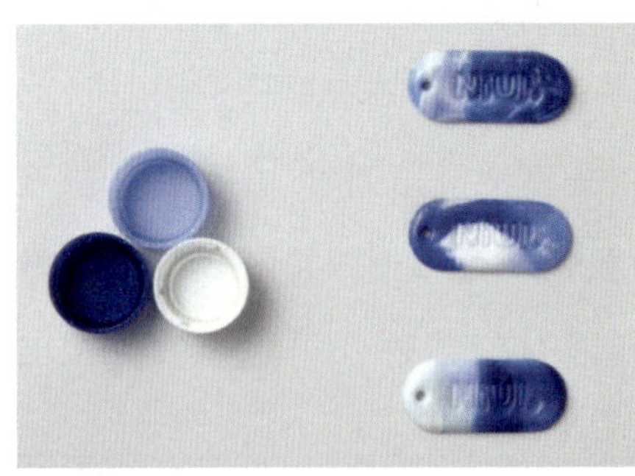

↑ 폐병뚜껑 업사이클링 키링 (니울 공식 홈페이지)

우리나라에도 다양한 업사이클링 브랜드가 있어. '니울NiUl'은 폐병뚜껑을 업사이클링해 키링을 만들어 인기를 끌었어. 사람들이 아무런 대가 없이 폐뚜껑을 보내주기도 한다더라.

이처럼 MZ세대가 주도하는 가치소비는 사회에 좋은 영향을 주고 있어. 기업들도 이런 흐름에 맞춰 친환경 제품을 만들면서 선한 영향력을 이어가고 있지. 앞으로도 가치소비가 더 확산된다면 세상은 더 따뜻하고, 환경도 더 깨끗해지지 않을까?

1. '미닝아웃(Meaning Out)'의 의미로 가장 적절한 것은?

① 취향을 숨기는 행동　　　　② 리뷰를 쓰지 않는 행동

③ 가격을 비밀로 하는 행동　　④ 소비로 자신의 신념을 드러내는 행동

2. 다음은 어떤 용어에 대한 설명일까?

> 재활용품을 이용하여 기존의 제품보다 품질이나 가치가 더 높은 새 제품을 만드는 과정을 의미한다. 이 과정을 활용한 대표적인 브랜드에는 '프라이탁'이 있다.

3. 다음 진술이 옳으면 ○, 틀리면 X를 표시해 보자.

> 1) 동물 복지 제품을 고르는 행위는 가치소비에 해당한다. (　　)
> 2) 그린슈머들은 단순히 가격이나 디자인만을 고려하여 제품을 구매한다. (　　)
> 3) 착한 가게를 찾아 주문으로 응원하고 인증하는 행동은 미닝아웃의 한 형태가 될 수 있다. (　　)
> 4) 가치소비의 사례에는 기업의 ESG 활동에 관심을 갖고 그 정보를 보고 구매를 결정하는 것이 있다. (　　)

4. '그린슈머'가 등장하면서 기업은 어떤 점을 고려해 제품을 만들어야 할까?

힌트. 환경에 좋은 제품을 만드는 것을 넘어서 소비자의 가치 판단 기준을 이해해야 해.

 **더 알고 싶어 119**　　　　　　📖 도서　▷ 영상　🔍 사이트

▷ **우울증과 공황 장애까지 겪었다는 돈쭐 치킨 사장님, 어떻게 지내고 계실까? (비디오 머그)**
이 치킨집 사장님은 '돈쭐'이라는 뜻밖의 행운을 만났지만, 시기와 질투, 그리고 큰 관심에 따른 부담감으로 우울증과 공황장애까지 겪어야 했대. 하지만 이 사장님은 포기하지 않고 기부를 통해 돈쭐의 본질을 되새기며, 규칙적인 일상과 긍정적인 마음으로 다시 일어섰대. 정말 멋진 사장님 아니야?

🔍 **업사이클링 브랜드 니울** 이 브랜드는 'Nothing Is Useless(쓸모 없는 것은 없다)'라는 뜻의 영문 이니셜을 따서 만들었어. 환경 문제 해결을 목표로 하는 대표적인 국내 업사이클링 브랜드지. 시간이 된다면, 한 번 구경해봐도 좋아.

타노스보다 먼저 인구를 줄여야 한다는 사람이 있었다고?

맬서스의 『인구론』과 세계 식량 위기

영화 〈어벤져스: 인피니티 워〉에서 빌런 타노스는 우주의 자원이 부족해질 거라며 인구를 절반으로 줄이려고 했어. 그런데 타노스보다 200년 먼저 지구의 인구가 너무 많아지면 안 된다고 주장한 경제학자가 있어. 그는 왜 이런 주장을 했을까?

학습 키워드 #인구문제 #식량위기 #자원고갈 #인구론
교과 연계 중 〉 사회 2 〉 VI-2. 사회문제와 우리 생활

↑ 영화 〈어벤져스: 인피니티 워〉

옆 이미지는 영화 〈어벤져스: 인피니티 워〉의 빌런 '타노스'가 모은 인피니티 스톤이야. 타노스는 자신이 살던 행성 '타이탄'이 자원이 부족해서 멸망하는 걸 봤어. 그래서 우주의 균형을 맞춘다는 이유로 각 행성의 인구를 절반으로 줄이려고 했지. 결국 그는 6개의 인피니티 스톤을 모아 손가락을 튕기는 '핑거 스냅'으로 우주의 절반을 없애버렸어. 그런데 이런 극단적인 인구 조절을 주장한 사람이 영화 속이 아니라 실제 역사에도 있었다는 거, 알고 있었어?

맬서스의 '인구론'

　　18세기 영국에서 맬서스Thomas Malthus라는 경제학자가 『인구론』이라는 책을 썼어. 그 책에서 맬서스는 '인구는 기하급수적으로 증가하지만 식량은 산술급수적으로 증가한다'고 주장했어. 이게 무슨 말이냐면, 인구는 1, 2, 4, 8, 16처럼 빠르게 늘어나지만, 식량은 1, 2, 3, 4, 5처럼 천천히 늘어난다는 거야. 결국 시간이 지나면 식량이 부족해져서 많은 사람들이 굶어 죽게 된다는 거지.

　　맬서스는 인구가 대략 25년마다 두 배씩 증가하기 때문에 200년 뒤엔 인구와 식량의 비율이 256 대 9이고 300년 뒤엔 4,096 대 13이 될 거라고 봤어. 그러니까 인구는 계속 늘어나는데, 먹을 게 부족해서 사람들이 살아남기 어려워질 거라는 거지.

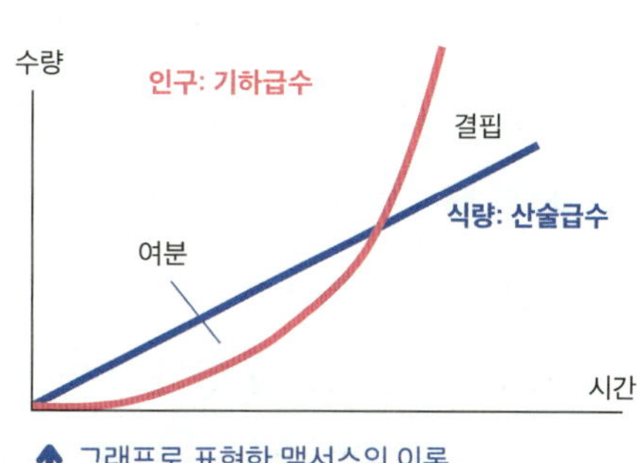

▲ 그래프로 표현한 맬서스의 이론

　　맬서스는 이런 문제를 막기 위해 적극적 억제와 예방적 억제라는 두 가지 방법을 생각했어. 적극적 억제 방법은 기아, 전쟁, 전염병 같은 자연적인 재앙으로 인구를 줄이는 거야. 맬서스는 적극적 억제 방법보다는 예방적 억제 방법에 초점을 뒀어. 사람들이 스스로 출산율을 낮춰서 인구가 늘어나지 않게 하는 거지. 그런데 맬서스는 좀 극단적인 주장도 했어. 가난한 사람들이 비위생적인 환경에서 살게 놔두면 전염병이 퍼져 인구가 줄어들 거라거나, 빈민을 돕지 말아야 한다고도 했지. 이 때문에 영국 정부는 실제로 빈민 구제 정책을 줄였어.

　　그런데 어느 순간부터 인구 증가율이 정체 상태를 보이며 맬서스의 예상과 달리 인구가 계속 늘어나면서도 세상은 멸망하지 않았어. 오히려 과학 기술이 발전하면서 식량 생산이 훨씬 더 많아졌거든. 특히 농업 기술이 발달하면서 더 많은 식량을 생산할 수 있었고, 의료 기술도 좋아져서 질병으로 죽는 사람도 줄었어.

세계의 인구 문제와 식량 위기

오히려 요즘은 또 다른 문제가 생겼어. 바로 저출생과 식량 위기야. 맬서스는 인구가 계속 늘 거라고 생각했지만 지금은 오히려 출생률이 너무 낮아져서 문제야. 특히나 선진국에서는 저출생 문제가 계속되고 있어. 우리나라도 심각해. 2023년 출산율은 0.72명, 2024년에는 0.68명으로 세계 최저 수준이고, 유럽과 일본도 비슷한 상황이야.

반대로 전 세계적으로 보면 인구는 계속 늘어나고 있어. 2022년 11월 기준으로 세계 인구가 80억 명을 넘었고, 2050년엔 100억 명에 이를 거라고 해. 아프리카의 사헬 지역의 인구는 계속 늘어나는데, 기후변화로 가뭄과 토지 황폐화가 심각해 식량 생산이 어려워졌어. 유엔식량농업기구FAO에 따르면 현재 전 세계 8억 명이 넘는 사람들이 만성적인 굶주림을 겪고 있다고 해. 특히 내전, 기후변화, 인구 증가가 동시에 일어나는 나라에서는 식량 문제가 점점 더 심각해지고 있어.

앞으로 인구와 식량 문제를 해결하기 위해 우리가 어떤 선택을 해야 할지 함께 고민해 봐야겠지?

1. 경제학자 맬서스의 핵심 주장으로 가장 적절한 것은?

   ① 인구와 식량 모두 산술급수로 증가한다.

   ② 인구와 식량 모두 기하급수로 증가한다.

   ③ 인구는 기하급수, 식량은 산술급수로 증가한다.

   ④ 인구는 매년 감소하는 반면, 식량은 매년 증가한다.

2. 다음 빈칸에 들어갈 말을 차례대로 써 보자.

   > 맬서스의 인구 억제 방법 중 _________ 억제 방법은 기아, 전쟁, 전염병 같은 자연적인 재앙으로 인구를 줄이는 것이다. 맬서스는 _________ 억제방법 보다는 _________ 억제 방법에 초점을 두었다.

3. 우리나라와 아프리카 사헬 지역의 인구 문제는 어떻게 다른지 말해 보자.

   힌트 한쪽은 저출생, 다른 쪽은 인구 과잉이라는 점을 중심으로 정리하면 좋아.

4. 세계 인구가 계속 증가하는 상황에서 식량 위기를 해결할 수 있는 방법은 무엇일까?

   힌트 식량위기를 해결하기 위해서는 농업 생산성 향상, 식량 분배의 형평성 강화, 식량 손실 및 낭비 감축, 기후변화 대응, 국제 협력 등 다각적인 접근이 필요해.

 **더 알고 싶어 119**　　　📖 도서　▷ 영상　🔍 사이트

📖 『**왜 세계의 절반은 굶주리는가?**』(장 지글러, 갈라파고스, 2016)

120억의 인구가 먹고도 남을 만큼의 식량이 생산되는데 왜 하루에 10만 명이, 5초에 한 명의 어린이가 굶주림으로 죽어가는 걸까? 장 지글러는 세계의 기아 문제를 해결하기 위해서는 불평등한 구조를 넘어 모든 인류가 연대해야 한다고 설명해.

▷ **지구에 필요한 적정 인구수, 80억 인구 달성은 인간에게 기쁜 일? 전지적 관찰자 시점, 맬서스 인구론 (최재천의 아마존)** 전 세계는 80억 인구 시대를 맞아 인류의 생존을 위협하는 식량, 질병, 생태계 붕괴라는 거대한 파도에 맞서 싸우는 동시에, 역설적으로 출산율 저하라는 새로운 숙제까지 안게 되었어. 최재천 교수님이 설명하는 멈추지 않는 인구 증가의 아이러니에 대해 알아보자.

🔍 **유엔식량농업기구(FAO)** 전 세계적인 식량 문제, 농업 개발, 어업, 임업 등의 분야에서 정보와 전문 지식을 제공하고 국제적인 정책 협력을 주도하는 중심적인 역할을 수행하고 있어.

지구를 지키기 위해 팀쓰는 과학자
기후변화 전문가

요즘은 여름마다 너무 덥지 않아? 뉴스에서는 매년 '기후변화가 점점 심각해지고 있다'고 말하고, 세계 곳곳에서 폭우, 가뭄, 산불이 계속되고 있어. 이런 문제들을 연구하고 해결책을 제시하는 사람들이 바로 '기후변화 전문가'야. 겉으로 보기엔 과학자 같지만 사실은 환경, 사회, 정책 같은 다양한 분야에서 활동하는 직업이야. 지구의 건강을 지키는 주치의 같은 존재랄까?

기후변화 전문가는 어떤 사람?

기후변화 전문가는 지구의 온도가 얼마나 올랐는지, 바닷물 높이는 얼마나 높아졌는지, 이상 기후가 왜 생기는지, 이산화탄소 같은 온실가스가 얼마나 배출되는지 등을 분석해. 그리고 이런 현상이 사람들의 삶에 어떤 영향을 주는지 연구해.

단순히 연구만 하는 게 아니야. 기업이나 정부, 국제기구와 협력해서 정책을 만들기도 하고, 친환경 기술 개발에도 참여해. 예를 하나 들어볼게. 우리나라 국립기상과학원에서는 매년 탄소 배출량과 온실가스 농도를 관측해. 그리고 앞으로 10년, 30년 후 기후가 어떻게 변할지 예측하지. 이 데이터는 정부가 탄소중립 정책을 세우는 데 중요한 자료가 돼. 또 유엔기후변화협약 당사국총회 COP 같은 국제회의에 참여해서 각 나라들이 온실가스를 얼마나 줄일지 협상하기도 해. 여기엔 기후변화 전문가들이 꼭 필요하지.

요즘엔 기업에서도 기후변화 전문가를 많이 찾고 있어. 글로벌 기업들이 ESG(환경·사회·지배구조) 경영을 강조하면서 탄소 배출을 줄이는 전략을 세워야 하거든. 이럴 때 기후변화 전문가는 공장이 어떻게 돌아가는지, 물류나 에너지를 어떻게 사용하는지를 분석해서 더 친환경적으로 바꾸는 방법을 제안해 줘. 기후 문제가 환경만의 문제가 아니라 경제 문제이기도 하다는 걸 보여주는 좋은 사례야.

기후변화 전문가가 되려면?

꼭 '환경공학'이나 '기후과학'을 전공해야 하는 건 아니야. 지리학, 생물학, 화학, 통계학, 도시계획 같은 다양한 학문이 기후와 연결돼 있어. 특히 요즘엔 데이터를 분석하고 해석하는 능력이 점점 더 중요해졌지. 그래서 코딩이나 빅데이터 분석 같은 디지털 기술도 배우면 좋아. 또 이 일을 하려면 과학적 사고력과 분석 능력이 중요해. 기후 관련 데이터를 다루는 일이 많으니까 수학, 통계, 지구과학, 환경공학 등을 공부해 두면 도움이 돼. 전공은 꼭 환경 관련 학과가 아니더라도, 도시공학, 경제학, 국제관계학 같은 다른 전공으로도 이 길에 들어설 수 있어. 중요한 건 '기후 문제'를 여러 시선으로 바라보고 이해하는 능력이야.

미래 전망은?

무엇보다 이 직업의 매력은 지구의 미래를 바꾸는 일에 직접 참여한다는 거야. 기후 문제는 단순한 환경의 문제가 아니야. 전 세계 경제, 정치, 복지 문제와도 깊게 연결되어 있어. 예를 들어 가뭄으로 인해 농사가 잘 안되면 식량 가격이 오르고, 이것 때문에 생계가 어려워진 사람들이 다른 나라로 이주하면서 분쟁이 생기기도 해. 그래서 기후변화 전문가는 국제 분쟁, 난민 문제 같은 사회 문제에도 관심을 가져야 해. 기후위기를 해결하려면 단순히 데이터를 분석하는 것만으로는 부족해. 사람들의 생각과 행동을 바꾸는 게 정말 중요하거든. 시민들에게 기후 문제의 심각성을 알리고, 정부나 기업에 정책 변화를 요구하는 일도 기후변화 전문가의 중요한 역할이야.

기후위기는 이제 먼 미래의 이야기가 아니야. 바로 오늘, 지금 이 순간에도 벌어지고 있는 현실이야. 이런 문제를 해결하기 위해 누군가는 연구하고, 누군가는 목소리를 내고, 누군가는 정책을 만들어야 해. 그 변화의 중심에 기후변화 전문가가 있어. 무엇보다 '지속가능한 미래'를 만들고 싶다는 진심이 이 일을 이끌어가는 가장 큰 힘이야. 여러분이 세상을 바꾸고 싶다면, 이 길이 꽤 잘 어울릴지도 몰라.

4부
우리가 사는 공간은
어떻게
바뀌고 있을까?

급한 사람도
멈추게 만드는 곳이 있다고?

청산도 하면 '완도 전복'이 떠오를 수도 있지만 사실 청산도는 아시아에서 처음으로 '슬로시티'로 지정된 곳이야. 청산도의 슬로길을 걷다 보면 너무 아름다워서 바쁜 사람들도 저절로 걸음을 늦춘대. 느림의 미학이 살아 있는 청산도의 슬로길, 함께 걸어볼까?

학습 키워드　#인간중심주의 #생태중심주의 #슬로시티 #슬로시티운동
교과 연계　중 〉 도덕 2 〉 Ⅳ-1. 자연을 어떻게 바라보며 관계를 맺어야 할까?

청산도는 전라남도 완도에서 약 19.2km 떨어진 섬으로 배를 타고 50분 정도 가야 도착할 수 있어. 이 섬은 예로부터 풍경이 너무 아름다워서 신선이 노닐던 곳이라 '선산仙山' 또는 '선원仙源'이라고도 불렸대.

2007년 12월 1일, 청산도는 전라남도 신안군 증도, 담양군 창평면과 함께 아시아에서 처음으로 '슬로시티'로 지정됐어. 슬로시티는 빠른 현대 사회에서 벗어나 자연과 전통을 지키면서 '느리지만 멋진 삶'을 추구하는 곳을 뜻해. 슬로시티라는 개념은 1999년 이탈리아에서 시작된 '슬로푸드Slow Food' 운동에서 생겨났어. 패스트푸드처럼 빠르고 효율적인 생활 방식이 우리의 건강과 공동체, 환경을 해친다는 반성에서 나온 거지. 슬로시티는 이런 흐름을 도시 전체로 확장해 빠름보다는 '느림' 속의 여유와 품격을 추구하자는 철학이야.

청산도가 슬로시티로 지정된 이후, 마을 주민들도 변화를 느끼고 있대. 농약을 덜 쓰는 친환경 농업을 시도하고, 관광객들을 위한 로컬 식재료 체험 프로그램도 운영하고 있지. 관광객 수는 적지만 머무는 시간이 길어지고, 주민과의 교류도 많아져서 지속가능한 마을로 성장하고 있어.

↑ 슬로시티, 청산도 (완도 군청 홈페이지)

청산도의 '슬로길'은 원래 마을 사람들끼리 다니던 길이야. 그런데 이 길이 너무 아름다워서 걷다 보면 자연스럽게 발걸음이 느려진다고 해서 '슬로길'이라고 불리게 됐어. 특히 '이야기가 있는 생태 탐방로'로 가꿔져 있어서 길을 걸으며 풍경도 보고, 마을 사람들의 삶도 느끼고 길에 얽힌 이야기까지 들을 수 있어. 청산도의 슬로길은 총 11개의 코스, 17개의 길로 이루어져 있는데, 이 길들은 천천히 걸을수록 더 아름답다고 해.

인간과 자연의 바람직한 관계

청산도뿐만 아니라 이탈리아, 프랑스, 터키 등 세계 여러 나라에도 슬로시티가 있어. 현재 약 30개국이 국제 슬로시티로 가입되어 있지. 특히 인구가 2만 여명 밖에 안되는 이탈리아의 작은 도시 오르비에토 Orvieto는 슬로시티의 시작점이기도 해.

그런데 국제 슬로시티로 지정되려면 몇 가지 조건이 있어. 인구가 5만 명 이하여야 하고, 자연환경을 철저하게 보호하며 전통 문화를 잘 보존해야 해.

슬로시티를 통해 '자연에 대한 인간의 관점'을 생각해 볼 수 있어. 자연을 바라보는 방법에는 크게 두 가지가 있는데, 바로 인간 중심주의와 생태 중심주의야.

인간 중심주의는 인간이 가장 중요한 존재라고 생각하는 관점이야. 자연은 인간이 필요할 때 이용하는 수단일 뿐이라고 여겨. 산업혁명 이후 이런 생각이 강해졌고, 환경 파괴의 원인 중 하나로 지적되기도 해.

생태 중심주의는 자연 자체도 소중한 가치가 있다고 생각하는 관점이야. 인간뿐만 아니라 모든 생명체가 평등한 권리를 가진다고 봐. 자연을 보호하고 인간도 자연과 조화를 이루며 살아야 한다고 주장하지. 하지만 자연을 보호하느라 인간이 불편을 감수해야 하는 점 때문에 현실적으로 적용하기 어렵다는 의견도 있어.

사실 인간도 생태계의 구성원으로 자연의 일부야. 그러니까 자연과 사람이 함께 살아가기 위해서는 서로 조화를 이루는 게 중요하겠지? 슬로시티는 바로 이런 조화로운 삶을 실천하는 대표적인 사례야. 청산도와 같은 슬로시티는 그냥 관광지가 아니라 우리가 '어떻게 살아가야 할지'를 묻는 질문이기도 해. 자연을 이용의 대상이 아닌 함께 살아가야 할 존재로 본다면 삶의 방식도 달라질 수 있어.

자연을 보호하면서도 인간이 편하게 살 수 있는 방법을 찾는 것, 그게 바로 슬로시티가 가진 의미야. 바쁜 일상 속에서 한 번쯤은 청산도 같은 곳을 찾아가서 소중한 사람과 함께 천천히 걸으며 자연을 느껴보자.

1. 청산도에 대한 설명으로 옳지 않은 것은?

① 전라남도 완도에서 약 19.2km 떨어진 섬이다.

② 아시아에서 두 번째로 슬로시티로 지정된 곳이다.

③ 예로부터 '선산(仙山)' 또는 '선원(仙源)'이라고도 불렸다.

④ 청산도의 슬로길은 총 11개의 코스, 17개의 길로 이루어져 있다.

2. 다음 빈칸에 공통으로 들어갈 알맞은 말을 써 보자.

> __________(은)는 빠른 현대 사회에서 벗어나 자연과 전통을 지키면서 '느리지만 멋진 삶'을 추구하는 곳을 한다. __________(이)라는 개념은 1999년 이탈리아에서 시작된 '슬로푸드' 운동에서 생겨났다. 패스트푸드처럼 빠르고 효율적인 생활 방식이 우리의 건강과 공동체, 환경을 해친다는 반성에서 나온 것이다.

3. 다음 '자연에 대한 인간의 관점'과 그 특징을 바르게 짝지어 보자.

> ㄱ. 인간중심주의 __________   ㄴ. 생태중심주의 __________

① 자연을 보호하고 인간도 자연과 조화를 이루며 살아야 한다고 주장한다.

② 자연은 인간이 필요할 때 이용하는 수단이라고 여긴다.

③ 인간뿐만 아니라 모든 생명체가 평등한 권리를 가진다고 본다.

④ 환경 파괴의 원인 중 하나로 지적되기도 한다.

4. 현대 사회 문제와 관련하여 전 세계에 슬로시티가 확산되는 이유에 대해 설명해 보자.

힌트 도시화와 속도 중심 문화의 한계를 인식하고 대안을 찾는 흐름과 연결해 보자.

더 알고 싶어 119

📖 도서　▶ 영상　🔍 사이트

📖 『**지속가능한 여행을 하고 있습니다**』 (홀리 터펜, 한스미디어, 2021)
여행을 좋아하는 친구들 참 많을 거야. 그런데 이런 여행들이 우리의 지구를 빠르게 파괴하고 기후위기를 앞당기고 있다는 사실, 알고 있니?

▶ **느리지만 멋진 삶, 우리나라의 '슬로시티' 완도군·신안군 (JTBC 알짜왕)**
바쁜 일상에서 잠시 멈춰 서고 싶을 때 아시아 최초의 슬로시티인 완도 청산도와 아름다운 염전의 신안 증도를 중심으로 한 매력적인 도시 이야기를 들어봐.

🔍 **해양치유 완도** 슬로시티로 지정된 청산도가 속한 전라남도 완도군의 공식 관광 정보 포털이야. 청산도 슬로길에 대해 자세히 소개하고 있어.

죽은 반려견이 다시 돌아왔다니, 그게 진짜야?

반려 복제견을 통해 바라보는 동물권과 생명 윤리

반려견과의 일상을 보여주는 한 유튜버가 세상을 떠난 반려견을 복제해서 화제가 됐어.
복제견을 만든 회사의 홈페이지까지 접속자가 몰려 먹통이 될 정도였지.
만약 키우던 반려견이 죽는다면 여러분도 이 유튜버처럼 복제를 하고 싶어?

학습 키워드　#반려동물복제　#동물권　#생명윤리　#동물해방론
교과 연계　　중 > 도덕2 > Ⅲ-4. 과학 기술 시대의 윤리적 쟁점은 무엇일까?

↑ 반려 복제견 티코의 모습 (유튜브 '사모예드 티코')

사진 속 강아지 두 마리가 바로 유튜버가 복제한 반려견이야. 이 유튜버는 2022년 반려견이 사고로 세상을 떠나자 유튜브 활동을 잠시 중단했었어. 그리고 1년 후 복제견을 데리고 다시 유튜브에 돌아와 "반려견 복제가 한국에서는 아직 생소하지만, 나를 통해 더 많은 사람들이 알게 되고 펫로스Pet Loss를 극복할 수 있길 바란다"고 했지. 그런데 유튜버의 행동을 두고 사람들의 의견이 갈렸어. 어떤 사람들은 반려견을 잃고 힘들어하는 마음이 이해된다고 했고, 또 어떤 사람들은 생명을 복제하는 게 과연 옳

은 일인지 고민해 봐야 한다고 했어.

복제 동물이 만들어지는 과정

요즘은 생명공학 기술이 발달하면서 동물을 복제하는 게 가능해졌어. 동물복제 기술은 단순히 반려동물을 복제하는 것뿐만 아니라 멸종 위기 동물을 복원하거나 인간의 질병 연구에도 활용돼.

복제 동물은 어떻게 만들어질까? 동물이 태어나려면 정자와 난자가 수정이 되어야 해. 수정란이 동물의 몸 속에서 일정 시간 동안 자란 후 새끼로 태어나게 되는 거야. 반려견으로 예를 들어 볼게. 복제견을 만들려면 복제견의 수정란을 만들기 위해 난자를 제공하는 '난자 공여견'과 수정란을 자궁에 착상해 복제견을 낳을 '대리모견'이 필요해. 먼저 다른 개에게서 난자를 제공받아서 난자의 핵을 제거해 DNA가 없는 상태로 만들어. 그리고 복제를 하려는 반려견의 피부 조직에서 체세포를 채취해. 반려견이 살아있을 때나 사망 후 24시간 내에 채취해야 해. 난자 공여견의 DNA가 지워진 난자에 이 체세포의 핵을 넣어 수정란을 만들고, 이 수정란을 대리모견의 자궁에 착상해 임신하면 복제견이 태어나는 거야. 이 방법으로 1996년 영국에서는 세계 최초의 복제 양 '돌리'가 태어났어. 우리나라에서도 2005년, 황우석·이병천 교수팀이 세계 최초의 복제견 '스너피'를 만들었고 충남대 김민규 교수가 삼성 이건희 회장의 반려견 '벤지'도 네 번이나 복제했어. 유튜버의 복제견을 만든 업체도 이 연구팀 출신이 운영하는 곳이야.

동물보호법과 동물권

반려동물 복제 시장은 점점 커지고 있어. 특히 반려동물을 잃고 슬퍼하는 사람들이 복제를 선택하기도 해. 반려동물을 잃은 후 상실감과 우울감을 겪는 '펫로스 증후군' 때문이지. 하지만 반려동물 복제에 대한 비판도 많아. 동물보호 단체들은 복제견 한 마리를 만들기 위해 여러 개들이 희생된다는 점을 문제 삼고 있어. 복제를 위해 난자를 제공하는 개, 대리모 역할을 하는 개들이 이용되기 때문이지.

현재 한국에는 반려동물 복제를 직접 금지하는 법은 없어. 동물보호법에서는 불필요한 고통을 주는 실험을 하지 말라고 하지만 복제 행위 자체는 연구나 상업적 목적으로 할 수 있어. 다만 '동물실험윤리위원회'의 심의를 받아야 하고, 복제 과정에서 사용되는 대리모견의 복지가 보장되어야 한다는 조건이 있지. 하지만 현실에서는 이러한 규제도 충분히 적용되지 않고 있는 경우가 많아.

이 문제를 이해하려면 '동물권'이라는 개념을 알아야 해. 동물권은 인간의 권리를 확장한 개념으로, 동물도 생명을 보호받고 고통받지 않을 권리가 있다는 생각이야. 철학자 피터 싱어Peter Singer는 『동물 해방 Animal Liberation』에서 "동물도 고통과 기쁨을 느낄 수 있기 때문에, 인간과 마찬가지로 도덕적으로 존중받아야 한다"고 말했어. 즉 인간이 동물을 실험 도구처럼 이용하거나 불필요한 고통을 주는 건 윤리적으로 옳지 않다고 주장했지.

여러분은 '반려견을 복제하는 건 펫로스 증후군을 극복하는 방법이 될 수 있다'는 의견과 '반려동물 복제는 동물권을 침해하는 일'이라는 의견 중 어느 쪽에 더 동의해?

1. 동물 복제 기술과 복제 동물이 만들어지는 과정에 대한 설명으로 옳지 않은 것은?

　① 1996년 영국에서는 세계 최초의 복제견 '돌리'가 태어났다.

　② 복제견을 만들기 위해서는 난자 공여견과 대리모견이 필요하다.

　③ 동물 복제 기술은 멸종 위기 동물을 복원하거나 인간의 질병 연구에도 활용된다.

　④ 복제를 하려는 반려견의 체세포를 살아있을 때나 사망 후 24시간 내에 채취해야 한다.

2. 『동물 해방』이란 책에서 아래와 같이 주장한 철학자는 누구일까?

> 동물도 고통과 기쁨을 느낄 수 있기 때문에 인간과 마찬가지로 도덕적으로 존중받아야 한다.

3. 피터 싱어의 『동물 해방』은 반려동물 복제에 어떤 비판을 할 수 있을까?

　힌트 동물의 고통과 도구화에 대한 철학적 시각을 연결해 보면 좋아.

4. 반려동물 복제는 허용되어야 할까, 금지되어야 할까? 여러분의 생각을 적어 보자.

　힌트 '반려견을 복제하는 것은 펫로스 증후군을 극복하는 방법이 될 수 있다'는 의견과 '반려동물 복제는 동물권을 침해하는 일'이라는 의견 중 어느 것에 동의해? 그 근거까지 생각해 봐.

더 알고 싶어 119

📖 도서　▷ 영상　🔍 사이트

📖 **『동물들의 위대한 법정』** (장 뢰 포르케, 서해문집, 2022)
수리부엉이, 담비, 갯지렁이 등 멸종 위기 동물들이 자기 종이 살아남아야 하는 이유를 설명하기 위해서 법정에 섰대. 배심원은 바로 우리이고, 열 종 중에 단 한 종만 살 수 있는 상황이야. 우리는 누구를 선택해야 할까? 인간과 동물의 존재 이유에 대해 생각해 보자.

▷ **"숨진 반려견 티코 복제" 논란…'복제' 업체 추적해 보니** (SBS 뉴스)
우리가 사랑하는 반려동물을 과학 기술로 되살릴 수 있을 때, 이 기술이 과연 우리 사회에 어떤 의미를 가지는지 깊이 이야기를 나눌 필요가 있어.

🔍 **네이버 지식백과 '사람이 동물을 만들어 낸다고요?'**
동물 복제 기술과 복제 양 돌리의 탄생 과정에 대해 여러분들이 이해하기 쉽도록 설명하고 있으니 한 번 참고해 봐도 좋아.

마지노선이
사람 이름이었다고?

프랑스의 요새 '마지노선'과 프랑스 지형의 특징

'절대 넘을 수 없는 마지막 한계선'이라는 의미로 쓰이는 '마지노선'은
앙드레 마지노라는 프랑스 장관이 1차 세계대전 이후 독일의 침공을 막기 위해 만든
방어선에서 유래됐어. 하지만 이 철벽 같은 요새도 2차 세계대전 때 독일군의 공격을
막아내지 못했어. 마지노선이 만들어진 배경과 프랑스의 지형적 특징에 대해 알아볼까?

학습 키워드　#지형과인간생활　#세계대전　#프랑스　#마지노선
교과 연계　　중 〉 사회1 〉 Ⅲ-2. 유럽의 다양한 도시

　　프랑스의 수도 파리는 유럽의 대평원에 자리 잡고 있어. 평탄한 지형 덕분에 도로, 철도, 공항 같은 교통이 잘 발달할 수 있었고, 센강이 흐르면서 무역도 활발하게 이루어졌어. 센강 주변은 물이 풍부해서 농사짓기에도 좋았고 특히 포도 재배가 활발해서 유명한 와인 생산지가 되었지. 이런 자연환경 덕분에 파리는 많은 사람들이 모여 사는 대도시로 성장했어. 하지만 이렇게 평탄한 지형은 전쟁 때 약점이 되기도 해. 방어할 산이나 험준한 지형이 적어서 적의 침략을 막기 어렵거든. 프랑스는 1차 세계대전에서 큰 피해를 입고, 다시는 독일에 당하지 않기 위해 강력한 방어선을 만들기로 했는데 그게 바로 마지노선이야!

프랑스의 요새, 마지노선

1차 세계대전에서 프랑스는 130만 명이라는 엄청난 인명 피해를 입었어. 다시는 그런 일이 없도록 프랑스 육군성 장관 앙드레 마지노는 독일 국경을 따라 350km 길이의 대규모 요새를 만들자고 제안했어. 중국의 만리장

↑ 마지노선

성처럼 말이야. 프랑스의 마지노선도 그런 상징적인 요새가 되고 싶었던 거야.

마지노선은 단순한 벽이 아니라 최첨단 방어 시스템이었어. 서울과 울산 거리인 350km에 달하는 대규모로 352개의 포대와 142개의 요새가 있었고 통신센터·보급창고·병사 대피소까지 갖춘 거대한 방어 시설이었지. 두꺼운 콘크리트 벽(최대 3.5m)으로 만들어져서 어떤 공격도 막아낼 수 있는 난공불락難攻不落의 요새라고 평가받았어. 이걸 짓는 데 약 3조 5천억 원이라는 어마어마한 돈이 들어갔대.

마지노선이 세워진 프랑스 동부 지역은 석회암 지대라서 방어선을 만들기에 적합했어. 이 지역은 분지 지형이라 주변이 산으로 둘러싸여 있고, 동쪽에는 가파른 절벽인 케스타Cuesta 지형이 있어서 자연적인 방어 효과가 있었지. 또 프랑스는 아르덴 고원이라는 울창한 삼림지대가 독일과의 자연 방어선 역할을 해줄 거라고 믿었어. 분지 지형은 가운데가 움푹 들어가 있고 주변이 산으로 둘러싸여 있어서 적의 이동 경로를 감시하기 쉬운 지형이야. 케스타 지형은 한쪽은 완만하고 다른 쪽은 급경사를 이루는 독특한 지형으로 공격을 막는 데 유리했지.

마지노선에 담긴 의미

프랑스는 마지노선 덕분에 독일이 국경을 뚫고 들어오지 못할 거라고 생각했어. 하지만 독일은 프랑스의 허를 찌르는 예상 밖의 작전을 세웠어. 바로 '낫질 작전Manstein Plan'이야! 독일군은 일부러 벨기에 쪽으로 공격을 시작해 프랑스군을 유인했어. 그 사이 독일군 주력부대는 방어가 약한 아르덴 고원을 통과해 프랑스로 진격했어. 예상치 못한 경로로 공격을 받자 프랑스는 속수무책이었지. 결국 독일군은 단 6주 만에 파리까지 점령했어. 독일군이 마치 낫으로 풀을 베는 모습처럼 진격한다고 해서 낫질 작전이라고 불렀대. 프랑스가 철통 방어를 자랑했던 마지노선은 독일군이 우회해버리는 바람에 아무런 역할도 하지 못한 채 무용지물이 되고 말았어.

마지노선은 엄청난 돈과 기술이 들어간 방어선이었지만, 전쟁에서 큰 효과를 발휘하지 못했어. 그래서 '마지노선'이라는 단어는 '더 이상 물러설 수 없는 마지막 한계선'이라는 뜻으로 쓰이기도 하지만, 한편으로는 '믿었던 것이 아무 소용이 없게 된 상황'을 의미하기도 해.

지금도 프랑스 동부 지역에서는 마지노선의 흔적을 찾아볼 수 있어. 몇몇 요새는 전쟁 박물관이나 역사 기념관으로 운영되며 관광객에게 개방돼 있지. 요즘 '마지노선'이라는 말은 뉴스나 일상생활에서도 자주 등장해. 예를 들어 친구들에게 "내 성적의 마지노선은 서울 중위권 대학이야."라고 말하기도 해. 이처럼 마지노선은 단순히 군사 용어를 넘어서 '심리적 한계', '정책의 마지막 경계선', '절대 양보할 수 없는 지점'을 뜻하는 표현으로 확장됐어. 이제 '마지노선'이라는 말을 들을 때, 그 속에 담긴 역사적인 의미도 함께 떠올릴 수 있겠지?

1. 프랑스의 지형적 특징에 대한 설명으로 옳지 않은 것은?

   ① 센강이 흐르면서 무역이 활발하게 이루어졌다.
   ② 포도 재배가 활발해서 유명한 와인 생산지가 되었다.
   ③ 프랑스의 수도 파리는 유럽의 대평원에 자리 잡고 있다.
   ④ 케스타 지형 덕분에 도로, 철도, 공항 같은 교통이 잘 발달할 수 있었다.

2. 다음 빈칸에 공통으로 들어갈 용어를 써 보자. ___________________

   > ___________(은)는 가운데가 움푹 들어가 있고 주변이 산으로 둘러싸여 있어서 적의 이동 경로를 감시하기 쉬운 지형이다. 마지노선이 세워진 프랑스의 동부 지역은 ___________(이)라 주변이 산으로 둘러싸여 있고, 동쪽에는 가파른 절벽인 케스타(Cuesta) 지형이 있어서 자연적인 방어 효과가 있었다.

3. 다음 마지노선에 대한 진술이 옳으면 ○, 틀리면 X를 표시해 보자.

   > 1) 마지노선은 엄청난 돈과 기술이 들어간 방어선으로 전쟁에서 큰 효과를 발휘했다. (   )
   > 2) 지금도 프랑스 동부 지역에서는 마지노선의 흔적을 찾아볼 수 있다. (   )
   > 3) 마지노선이 세워진 프랑스 동부 지역은 석회암 지대라서 방어선을 만들기에 부적합했다. (   )

4. 마지노선이라는 단어가 일상에서 어떻게 비유해서 쓰이는지 예를 들어 말해 보자.
   힌트 본문 후반의 실제 예를 참고해서 다양한 상황에 적용해 보자.

더 알고 싶어 119

📑 도서   ▷ 영상   🔍 사이트

📑 **『십대를 위한 영화 속 지리인문학 여행』** (성정원 외, 팜파스, 2022)
〈라라랜드〉, 〈덩케르크〉, 〈모가디슈〉라는 영화를 본 적이 있어? 아마 유명한 영화들이라 여러분이 한 번씩은 들어봤을 것 같아. 이 책은 영화 속 장면에서 지리에 대한 이야기를 살펴보고 있어. 인종과 민족 갈등, 도시와 인구, 전쟁, 자연환경과 재해 등 흥미진진한 지리 이야기를 통해 세상을 읽고 싶다면 주목해 봐.

▷ **나치는 마지노선을 어떻게 뚫었을까? 나치 독일군이 프랑스 파리에 무혈입성한 과정 (tvN 벌거벗은 세계사)** 나치 독일군이 프랑스에 무혈입성한 과정을 상세히 설명하며, 마지노선의 허점과 '낫질 작전'의 치밀한 전략을 분석하고 있어.

🔍 **국토교통부 국토지리정보원** 우리가 살아가는 세상은 지리와 역사가 긴밀하게 연결되어 있다는 것을 알았을 거야. 우리나라 국토의 지리 정보에 대해서도 자세히 알아보면 어때?

태국에서는
망고랑 밥을 같이 먹는대

태국의 망고 찹쌀밥으로 보는 기후와 세계의 식생활

여행 유튜버들이 태국에서 꼭 먹어봐야 할 음식으로 추천하는 게 바로 망고 찹쌀밥이야!
망고랑 밥을 같이 먹는다니 조금 어색하게 느껴질 수 있지만
기후가 식생활에 어떻게 영향을 미치는지 알아보자.

학습 키워드   #기후와인간생활 #기후 #식생활
교과 연계   중 〉 사회1 〉 Ⅰ-1. 다양한 세계

⬆ 망고 찹쌀밥 '카오 니아우 마무앙' (AI)

태국에서 꼭 먹어봐야 할 음식 중 하나가 망고 찹쌀밥이야. 태국어로 '카오 니아우 마무앙 Khao Niew Mamuang'이라고 불리는데 찹쌀밥에 달콤한 망고와 코코넛 밀크를 넣은 음식이지. 태국은 연중 더운 열대 기후라서 망고 같은 열대 과일이 풍부해. 또 쌀을 많이 생산하는 나라라서 찹쌀밥을 이용한 요리가 발달했지. 망고 수확철인 4~6월쯤이 되면 길거리 노점부터 고급 레스토랑까지 망고 찹쌀밥을 파는 걸 쉽게 볼 수 있어. 태

국 사람들은 이 음식을 '계절의 선물'이라고 부르기도 해. 달콤한 맛과 쫀득한 식감은 외국인 여행자들에게도 색다른 매력으로 다가와. 이렇게 보면 망고 찹쌀밥은 길거리 간식을 넘어 태국의 농업, 기후, 문화가 어우러진 음식이라 할 수 있어. 그렇다면 세계 각국의 기후는 음식 문화에 어떤 영향을 미칠까?

세계 기후와 음식 문화

세계의 기후는 열대 기후, 건조 기후, 온대 기후, 냉대 기후, 한대 기후로 나눌 수 있어. 태국은 열대 기후로 일 년 내내 온도와 습도가 높고, 열대 기후는 다양한 열대 과일과 쌀 생산에 유리해. 똠얌꿍과 같은 태국 요리에는 레몬그라스, 갈랑가, 카피르라임 잎, 고수 등 다양한 향신료가 사용되지. 이런 향신료는 요리에 향미를 더하고 소화를 도와줘. 연평균 기온이 높은 나라일수록 음식에 향신료를 더 많이 쓴다고 하는데, 더워서 음식이 상할까 봐 열대 기후에서는 갖가지 향신료를 사용하게 된 거야.

건조 기후 지역은 물이 귀해서 밀이나 보리 같은 곡물을 주로 먹어. 북아프리카의 대표 음식인 쿠스쿠스Couscous는 잘게 부순 밀가루를 스팀으로 쪄서 고기나 채소와 함께 먹는 요리야. 또 중동 지역에서는 호무스Hummus와 팔라펠Falafel과 같은 병아리콩을 사용한 요리가 인기야. 건조한 기후에서 병아리콩이 잘 자라기 때문이지.

우리나라는 온대 기후이고 계절의 변화가 뚜렷해. 이런 기후에서 다양한 발효 음식이 발달했어. 김치는 배추와 무를 소금에 절여 고춧가루, 마늘, 생강 등을 넣어 발효시킨 음식으로 저장성이 높아 겨울철 주요 반찬으로 먹었어. 유럽의 지중해 국가들도 온대 기후에 속해. 온대 기후인 이탈리아에서는 다양한 농산물이 생산돼. 이탈리아의 전통 음식 파스타는 밀가루를 반죽해 만든 면에 토마토, 올리브 오일, 치즈 같은 다양한 재료로 요리한 음식이지.

러시아는 냉대 기후라 겨울이 길고 춥기 때문에 비트를 주재료로 고기와 채소를 넣어 끓이는 보르시 같은 따뜻한 수프가 발달했어. 냉대 기후 지역의 음식은 대체로 싱거운 편이고 추위를 이겨내기 위해 열량이 높아. 한대 기후 지역은 극지방처럼 매우 추워서 사람들이 생존하기 위해 먹는 음식은 고칼로리와 고지방 식품이 많아. 체온을 유지하고 긴 겨울 동안 에너지를 공급하는 게 중요하기 때문이야. 온도가 낮아 고기가 잘 상하지 않고, 쌀이나 밀 농사가 어려워서 유목이나 사냥한 고기를 많이 먹어. 알래스카의 원주민들은 순록을 길러 고기로 먹고 가죽도 사용하지. 순록 고기는 주로 스튜나 구이로 많이 먹는데, 추운 기후에서 체력을 유지하기 위해 필수인 단백질과 철분이 풍부하기 때문이야.

기후는 이렇게 세계 각국의 식생활에 큰 영향을 미쳐. 또 기후에 따라 나라마다 특색 있고 독특한 음식 문화가 나타나지. 각 나라의 '현지 음식'들은 그 지역의 기후와 환경에 적응한 결과야. 열대 기후에서는 달고 시원한 과일 디저트, 추운 지방에서는 몸을 따뜻하게 해주는 음식이 발달한 것처럼 말이야. 또 태국과 우리나라 모두 쌀이 주식이지만, 기후와 조리 방식이 달라서 식문화에도 차이가 있어. 태국은 열대 기후라 찹쌀을 쪄서 단맛이 나는 과일이나 코코넛 밀크와 함께 먹는 문화가 발달했어. 우리나라는 발효된 양념이나 국물 요리가 많고, 태국은 신선한 허브나 향신료를 사용해 향이 강한 음식이 많아. 이렇게 기후가 다르면 음식의 재료, 조리법, 먹는 방식도 달라지는 거야.

태국에 여행을 가게 된다면 태국의 열대 기후를 눈과 입으로 느낄 수 있는 망고 찹쌀밥을 꼭 먹어봐.

1. 태국의 음식 문화에 대한 설명으로 가장 적절한 것은?

    ① 생존하기 위한 고칼로리와 고지방 식품이 많다.

    ② 쌀이 주식이며, 발효된 양념이나 국물 요리가 많다.

    ③ 연중 더운 열대 기후라서 망고 같은 열대 과일이 풍부하다.

    ④ 냉대 기후라서 보르시같은 따뜻한 수프 요리가 발달하였다.

2. 다음은 어떤 기후의 음식 문화에 해당하는 설명인지 써 보자.

> 물이 귀해서 밀이나 보리 같은 곡물을 주로 먹는다. 북아프리카의 대표 음식인 쿠스쿠스(Couscous)는 잘게 부순 밀가루를 스팀으로 쪄서 고기나 채소와 함께 먹는 요리이다. 또 중동 지역에서 호무스(Hummus) 와 팔라펠(Falafel)과 같은 병아리콩을 사용한 요리가 인기이다.

3. 다음 기후와 음식 문화에 대한 진술이 옳으면 ◯, 틀리면 X 를 표시해 보자.

> 1) 더워서 음식이 상할까봐 열대 기후에서는 향신료를 사용한다. (   )
> 2) 각 나라의 현지 음식은 그 지역의 기후와 환경에 적응한 결과이다. (   )
> 3) 냉대 기후 지역의 음식은 대체로 짜고 추위를 이겨내기 위해 열량이 낮다. (   )
> 4) 우리나라는 온대 기후이고 계절의 변화가 뚜렷하여 다양한 발효 음식이 발달했다. (   )

4. 서로 다른 기후에서 발달한 식문화와 관련해 문화적 다양성이 왜 중요한지 말해 보자.

힌트 다양한 기후가 다양한 식문화를 만들고, 인간 사회에 어떤 가치를 주는지 생각해 보자.

 **더 알고 싶어 119**

📖 도서　▶ 영상　🔍 사이트

📖 『맛집에서 만난 세계지리 수업』 (남원상, 서해문집, 2024)
세계 각국의 음식 문화가 기후의 영향을 받는다는 흥미로운 사실, 잘 알았지? 멕시코의 타코, 중국의 탄탄면, 이탈리아의 나폴리피자 등 여러분이 좋아하는 음식에 얽힌 지형과 역사, 종교와 경제 등에 대해서도 자세히 살펴보자.

▶ 멕시코 사람들 타코만 먹는 줄 알았는데.. | 멕시코 전문 요리사가 말해주는 배 터지는 멕시코 진짜 맛집 모음집 (EBS 다큐) 멕시코 음식은 단순히 타코를 넘어, 옥수수와 고추, 그리고 오랜 역사가 빚어낸 깊은 맛의 향연이며, 이 모든 것은 멕시코 사람들의 삶과 문화에 뼛속 깊이 연결되어 있다. 멕시코의 진정한 맛과 문화를 쉽고 재미있게 이해해 보자.

🔍 EBS 신계숙의 맛터사이클 다이어리 이 프로그램은 신계숙 교수님이 모터사이클을 타고 국내외를 여행하며, 그 지역의 숨겨진 맛과 문화를 탐험하는 여정을 함께 해보는 거 어때?

강원도에서 사과가 자란다고?

먹거리 지도로 보는 기후변화와 기후 플레이션

아마 '경북 사과', '대구 사과'라는 말을 들어본 적 있을 거야. 그런데 요즘은 기후변화 때문에
우리나라에서 가장 추운 지역인 강원도에서도 사과를 재배한대.
심지어 2070년쯤 되면 우리나라에서 사과가 사라질지도 모른대.
대체 우리의 밥상에는 어떤 변화가 일어나고 있는 걸까?

학습 키워드   #기후변화 #기후위기 #폭염 #자연재해 #지구온난화 #기후플레이션
교과 연계   중 〉 사회 2 〉 XII-1. 자원 문제와 자원의 지속가능한 확보 방안

'벚꽃의 꽃말은 중간고사'라는 말, 들어본 적 있어? 4월 중간고사 기간이 벚꽃이 만개하는 시기랑 겹쳐서 생긴 말이야. 그런데 요즘은 벚꽃 개화 시기가 점점 앞당겨지고 있대. 일본 교토에서는 1,200년 동안 벚꽃이 언제 피었는지 기록을 남겼는데, 최근에 개화 시기가 점점 빨라지고 있대. 2021년에는 3월 26일에 꽃이 피어서 1,200년 만에 가장 빨리 개화한 해로 기록됐어. 벚꽃은 추운 겨울을 지나서 따뜻해지면 피는데, 기온이 빨리 올라가면 개화 시기도 앞당겨지는 거야. 일본 기상청에 따르면 앞으로 벚꽃이 지금보다 10일 정도 더 빨리 필 수도 있대.

뉴스에서 '역대급 무더위'라는 말을 들어본 적 있지? 벚꽃이 빨리 피는 것처럼 기후변화 때문에 전 세계에서 이상 기후가 많이 발생하고 있어. 그중에서도 폭염은 대표적인 기후변화의 결과로 나타나는 자연재해

야. 폭염은 한동안 너무 높은 기온이 계속되는 현상으로 일일 최고 기온이 평년보다 크게 올라가는 걸 말해. 온실가스가 늘어나면서 지구가 점점 더워지는 게 폭염의 가장 큰 원인이야. 폭염이 심해지면 열사병이나 열탈진, 심혈관 질환 같은 병이 생길 수도 있어. 특히 노인이나 어린이, 병이 있는 사람들은 더 위험해지지. 우리나라에서도 앞으로 10년간 폭염이 점점 더 심해질 거라고 예상하고 있어.

기후변화로 인한 영향

기후변화는 사람뿐 아니라 동물과 곤충의 생활에도 큰 영향을 줘. 예를 들어 과거에는 열대 지역에만 살던 모기가 점점 북쪽으로 올라오고 있어. 실제로 제주도나 남해안에서 '뎅기열'을 옮길 수 있는 모기가 발견되기도 했지. 온도가 올라가면 이 모기들이 살아남기 쉬워지고, 바이러스나 감염병이 확산될 위험도 커져. 농작물 해충도 더 늘어나서 농부들이 더 많은 농약을 써야 하고, 결국 먹거리의 안전성도 영향을 받게 돼.

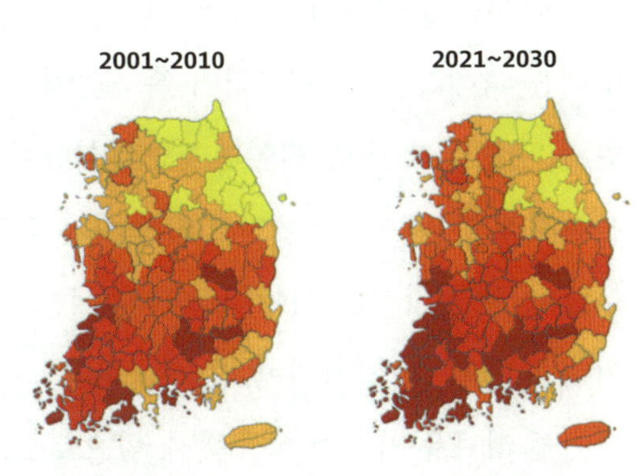

⬆ 전국 폭염 위험도 변화 지도 (붉을 수록 위험도가 높음)

기후변화로 우리가 먹는 농산물도 변하고 있어. 강원도에서는 사과 농장이 10년 전보다 4배나 늘었어. 반대로 강원도의 고랭지 여름 배추는 점점 사라지고 있어. 여름에도 기온이 너무 높아져서 배추가 제대로 자라지 못하는 거야.

바다도 변하고 있어. 수온이 올라가면서 따뜻한 바다에서 사는 물고기가 늘어나고, 명태나 오징어 같은 물고기는 점점 우리나라에서 잡기 어려워졌어. 기후변화 때문에 농부나 어부들도 큰 경제적 피해를 보고 있는 거야.

먹거리가 변하면 물가도 변하는데 이런 현상을 '기후 플레이션'이라고 해. 기후변화로 날씨가 극단적으로 변하면서 농작물 생산량이 줄어들고 그 결과 물가가 오르는 거지. 우리나라에서도 기후변화로 농산물 가격이 많이 오르면서 기후 플레이션 현상이 자주 나타나고 있어. 대표적인 예가 김장철마다 반복되는 배추 가격 파동이야. 2020년에는 긴 장마와 태풍 때문에 배추 가격이 8,000원을 넘었고, 김치를 사 먹는 가정도 많이 늘었어. 딸기도 기후 영향을 많이 받는 과일인데 겨울철 이상 고온으로 생육이 늦어져 출하량이 줄면 가격이 두 배 이상 오르기도 해.

2023년에는 장마가 길어지면서 상추, 깻잎, 시금치 같은 잎채소의 병해충 피해가 늘어나 가격이 폭등했어. 특히 채소는 기후 영향을 많이 받기 때문에 태풍 한 번이면 한 달 식단이 바뀔 수 있어. 이렇게 기후가 불안정해질수록 식탁 물가도 요동치게 되고, 결국 소비자들의 장바구니 부담이 점점 커지는 거야. 브라질에서는 가뭄 때문에 오렌지 생산이 줄어서 오렌지 주스 가격이 엄청 올랐고 스페인에서는 올리브가 덜 자라면서 올리브유 가격이 폭등했지. 앞으로도 이런 현상이 계속되면 식료품 가격이 점점 더 오를 거야.

기후변화가 심해질수록 식량이 부족해지고, 경제적으로 어려운 사람들은 더 큰 타격을 받을 수밖에 없어. 기후 플레이션을 막으려면 현실적으로 기후변화를 줄일 수 있는 방법을 빨리 찾아야 해.

1. 폭염에 대한 설명으로 옳지 않은 것은?

① 대표적인 기후변화의 결과로 나타나는 자연재해이다.

② 일일 최저 기온이 평년보다 크게 올라가는 것을 말한다.

③ 온실가스가 늘어나면서 지구가 점점 더워지는 것이 원인이다.

④ 폭염이 심해지면 열사병이나 심혈관 질환 같은 병이 생길 수도 있다.

2. 다음 빈칸에 공통으로 들어갈 말을 써 보자.

> 먹거리가 변하면 물가도 변하는데 이런 현상을 ______________(이)라고 한다.
> 즉 기후변화로 날씨가 극단적으로 변하면서 농작물 생산량이 줄어들고, 그 결과
> 물가가 오르는 것이다. 우리나라에서도 기후변화로 농산물 가격이 많이 오르면서
> ____________ 현상이 자주 나타나고 있어.

3. 기후변화가 우리의 삶에 미치고 있는 영향을 두 가지만 써 보자.

----

4. 기후 플레이션이 지속되면 생기는 사회문제는 무엇일까? 기후변화를 막기 위해 소비
자가 할 수 있는 실천 행동을 말해 보자.

   힌트 물가 상승은 단지 경제적 현상이 아니라 사회적 갈등과 생활 안정 문제로 이어질 수 있어. 소비자 개개인의
   선택은 시장 수요를 바꾸고 기업과 정책을 움직이는 힘이 되기도 해.

더 알고 싶어 119

📖 도서　　▶ 영상　　🔍 사이트

📖 『**과학 선생님이 읽어 주는 기후변화 보고서**』(김추령, 서해문집, 2025)
〈IPCC 제6차 평가 보고서〉에서 핵심 개념과 넷제로 및 기후 정의 실현에 필요한 구체적인 행동을 설명
하고 있는 책이야. 기후위기, 늦지 않았어. 지금 바로 필요한 건 기후 행동이니까!

▶ **가격 폭등 걱정할 때가 그나마 좋은 시절이다? 한반도 사과 멸종 위기 사태로 알아보는 기
후변화의 심각성 (tvN 어쩌다 어른, 2024)**
기후변화는 이미 사과 가격 폭등을 넘어 우리의 생존과 직결된 현실적 위협이 되었어. 심상
치 않은 변화에 대응하기 위해 우리는 댐 건설부터 최첨단 기술까지 동원하여 새로운 물을
확보하고 미래를 대비해야만 한대. 이제 기후변화는 농담이 아니라 당장 내 식탁과 산업 경
제를 위협하는 진짜 문제임을 깨달아야 한다고 설명하고 있어.

🔍 **기상청 기후정보포털** 기상청은 단순히 오늘의 날씨를 넘어서 기후변화, 기후 현황, 장기 예
보 및 기후 관련 다양한 연구 자료들을 제공하고 있으니 확인해 봐.

혼자 밥 먹는 게 뭐가 어때서!

한 인터넷 커뮤니티에서는 '혼밥 레벨 테스트'라는 글이 올라와 화제가 됐어.
레벨1은 편의점에서 혼자 먹기, 레벨3은 패스트푸드점에서 혼자 먹기,
레벨7은 패밀리레스토랑에서 혼자 먹기, 레벨8은 고깃집, 횟집에서 혼자 먹기야.
여러분은 혼밥 레벨 중 어디까지 도전할 수 있을 것 같아?

학습 키워드　#도시화 #도시화에따른문제점 #외로움 #인간소외현상
교과 연계　중 〉 사회2 〉 VI-2. 사회문제와 우리 생활

⬆ 식당에서 종종 볼 수 있는 '혼밥'하는 사람들 (AI)

요즘 혼밥족이 늘어나면서 혼자 식당을 찾는 사람이 많아졌어. 하지만 어떤 식당에서는 1인분을 팔지 않거나, 혼밥을 거부하기도 해. 그래서 '1인 식사 가능한 식당', '혼밥하기 좋은 곳' 같은 키워드로 맛집을 검색하는 사람들도 많아졌어.

　왜 사람들은 혼밥을 하게 되었을까? 도시화로 인해 1인 가구가 급증했고 개인주의적인 라이프스타일이 확산됐기 때문이야. 바쁜 직장인이나 학생들은 시간을 절약하려고 혼자 간단하게 밥을 먹기도 해. 그리

고 혼자 사는 노인들도 많아지면서 자연스럽게 혼밥하는 경우가 많아졌어. 여러분도 가끔은 혼자 스마트폰이나 OTT를 보면서 밥을 먹고 싶을 때 있지 않아?

한 연구팀이 65세 미만의 성인 1만 명을 조사했는데, 하루 두 끼를 혼자 먹는 사람은 같이 먹는 사람보다 대사증후군 발생 위험이 1.3배 높았어. 특히 혼밥하는 여성은 그렇지 않은 여성보다 대사증후군 위험이 1.5배 높았대. 연구팀은 혼밥족이 주로 먹는 간편식이 영양 불균형을 초래할 수 있고, 혼밥 자체가 심리적으로도 좋지 않은 영향을 줄 수 있다고 설명했어. 즉 몸과 마음 모두 건강에 좋지 않을 수도 있다는 거야.

혼밥 문화와 외로움

혼밥 문화는 도시적 생활양식과 개인주의적 가치관이 퍼진 결과야. 하지만 혼밥을 하는 사람이 흔해졌다고 해서 외롭지 않다는 건 아니야. 잡코리아와 알바몬에서 한 설문조사에 따르면 20대 10명 중 6명이 고독감을 느낀다고 답했어. 고독감의 증상으로는 공허감이나 외로움을 자주 느끼는 것이 있대. 그리고 고독감을 느끼는 가장 큰 이유로 '치열한 경쟁 사회'를 꼽았어. 또 한국리서치에서 외로움 척도를 가지고 점수를 내보니 응답자의 4명 중 1명이 외로움 위험군으로 분류됐대.

외로움은 단순한 감정 문제가 아니라 사회적으로 중요한 문제가 될 수도 있어. 영국에서는 2018년에 '외로움 장관'이라는 직책까지 만들어서 외로움 종합계획을 발표하기도 했어. 외로움이 심각한 사회 문제라고 보고 정부 차원에서 해결하려는 거야. 일본도 외로움 문제를 심각하게 받아들이고 있어. 특히 1인 가구 고령층이 늘어나면서 '고독사' 문제가 사회적 이슈로 떠올랐지. 일본 정부는 '고독사 방지법'을 제정하고,

정기적으로 안부를 확인하는 민간 기업과 지자체의 협력을 지원하고 있어. 심지어 집배원이나 수도 점검원이 어르신의 안부를 확인해주는 시스템도 운영 중이래. 이건 복지 차원을 넘어 사회적 연결망이 얼마나 중요한지를 보여주는 사례야.

외로움, 어떻게 해결할까?

로버트 D. 퍼트넘의 책 『나 홀로 볼링: 사회적 커뮤니티 붕괴와 소생』에서는 미국 사회에서 사람들이 점점 깨진 유리조각처럼 '숱한 개인들의 원자화'로 파편화되었다고 설명해. 개인주의적으로 변하고 있다는 거야. 예전에는 볼링 동호회 같은 커뮤니티에서 함께 어울렸지만 요즘은 혼자 볼링을 치는 사람들이 많아졌대. 저자는 이런 변화가 사회적 유대감을 약화시키고 결국 개인들이 더욱 고립된다고 지적했어. 이런 외로움들이 모여 우리가 사는 사회를 우울하게 만들 수 있기 때문이야. 퍼트넘은 사람들이 다시 공동체 속에서 서로 연결될 필요가 있다고 말해. '사회적 자본'이라고 하는 사회적 신뢰와 유대감이 있어야 더 건강하고 행복한 사회가 된다는 거야.

현대 사회에서는 스마트폰과 SNS 덕분에 다른 사람과 쉽게 연결되지만 역설적으로 더 외로워진 사람이 많아졌다는 말도 있어. 누군가의 SNS를 보며 '나는 왜 혼자일까?'하고 상대적 박탈감을 느끼는 경우도 있고 말이야. 이른바 '디지털 외로움'이라는 신조어가 생긴 것도 이런 현상 때문이야. 겉으로는 모두 연결되어 있는 것 같지만 진짜 친구나 이웃과의 관계는 점점 줄어들고 있는 거지. 혼밥을 즐기는 사람들이 많아졌지만 우리 사회에서 외로움 문제를 어떻게 해결할지 한 번쯤 생각해 봐야 할 것 같아.

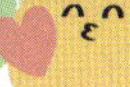

1. 외로움에 대응하는 국제 사회의 노력에 대한 설명으로 가장 적절한 것은?

① 외로움은 도시적 생활양식과 공동체주의적 가치관이 확산된 결과이다.

② 미국에서는 외로움 장관이라는 직책을 만들어 외로움 종합계획을 발표했다.

③ 일본에서는 1인 가구 고령층이 증가하면서 사회 이슈가 된 고독사 방지법을 제정했다.

④ 우리나라는 영국과 달리 외로움을 사회적 문제라고 보고 정부 차원에서 해결하고자 한다.

2. 다음 빈칸에 들어갈 말을 써 보자.

> 로버트 D. 퍼트넘의 책 『나 홀로 볼링(Bowling Alone)』에서는 미국 사회에서 사람들이 점점 깨진 유리조각처럼 '숱한 개인들의 원자화'로 파편화 되었다고 설명한다. 또한, 이런 변화가 사회적 유대감을 약화시키고 결국 개인들이 더욱 고립된다고 지적했다. 저자는 사람들이 다시 공동체 속에서 서로 연결될 필요가 있다고 말한다. ___________(이)라고 하는 사회적 신뢰와 유대감이 있어야 더 건강하고 행복한 사회가 된다는 것이다.

3. 외로움을 '개인의 감정'이 아닌 '사회적 문제'로 봐야 하는 이유에 대해 말해 보자.

힌트 외로움이 단순한 감정 문제가 아니라 왜 사회적으로 중요한 문제가 될 수도 있는지에 대해 생각해 봐. 특히 영국과 일본은 왜 외로움이 심각한 사회적 문제라고 보고 정부 차원에서 해결하려고 했을까?

더 알고 싶어 119

도서　영상　사이트

📖 **『외로움의 습도』** (김민령 외, 문학동네, 2022)

7인의 작가들이 '외로움'을 테마로 쓴 단편 소설이 실려있어. 마음속 어딘가에 늘 고여 있는 외로움, 외부 상황이나 사건으로 인해 불쑥 치미는 외로움, 누군가와 함께 있을 때 도리어 선명하게 느껴지는 외로움 등 외로움에 관해 깊이 생각할 수 있으니 추천할게.

▷ **"혼밥, 건강 해친다"…몸에 미치는 영향 봤더니 '깜짝'** (SBS 뉴스)

혼자 밥 먹는 '혼밥'이 늘어날수록 우리의 몸과 마음에 예상치 못한 경고등이 켜질 수 있대. 함께 밥 먹는 행위는 영양 공급뿐만 아니라 우리 마음을 돌보는 중요한 연결고리라는 거지.

🔍 **[기획] 누가, 얼마나 외로운가? - 외로움 실태조사** 한국리서치에서 2023년 12월, 전국 만 18세 이상 성인 1,000명을 대상으로 실시한 외로움 실태조사 결과를 살펴볼까? 이 조사는 외로움이 개인의 문제가 아닌 사회적 의제임을 확인하고 있어.

AI가 판사님 대신 재판한다고?

가까운 미래에는 양심에 따라 심판하는 판사님이 아니라 AI가 재판을 맡게 될 수도 있대.
4차 산업혁명으로 지능 정보화 사회가 되면서, AI 판사 도입이 계속 논의되고 있어.
그렇다면 앞으로 AI는 노동 시장에 어떤 변화를 주게 될까?

학습 키워드　#4차산업혁명 #인공지능(AI) #과학기술의 발달 #AI판사 #AI면접 #데이터편향성
#노동의 종말

교과 연계　중 〉 도덕2 〉 III-4. 과학 기술 시대의 윤리적 쟁점은 무엇일까?

↑ 인공지능 판사 (AI)

가까운 미래에는 법원에 사람이 아닌 AI가 일할 수도 있대.

실제로 중국 항저우 법원에서는 2019년에 AI 판사를 도입했어. 이 AI 판사는 대출 분쟁 같은 간단한 사건에서 판사를 도와 변론을 정리하고 증거를 평가하는 일을 맡아. 덕분에 사건을 30분 안에 해결할 수 있다고 해. 중국 정부는 3년 동안 판사 업무가 3분의 1로 줄었고 인민들의 노동 시간은 17억 시간 절약했다고 밝혔어.

미국의 한 대형 로펌에서도 AI 변호사가 1초에 10억 건이 넘는 법률

문서를 분석하고 판례를 찾아 재판에서 이길 가능성을 계산하는 일을 하고 있대. 1초에 80조 번을 계산하고 100만 권 분량의 빅데이터를 분석해 스스로 공부한다고 해.

우리나라에서도 AI가 재판 연구원 업무를 돕고 있어. AI가 사건 개요를 정리하고, 판결문 초안을 작성하고 최종 의견서를 제출하는 등 판사들의 업무를 보조하고 있지. 하지만 AI가 직접 판결을 내리는 것은 아직 논란이 많아.

AI 판사 도입에 대한 논쟁

AI 판사 도입에 찬성하는 사람들이 말하는 가장 큰 장점은 공정성과 효율성이야. AI는 인간처럼 감정에 휘둘리지 않고 오직 데이터와 법률에 따라 일관된 판결을 내릴 수 있어서 법적 안정성을 높여줘. 우리나라에서는 판사 한 명이 평균적으로 1년에 464건의 사건을 처리하는데, AI 판사가 도입되면 업무 부담이 줄어들고 재판도 훨씬 빨라질 거야.

실제로 AI 법률 상담 플랫폼에서 음주운전 사건의 형량을 예측했더니, 인간 판사와 동일한 판결이 나왔대. 또 유럽 인권재판소에서 AI 판결 예측 알고리즘을 테스트해 보니, 실제 판결과 79%나 일치했어. 이런 점을 보면 AI가 판사 업무를 충분히 도울 수 있다는 의견이 많아.

한편 반대 입장에서는 AI가 인간처럼 도덕적 판단을 내릴 수 없다는 점을 문제 삼는 사람들도 많아. 법률 문제는 단순한 숫자 계산이 아니라 사회적 가치와 윤리적인 판단도 필요하기 때문이야. 어떤 사건은 법 조항만 보고 판단할 수 없고 인간적인 고민이 필요한 경우도 있거든.

또 AI가 학습하는 판례 자체가 편향되어 있다면 AI 판사도 편향된 판결을 내릴 가능성이 있어. 한 법학 교수는 "AI 판사는 기존 판례에 충실할 뿐, 판례를 새롭게 바꾸는 역할을 할 수 없다."라고 말했어. 즉 사회가 변하면서 바뀌어야 할 법적 가치까지도 AI가 그대로 유지해 버릴 수 있다는 거야.

AI는 재판뿐만 아니라 취업 과정에서도 활용되고 있어. 요즘 공기업을 준비하는 사람들은 'AI 면접'을 본 경험이 많아. AI 면접은 뇌신경과학을 기반으로 지원자의 성향과 역량을 분석해서 회사와 얼마나 잘 맞는지 판단하는 방식이야. 이것을 'AI 역량 검사'라고 하기도 해. AI 역량 검사는 면접관의 주관적인 평가를 줄이고, 객관적인 기준을 적용할 수 있다는 장점이 있어. 능력 중심의 채용을 위해 여러 기업들이 활용하고 있지.

AI가 판사, 변호사, 면접관까지 맡게 된다면 인간의 일자리는 어떻게 될까? 미래학자 제러미 리프킨은 『노동의 종말』에서 기계가 인간의 노동을 대체할 것이라고 예측했어. 그는 농업, 어업, 제조업 같은 분야에서 노동자들이 점점 사라질 것이고 AI가 모든 것을 처리하면서 실업률이 높아질 거라고 했지.

그렇다고 기술의 발전이 꼭 나쁜 것만은 아니야. AI가 반복적이고 힘든 일을 대신하면 인간은 더 창의적이고 가치 있는 일에 집중할 수도 있어. 하지만 AI가 모든 분야에서 인간을 대체하게 되면 사회가 예상하지 못한 문제들이 생길 수도 있지. 제러미 리프킨의 주장처럼 AI가 우리의 삶을 어떻게 바꿀지 그리고 우리는 어떤 역할을 해야 할지 깊이 생각해 볼 때야.

1. 국내외 AI의 활용 사례에 대한 설명으로 옳지 않은 것은?

① 미국에서는 AI 판사가 문서를 분석하고 판례를 찾아 재판에서 이길 가능성을 계산하는 일을 맡고 있다.

② 우리나라 공기업에서는 지원자의 성향과 역량을 분석해서 회사와 얼마나 잘 맞는지 판단하는 AI 면접을 활용하고 있다.

③ 중국 항저우 법원에서는 AI 판사가 대출 분쟁 같은 사건에서 판사를 도와 변론을 정리하고 증거를 평가하는 일을 맡고 있다.

④ 우리나라에서는 AI가 사건 개요를 정리하고, 판결문 초안을 작성하고 최종 의견서를 제출하는 등 판사들의 업무를 보조하고 있다.

2. 다음 빈칸에 들어갈 제러미 리프킨의 저서 명을 써 보자.

> 미래학자 제러미 리프킨은 ____________에서 기계가 인간의 노동을 대체할 것이라고 예측했다. 그는 농업, 어업, 제조업 같은 분야에서 노동자들이 점점 사라질 것이고 AI가 모든 것을 처리하면서 실업률이 높아질 거라고 했다.

3. AI 판사 도입에 대해 찬성과 반대 중 나의 입장을 하나 정하여 근거와 함께 말해 보자.

힌트 본문 속 AI 판사 도입에 찬성하는 사람들과 반대하는 사람들의 근거를 살펴보고 여러분의 입장을 정해 봐.

4. 여러분이 AI 판사 시대의 시민이라면, 어떤 법적 제도나 감시 장치를 요구하고 싶어?

힌트 시민의 기본권 보호와 책임 소재를 함께 고려해 제도적 장치를 설계하는 게 중요해.

더 알고 싶어 119

📑 도서　▷ 영상　🔍 사이트

📑 『**인공지능은 선생님을 대신할까요?**』 (이영호&김하민, 서해문집, 2023)
인공지능은 판사뿐만 아니라 선생님을 대신할 수 있을까? 이 책과 함께 인간과 인공지능의 공존 방안에 대해 고민하다 보면 앞으로 도래하게 될 인공지능 시대를 객관적으로 바라볼 수 있을 거야.

▷ **'인공지능 판사'에 대한 전직 판사 재민의 생각?** (tvN 알쓸범잡)
인공지능 판사가 인간 판사보다 더 공정하고 정확할 수 있다는 주장이 제기되고 있어. 결국 법률의 본질이 데이터 처리와 체계적인 알고리즘에 가깝기 때문에 AI가 이 분야에서 큰 잠재력을 보이고 있다는 것이지. 여러분들은 어떻게 생각해?

🔍 **더사이언스타임즈** 한국과학창의재단이 운영하며 과학기술 전반의 최신 정보와 이슈를 다루는 대중 과학 전문 뉴스 웹사이트야. 특히 초거대 AI, 생성형 AI, AI 반도체, 로봇 공학 등 국내외 인공지능 분야의 최신 연구 성과와 기술 개발 동향을 빠르게 소개하고 있지.

지도에도 안 나오는 섬이 태평양에 있다고?

1997년 찰스 무어 선장은 북태평양을 항해하다가 플라스틱 조각으로 가득한
쓰레기 더미를 발견하고 이를 세상에 알렸어.
대체 이 거대한 쓰레기섬은 어떻게 생긴 걸까?

학습 키워드　#쓰레기섬 #해양오염 #플라스틱쓰레기 #미세플라스틱
교과 연계　중 〉 사회2 〉 XII-2. 글로벌 환경 이슈와 지속가능한 발전

찰스 무어 선장이 발견한 태평양 쓰레기 지대GPGP, The Great Pacific Garbage Patch는 미국 하와이와 캘리포니아 사이의 바다에 있어. 이곳은 바닷물이 잘 흐르지 않는 무풍 지대인데, 해류를 타고 온 쓰레기들이 여기에 쌓이면서 점점 거대한 쓰레기섬이 된 거야. 이곳에 있는 쓰레기의 90% 이상이 플라스틱이라고 해.

플라스틱은 자연적으로 잘 분해되지 않기 때문에 오랫동안 바다를 떠돌아다니다가 해류를 따라 점점 쪼개지고 일부는 심해로 가라앉거나 극지방까지 이동하게 돼. 매년 바다로 유입되는 쓰레기의 양이 800~1,000만 톤 이상인데, 태평양 쓰레기 지대에 모여 있는 플라스틱 쓰레기만 해도 7만 9,000톤에 달한다고 해. 그리고 2020년대에 들어서면서 이 쓰레기섬의 크기가 대한민국 영토의 16배만큼 커졌다고 해.

찰스 무어 선장은 이 섬을 발견하고 바다 오염의 심각성을 알게 되어서 큰 충격을 받았어. 이후 해양 오염의 심각성을 세상에 알리는 일을 하게 돼. 태평양 쓰레기 지대에 떠다니는 쓰레기들을 분석해 보니 가장 많은 쓰레기를 배출한 나라는 일본, 중국, 그리고 우리나라였대. 우리나라가 전 세계에서 세 번째로 많은 해양 쓰레기를 배출했다는 사실, 충격적이지 않아?

이 쓰레기들은 단순히 태평양에만 머무는 게 아니야. 북극해 연구팀에 따르면 매년 3,000억 개 이상의 미세 플라스틱이 극지방으로 이동하고 있다고 해. 그리고 북극의 고래, 대구, 작은 갑각류 등 거의 모든 해양 생물의 몸속에서 미세 플라스틱이 검출되었대. 우리가 아무리 플라스틱을 새로 버리지 않아도 이미 버려진 쓰레기들이 계속해서 바다를 오염시키고 있다는 거야.

플라스틱 쓰레기 때문에 가장 큰 피해를 보는 해양 동물 중 하나가 바다거북이야. 바다거북이는 비닐봉지를 해파리로 착각하고 먹다가 질식해서 죽는 경우가 많아. 연구에 따르면 전 세계 바다거북이의 50% 이상이 플라스틱 쓰레기를 먹었대. 미국의 케네스 로만 교수는 "플라스틱 쓰레기들이 모인 곳은 바다거북뿐만 아니라 바다 포유류, 물고기, 물새들에게도 먹이 냄새를 풍겨 끌어들일 수 있다."라고 말했어. 결국 바다 속 생물들은 자신도 모르게 플라스틱을 먹게 되고, 이는 해양 생태계를 심각하게 위협하는 문제로 이어져.

플라스틱 그물에 갇힌 이 거북이 사진은 해양 쓰레기 제거

↑ 플라스틱 그물에 갇힌 거북이 (오션클린업)

🔺 인간과 생태계를 위협하는 플라스틱 순환 과정 (국제보건기구 셀)

활동을 하는 네덜란드의 '오션 클린업The Ocean Cleanup'에서 공개한 거북이 사진이야. 미세 플라스틱은 단순히 바다 생물만 위협하는 게 아니야. 우리 인간도 그 피해를 그대로 받고 있어. 유엔 환경계획 보고서(2015)에 따르면, 미세 플라스틱보다 작은 '나노 플라스틱'은 태반이나 뇌 같은 우리 몸속 깊은 곳까지 침투할 수 있어서 위험하대.

세계자연기금WWF의 연구 결과에 따르면 우리가 매주 먹는 플라스틱의 양이 신용카드 한 장 크기만큼 된다고 해. 결국 우리가 버린 플라스틱이 해양 생태계를 오염시키고 그것이 다시 인간의 몸에 쌓이고 있는 거야.

플라스틱 쓰레기 문제는 더 이상 먼 나라 이야기가 아니야. 우리가 일상에서 쓰는 플라스틱이 결국 바다로 흘러가고 그것이 다시 우리에게 돌아오고 있어. 플라스틱 쓰레기 문제에 관심을 가지고 일상생활에서부터 해결할 수 있는 방법에 대해 고민해 보자.

1. 플라스틱 쓰레기에 대한 설명으로 옳지 않은 것은?

① 플라스틱은 자연적으로 잘 분해되지 않는다.

② 매년 3,000억 개 이상의 미세 플라스틱이 극지방으로 이동하고 있다.

③ 미세 플라스틱은 나노 플라스틱과 달리 우리 몸속 깊은 곳까지 침투한다.

④ 플라스틱 쓰레기로 가장 큰 피해를 보는 해양 동물 중 하나는 바다거북이다.

2. 다음 글이 설명하는 것은 무엇인지 써 보자.

> 찰스 무어 선장이 발견한 미국 하와이와 캘리포니아 사이의 바다에 있는 쓰레기 섬으로 바닷물이 잘 흐르지 않는 무풍 지대이다. 해류를 타고 온 쓰레기들이 여기에 쌓이면서 점점 거대한 쓰레기섬이 되었으며, 이곳에 있는 쓰레기의 90% 이상이 플라스틱이라고 한다.

3. 쓰레기섬을 직접 본 찰스 무어 선장의 입장에서 해양 오염에 대한 경고 메시지를 만들어 보자.

힌트 생생한 목격자의 입장에서 바다의 현실을 전하고 더 이상 외면해선 안 된다는 경고의 목소리를 담아봐.

4. 플라스틱 쓰레기 문제를 해결하기 위해 국제 협력의 필요성과 그 방식을 제안해 보자.

힌트 바다는 국경이 없으니까 국가 간 공조와 국제 규약, 공동 정화 프로젝트가 필요하다는 점을 강조하면 좋아.

더 알고 싶어 119

📑 도서　▶ 영상　🔍 사이트

📑 『플라스틱 바다』 (찰스 무어, 커샌드라 필립스, 미지북스, 2013)
무어 선장이 바다가 처한 상황을 전 세계에 알리기 위해 쓴 책이야. 자신이 발견한 불길한 내용에 관해 플라스틱의 숨겨진 속성과 위험한 결말에 관해 자세히 말해주고 있거든.

▶ 태평양 한가운데 발견된 거대 쓰레기섬?? 인간이 버린 폐기물이 망망대해에 자리잡은 이유는? (tvN 벌거벗은 세계사) 플라스틱이 500년 이상 분해되지 않고 바다에 잔존하는 심각성을 경고하며, 쓰레기 섬의 규모가 한반도의 16배까지 팽창했음을 설명하고 있어. 우리가 무심코 버린 쓰레기가 해류를 따라 모여 지구적 환경 재앙을 만들고 있음을 인지하고 당장 플라스틱 사용을 줄이는 실천이 필요해.

🔍 The Ocean Cleanup 이 단체는 세계 해양의 플라스틱을 수거하고, 특히 강을 통한 플라스틱 유입을 막아 근본적으로 해양 오염을 종식시키는 것을 목표로 하고 있어.

1982년부터 팬이었는데, 야구장에 못 들어간다고?

디지털 소외 계층과 정보 격차

야구 인기가 점점 높아지고 있지만 야구장을 가고 싶어도 못 가는 사람들이 있다고 해.
1982년부터 한 팀을 응원해온 팬들도 티켓을 못 구해서 돌아가야 하는 경우가 있다는데,
왜 이런 일이 생기는 걸까?

학습 키워드　#정보격차 #디지털격차 #정보소외계층 #배리어프리 #키오스크
교과 연계　중 〉 사회2 〉 VI-1. 사회 변동과 우리 생활의 변화
고1 〉 통합사회1 〉 V-02. 교통·통신 및 과학기술의 발달에 따른 변화

우리는 스마트폰이나 인터넷을 쉽게 사용하지만 어떤 사람에게는 어려운 일일 수도 있어. 이런 사람들을 '정보 소외 계층'이라고 해. 한국지능정보사회진흥원에서는 4대 정보 취약 계층으로 장애인, 고령층, 저소득층, 농어민을 꼽았어. 특히 나이가 많을수록 디지털 기기를 사용하기 어려워서 60대는 디지털 활용 수준이 56.7%, 70대 이상은 34.6%로 전체 평균보다 낮았다고 해(연령별 디지털 정보화 활용 수준 조사 결과).

디지털 정보가 중요한 시대인데, 정보 소외 계층은 기기를 사기도 어렵고 배워도 쉽게 적응하지 못하는 경우가 많아. 그러다 보니 일상생활에서도 많은 불편을 겪게 되지.

고령층의 정보 소외 문제

정보 소외 계층 중에서도 가장 어려움을 겪는 사람들은 고령층이야. 어떤 불편이 있는지 살펴볼까?

첫째, 온라인 금융 서비스 이용이 어려워. 요즘 은행에 직접 가지 않아도 인터넷 뱅킹으로 송금이나 계좌 조회를 할 수 있어. 하지만 나이가 많은 분들은 복잡한 인증 절차나 앱 사용법이 어려워서 직접 은행을 방문해야 하는 경우가 많아. 그러다 보니 은행 지점이 줄어드는 요즘, 금융 서비스를 이용하는 게 점점 더 힘들어지고 있어. 또 이런 고령층은 피싱 문자 메시지 같은 금융 사기에 걸려들기도 쉬워.

둘째, 기차표와 버스표 예매에서 불편함을 겪고 있어. 기차표나 버스표의 대부분은 인터넷이나 모바일 앱으로 사야 하는데 앱 설치, 회원 가입, 결제, 전자 티켓의 저장과 확인까지 어려운 과정이 많아서 어르신들은 표를 사는 게 쉽지 않다고 해. 기차역에 키오스크(무인 발권기)가 있지만 사용이 어려워서 결국 창구로 몰리는 경우가 많아.

셋째, 야구장 티켓 예매 같은 문화 생활에서의 어려움이야. 인기 많은 경기일수록 티켓이 빨리 매진되거든. 작년 한국시리즈 때는 온라인 예매가 1분 만에 끝났다고 해. 그래서 인터넷으로 티켓을 못 산 사람들이 현장에서 줄을 섰지만 결국 못 사고 돌아갔대. 이런 문제를 해결하기 위해 롯데 자이언츠는 디지털 소외 계층을 위해 현장 판매분 70장을 따로 남겨두는 시스템을 도입했대.

장애인의 정보 소외 문제

우리는 무인 단말기 키오스크로 쉽게 주문하지만 장애인들은 이 기계를 이용하는 게 쉽지 않아. 특히 시각장애인은 화면을 볼 수 없는데, 음

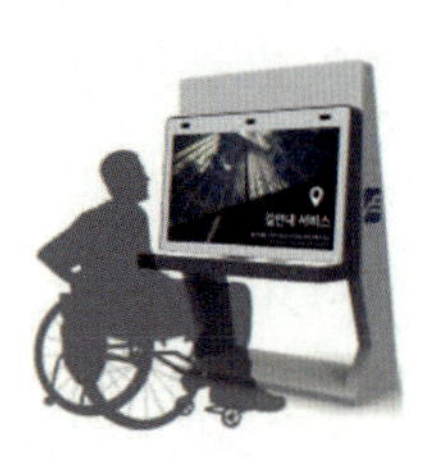

성 안내 기능이 없는 키오스크가 대부분이라서 어려움을 겪고 있어. 2022년 장애인차별금지추진연대가 조사한 결과, 장애인이 이용할 수 있는 키오스크는 1,002대 중 단 한 곳뿐이었다고 해. 그래서 시각장애인 60명이 직접 패스트푸드점에 가서 "우리는 주문도 못 하냐"고 시위를 하기도 했어.

↑ 길 안내용 배리어프리 키오스크 (소셜 벤처 닷)

정보 격차 해결을 위해 필요한 노력

이러한 정보 격차를 해결하려면 어떤 노력이 필요할까? 먼저 배리어프리 기술이 필요해. 배리어프리Barrier Free란 장애인들도 편하게 이용할 수 있도록 물리적·제도적 장벽을 없애자는 뜻이야. 미국의 '닷Dot'이라는 회사는 시각장애인을 위한 스마트 제품을 만들고 있어. 우리나라에서도 2023년부터 키오스크에 대한 장애인차별금지법이 시행되면서 장애인을 위한 키오스크가 개발되고 있어. 또 스마트폰이나 인터넷을 잘 모르는 사람들이 쉽게 배우고 익힐 수 있는 교육 프로그램이 필요해. 예를 들면 노인들을 위한 스마트폰 사용법 교육 같은 거지. 기기를 사기 어려운 사람들을 위해 무료 대여 서비스를 운영하거나, 인터넷을 쉽게 이용할 수 있도록 무료 와이파이존을 확대하는 것도 방법이야.

디지털 기술이 발달하면서 편리해진 점이 많지만 그만큼 정보 소외 계층이 겪는 어려움도 커지고 있어. 정보 격차를 줄이기 위한 다양한 제도와 기술이 필요해. 앞으로 이런 문제를 해결할 방법이 더 많이 나왔으면 좋겠다.

1. 한국지능정보사회진흥원이 뽑은 4대 정보 취약 계층에 해당하지 않는 사람은?

   ① 장애인   ② 고령층   ③ 저소득층   ④ 외국인 노동자

2. 다음 빈칸에 들어갈 말을 써 보자.

> _______________________(이)란 장애인들도 편하게 이용할 수 있도록 물리적·제도적 장벽을 없애자는 뜻이다. 대표적인 예시로는 장애인을 위한 키오스크, 시각 장애인을 위한 스마트 제품 등이 있다.

3. 고령층이 겪고 있는 정보 소외로 인한 문제를 두 가지만 써 보자.

4. 정보 격차는 단순한 기술의 문제가 아니라 사회 정의의 문제라고 보는 관점에 대해 어떻게 생각해?

   힌트 정보 격차는 '기계를 다루느냐'의 문제가 아니라 기회를 공평하게 누릴 수 있느냐는 문제라는 점에서 접근해 봐.

더 알고 싶어 119

📖 도서 ▶ 영상 🔍 사이트

📖 **『나와 지구 돌봄 혁명』 (김만권, 너머학교, 2025)**
우리 미래 세대가 겪을 디지털 기술의 격차가 초래하는 위기에 대응하기 위해서 이 책의 저자는 나와 타자의 나약함을 서로 '돌보는 힘'이 중요하다고 말해.

▶ **[밀착카메라] '야구 보기 참 힘드네…' 온라인 세상 속 소외되는 노인들 (JTBC 뉴스룸)**
우리에게는 어플로 야구 티켓을 예매하고, 택시를 예약하는 게 어렵지가 않은 일인데, 오히려 노년층은 '따돌림' 당하는 기분이 들 수가 있다. 디지털 세상에 익숙하지 않은 노년층이 겪는 소외 문제를 보여주며, 우리 사회의 관심이 필요하다는 메시지를 던지고 있어.

🔍 **NIA 한국지능정보사회진흥원** 디지털 기술 발전의 혜택이 특정 계층에만 집중되지 않고 모든 국민에게 공평하게 돌아가도록 만드는, 즉 디지털 격차 해소에 가장 핵심적인 역할을 수행하고 있는 곳이야.

밤에 시킨 택배가
아침에 도착한다고?

국내외 온라인 쇼핑과 유통 시장의 변화

요즘은 마트에서 직접 장을 보는 것보다 인터넷으로 물건을 사는 경우가 많아.
특히 수도권에서는 늦은 밤에 주문해도 다음 날 아침에 받는 '새벽 배송'도 가능해.
온라인 쇼핑이 많아지면서 우리나라 유통 시장은 어떻게 변하고 있을까?

학습 키워드　#전자상거래 #이커머스 #대형마트 #온라인유통
교과 연계　중 〉 사회2 〉 VI-1. 사회 변동과 우리 생활의 변화

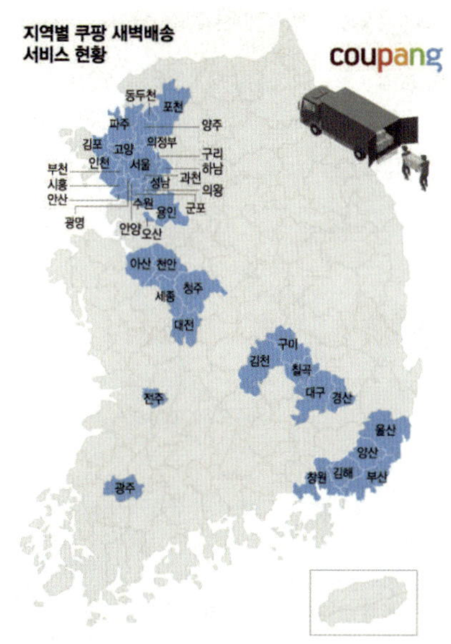

↑ 지역별 쿠팡 새벽배송 서비스 현황

이 그림은 지역별 쿠팡 새벽 배송 현황을 나타낸 자료야. 인터넷 커뮤니티에서는 쿠팡 로켓 배송 중 새벽배송이 가능한 지역을 '쿠세권'이라고 한 대. 온라인 쇼핑이 편리해진 이유 중 하나가 바로 빠른 배송 서비스야. 쿠팡과 마켓컬리가 대표적인 예지.

쿠팡은 2013년부터 '로켓배송'이라는 시스템을 도입했어. 당일이나 익일 배송을 보장하는

서비스로, 소비자들이 원하는 상품을 미리 사서 물류센터에 보관한 뒤 주문이 들어오면 바로 배송하는 방식이야. 덕분에 다른 온라인 쇼핑몰보다 훨씬 빠르게 물건을 받을 수 있어.

2015년에는 마켓컬리가 신선 식품 중심의 새벽배송을 시작했어. 밤 11시까지 주문하면 다음 날 아침 7시 전에 문 앞에 도착하는 서비스야. 바쁜 현대인들, 특히 맞벌이 부부들에게 큰 인기를 끌었어. 마켓컬리 대표도 "자기 전에 장봐서 아침에 이용하면 좋겠다."는 생각에서 이 서비스를 만들었다고 해.

1인 가구나 맞벌이 부부처럼 시간이 부족한 사람들에게 빠른 배송은 생활 필수품이 되었어. 예전에는 주말마다 마트에 가서 장을 봐야 했지만 지금은 출근 전에 문 앞에 도착한 식재료로 저녁을 준비할 수 있지. 이처럼 배송 서비스의 발전은 단순히 유통 구조를 바꾼 게 아니라 사람들의 일상 패턴과 소비 습관 자체를 바꾸고 있는 거야.

쿠팡이나 마켓컬리 같은 이커머스의 성장으로 인해 대형마트들은 큰 위기를 겪고 있어. 대형마트 1위였던 이마트는 최근 적자를 기록했는데 많은 사람들이 온라인 쇼핑을 하면서 마트에 가는 횟수가 줄어들었기 때문이야. 또 1인 가구 증가로 편의점 이용이 늘면서 대형마트보다 편의점 매출이 더 높아지고 있어.

요즘은 국내 이커머스뿐만 아니라 알리익스프레스AliExpress나 테무Temu 같은 중국 이커머스 플랫폼이 한국 온라인 쇼핑에 엄청난 영향을 주고 있어. 알리익스프레스와 테무는 저렴한 가격을 앞세워 빠르게 성장하고 있어. 특히 테무는 작년에 국내에서 사용자 수가 가장 많이 증가한 앱 중 하나야. 유튜브에서는 테무에서 산 제품을 개봉하는 '테무깡' 콘텐츠가 유행할 정도로 말이지. 특히 테무는 제조사와 소비자를 직접 연결해서 중간 유통비용을 줄이고 엄청난 물량을 한꺼번에 배송해 비용을 낮추는 전략을 쓰고 있어.

하지만 알리와 테무도 좋은 점만 있는 건 아니야. 저렴한 중국산 제품이 많아서 품질이 떨어지는 경우가 있기도 하고 배송이 오래 걸려. 쿠팡·마켓컬리는 새벽배송이 가능하지만 알리와 테무는 해외 배송이라 며칠씩 기다려야 해. 그래서 사람들은 '해외 직구는 잊을 만하면 온다'고 농담하기도 해. 쿠팡은 빠른 배송과 쉬운 반품, 한국어로 된 고객 응대 시스템에서 훨씬 더 높은 만족도를 보여줘. '싸지만 불안한' 해외 직구보다는 '비싸더라도 믿을 수 있는' 국내 쇼핑몰을 선호하는 경향도 있지.

중국 이커머스의 등장으로 국내 쇼핑몰들도 더 빠르고 저렴하게 팔 수 있게 노력하고 있어. 물류 시스템을 개선하고 다양한 마케팅 전략으로 소비자들의 관심을 끌고 있지. 온라인 유통 경쟁은 앞으로 기술 혁신이 주도할 거라 예측돼. 예를 들어 고객의 구매 패턴을 분석해서 맞춤형 상품 추천을 해 주는 서비스가 늘어날 거야. AI 챗봇을 이용한 자동 상담 서비스도 점점 많아지고 있어. 드론 배송이나 자율주행 차량 같은 로봇이 하는 배송 혁신도 기대해 볼만 해. 또 요즘은 환경을 생각한 친환경 포장재를 사용하는 기업들도 많아지고 있어.

앞으로의 유통 시장은 단순한 가격 경쟁이 아니라, 얼마나 빠르고 효율적이며 친환경적 서비스를 제공할 수 있는지가 중요해질 거야. 온라인 쇼핑의 편리함을 누리는 지금, 우리는 그 이면에 있는 유통 구조의 변화도 함께 이해해 볼 필요가 있어.

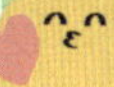

1. 중국 이커머스 플랫폼인 테무가 저렴한 가격을 유지하는 주요 전략은 무엇일까?

　① 정부의 보조금 지원　　　　　② AI를 활용한 맞춤형 상품 추천

　③ 국내 물류센터를 대규모로 건설

　④ 중간 유통 과정을 없애 제조사와 소비자를 직접 연결

2. 다음 설명에 해당하는 국내 이커머스 업체는 어디일까?

> 밤 11시까지 주문하면 다음 날 아침 7시 전에 배송되는 신선 식품 중심의 서비스를 처음 도입한 업체로 바쁜 현대인들, 특히 맞벌이 부부들에게 큰 인기를 끌었다. 해당 이커머스의 대표는 "자기 전에 장봐서 아침에 이용하면 좋겠다."는 생각에서 이 서비스를 만들었다고 한다.

3. 다음 진술이 옳으면 ○, 틀리면 X를 표시해 보자.

> 1) 1인 가구 증가로 인해 편의점보다 대형마트의 매출이 더 높아지고 있다. (　　)
>
> 2) AI 챗봇을 이용한 자동 상담 서비스는 앞으로 사라질 것이다. (　　)
>
> 3) 알리익스프레스와 테무는 국내 이커머스보다 배송과 반품이 빠른 편이다. (　　)
>
> 4) 온라인 유통 시장의 변화는 사람들의 일상 패턴과 소비 습관까지 바꾸고 있다.
> 　(　　)

4. 테무와 알리익스프레스가 국내 유통 시장에 미친 긍정적·부정적 영향을 적어 보자.
힌트 국내 기업이나 소비자 입장에서 각각 어떤 영향을 받았는지도 함께 정리해 보면 좋아.

더 알고 싶어 119

📖 도서　▷ 영상　🔍 사이트

📖 **『청소년을 위한 돈이 되는 경제 교과서』** (신동국, 처음북스, 2023)
　경제의 기본 개념부터 경제의 흐름까지 아우르고 있는 이 책을 읽으면, 빠른 배송이 가능해진 이유, 이커머스가 우리 경제에 미치는 영향에 관해 생각해 보기에 좋아.

▷ **새벽 배송 신세계였는데…'1시간 컷' 계속 빨라진다** (SBS 뉴스)
　옛날 '새벽 배송'이 신기한 세상이었다면 이제는 '지금 주문하면 1시간 뒤에 도착'하는 초고속 배송 경쟁이 시작되었어. 이 모든 건 우리가 물건을 '더 빨리' 원하는 소비 습관으로 변했기 때문이며 이 거대한 변화를 퀵커머스라고 부른대. 퀵커머스, 정말 좋기만 한 걸까?

🔍 **국가물류통합정보센터** 육상, 해상, 항공 등 모든 형태의 물류 정보를 통합하여 제공하며, 기업과 국민이 물류 산업을 이해하고 활용하는 데 필요한 정책, 통계, 기술 자료를 지원하고 있으니 참고해.

지구를 지키고 환경을 설계하는 사람
환경공학 기술자

비 오는 날 학교 근처 하천이 뿌옇게 흐르거나, 공장 근처에서 냄새 나는 걸 본 적 있어? 또는 뉴스에서 미세먼지, 수질 오염, 폐수 유출 사고 같은 환경 문제를 들어본 적 있지? 그냥 '더러워졌네' 하고 넘길 수도 있지만, 사실 이런 문제들을 해결하려고 현장에서 뛰는 사람들이 있어. 바로 환경공학 기술자들이야. 환경을 살리는 과학기술에 관심 있는 친구들이라면 이 직업이 꽤 멋져 보일지도 몰라.

환경공학 기술자는 어떤 사람?

쉽게 말해서 '오염된 환경을 과학과 기술로 되살리는 사람'이야. 대기오염, 수질오염, 토양오염 같은 문제를 해결하기 위해 오염 상태를 측정하고 분석해서 필요한 시설이나 장치를 설계하고 운영하지. '환경 문제 해결사' 같은 존재야. 예를 들어 공장에서 나오는 오염물질을 줄이기 위해 굴뚝에 어떤 필터를 달아야 하는지 계산하고, 공장 폐수가 강에 흘러들지 않도록 정화 시스템도 만들어. 쓰레기 매립지에서 나오는 침출수를 분석하거나 정수장에서 깨끗한 수돗물이 나오도록 처리 과정을 설계하기도 해.

조금 더 생생한 예를 들어볼까? 어떤 지역에서 갑자기 녹조가 심해졌다면 환경공학 기술자는 그 원인을 찾으려고 수질을 분석하고 주변 하천이나 호수의 흐름을 조사해. 그리고 공공기관이나 기업에 어떤 정화 장치를 설치하면 좋은지, 비점 오염원(도로, 농경지 등에서 생기는 확산된 오염원)을 줄이기 위해 어떤 조치가 필요한지 기술 자문도 하지.

요즘은 기후위기나 탄소중립 같은 말이 자주 나오잖아? 환경공학 기술자들도 이 흐름에 맞춰 탄소 배출을 줄이는 기술을 개발하거나 신재생에너지 시설에서 생기는 오염물질을 줄이는 연구도 해. 산업 현장의 환경 문제는 점점 더 복잡해지고 있어서 이런 문제를 해결할 전문가들은 앞으로도 계속 필요할 거야.

환경공학 기술자가 되려면 어떻게 해야 할까?

보통 환경공학과, 환경에너지공학과, 생태공학과 같은 관련 학과에 진학해. 이과 계열이긴 하지만 사회 문제에 대한 관심이 있고 분석적 사고력이나 팀워크가 있는 친구들에게도 잘 맞아. 측정, 분석, 설계, 관리처럼 다양한 일을 하니까 수학, 화학, 물리 같은 기초 지식도 필요하지만, 실제 현장에서 데이터를 해석하고 문제를 해결하는 응용력이 더 중요해. 또 환경기사, 대기환경기사, 수질환경기사, 폐기물처리기사 같은 자격증이 있으면 취업할 때 유리해. 실제로 대학 졸업 후 곧바로 엔지니어링 회사나 건설사에 취업하기도 하고, 대학원에 가서 연구를 계속하는 사람도 있어.

일의 방식도 참 다양해. 실험실에서 시료를 분석하기도 하고, 드론으로 하천을 조사하거나, 환경 모니터링 장비를 설치하고 점검하기도 해. 오염도를 측정한 결과를 정리해 보고서를 쓰고, 실제 공사 현장에서 설계가 잘 반영되는지 확인하는 일도 하지.

이 직업의 매력은?

환경공학 기술자들이 일하는 곳은 산업 현장만이 아니야. 도시 계획, 스마트시티 만들기, 재난 대비 체계 같은 데서도 환경 데이터를 활용한 결정이 중요해지고 있어. 예를 들어 홍수가 자주 나는 지역에 물이 잘 빠지도록 시스템을 설계하거나, 도시의 열섬 현상을 줄이기 위해 어떤 녹지를 만들지 고민하는 것도 이들의 일이지.

이 직업의 가장 큰 매력은 '눈에 보이는 변화를 만든다'는 점이야. 오염된 하천이 다시 맑아지고, 위험한 폐기물이 안전하게 처리되고, 사람들이 깨끗한 공기와 물을 누릴 수 있게 돕는 거야. 자연을 좋아하고, 환경 문제에 관심이 많고, 세상을 좀 더 깨끗하게 만들고 싶다는 생각을 해본 적 있어? 그 마음, 환경공학 기술자라는 길에서 마음껏 펼칠 수 있을지도 몰라. 요즘은 기후위기나 탄소중립 같은 문제를 해결하려면 바로 환경에 대한 전문 지식과 기술이 꼭 필요해. 우리가 숨 쉬는 공기, 마시는 물, 사는 땅을 지키는 일은 더 이상 선택이 아니라 꼭 해야 할 일이야.

세상과 점점 더 가까워지려면?

태국에
'물총 축제'가 있다고?

우리나라에는 여름마다 곳곳에서 물놀이 축제와 물총 축제가 열려.
에버랜드의 물총 축제나 워터밤 같은 큰 행사 말이야.
그런데 태국에도 매년 4월, 물싸움을 하는 물총 축제가 열린대!
다른 나라에는 또 어떤 재미있는 축제가 있을까?

학습 키워드 #세계문화권 #세계축제 #전통축제
교과 연계 중 〉 사회1 〉 Ⅷ-1. 문화의 의미와 특징

↑ 태국 송크란 축제의 모습 (AI)

송크란은 매년 4월, 태국의 새해를 기념하는 태국의 가장 큰 축제야. 사람들이 물총이랑 양동이를 들고 서로 물을 뿌리는데, 이는 죄와 불운을 씻어내고 새로운 시작을 한다는 뜻이래. 예전에는 송크란 기간이 가까워지면 가족들이 모여 깨끗이 청소하고 조상에게 감사하며 새해를 맞이했어. 또 사원에 가서 불상을 닦고, 승려들에게 음식과 물건을 공양하며 복을 빌었대. 요즘 송크란 축제는 과거의 전통을 존중하면서도 더 대중적이고 활기차게 바뀌었어. 송크란 기간에 태국 전역이 물축제 분위기야. 특히

방콕, 치앙마이, 파타야 같은 도시는 축제의 중심지이지.

문화권과 송크란 축제

문화권이란 세계에 존재하는 다양한 문화 중 유사한 문화적 특징이 나타나 주변의 다른 지역과 구별되는 공간 범위를 말해. 문화권이 만들어지는 데에는 기후·지형과 같은 자연환경, 그리고 종교, 산업과 같은 사람들의 생활방식과 관련된 요소들이 영향을 준대. 이렇게 자연과 환경이 어우러져 문화권이 형성되는 거야.

태국은 동남아시아 문화권에 속해 있어. 동남아시아 문화권은 인도양과 태평양을 연결하는 중요한 위치에 있어서 교통의 중심지야. 이곳에는 불교, 이슬람교 같은 다양한 종교 문화가 함께 섞여 있고, 적도 부근에 있어서 덥고 습한 열대 기후가 특징이야.

송크란 축제에서 서로 물을 뿌리는 풍습에는 이런 동남아시아 문화권의 특징이 담겨있어. 송크란 축제가 열리는 시기가 건기의 끝 무렵이어서 1년 중 가장 더운 시기래. 사람들은 물을 뿌리면서 더위를 식히고 다가올 우기에 비가 충분히 내리길 기원해. 또 불교 사원에서 불상을 씻고 승려들에게 공양을 올리는 모습은 동남아시아 문화권의 불교 문화가 잘 드러나.

문화권과 죽은 자들의 날

디즈니 애니메이션 영화 〈코코Coco〉를 본 적 있니? 코코는 멕시코 전통 축제인 '죽은자의 날(디아 데 로스 무에르토스)'을 배경으로 삶과 죽음 그리고 가족 간의 유대감을 아름답게 그려낸 영화야. 영화 속 주인공 미겔은 음악을 사랑하는 12살 소년이야. 하지만 미겔의 가족은 음악을 금

기시해서 미겔은 큰 어려움을 겪어. 죽은자의 날 축제 동안 우연히 죽은자들의 세계로 들어가게 된 미겔은 거기서 자신의 음악적 우상을 찾아 모험을 떠나고, 헥터라는 친구를 만나 함께 진실을 밝히게 돼. 결국 미겔은 가족들의 축복을 받으며 현실로 돌아와, 음악에 대한 꿈을 이뤄내.

이 영화의 배경이 되는 '죽은자의 날'은 죽은 사람들을 생각하고 그들의 영혼을 맞이하는 멕시코의 전통 축제야. 멕시코 사람들은 세상을 떠난 사랑하는 사람들이 1년에 한 번 가족과 친구들을 만나러 잠시 이 세상으로 돌아온다고 믿어. 그래서 이 축제는 죽음을 두려워하기보다는 삶의 일부로 받아들이고, 고인을 기억하며 기리는 날이야. 축제 기간 동안 가족들은 묘지를 찾아 무덤을 청소하고, 꽃과 음식으로 장식하고 촛불을 밝혀. 또 많은 도시에서 화려한 퍼레이드가 열리는데, 사람들이 해골 분장과 전통 의상을 입고 행진하면서 축제를 즐기지.

죽은자의 날에는 아메리카 문화권의 특징이 담겨 있어. 원래 이 축제는 멕시코 원주민들인 아즈텍의 전통이었는데, 에스파냐 정복자들이 가톨릭 문화를 결합시켰대. 그래서 가톨릭 축제인 '만령절'에 죽은자의 날 의식을 치르게 된 거야.

축제 속에는 그 나라의 역사, 자연환경, 종교, 공동체 정신과 같은 가치가 담겨 있기 때문에 다양한 문화를 열린 마음으로 받아들이고 이해하려는 태도가 필요해. 축제를 즐길 때 그 나라의 자연환경과 역사, 종교 같은 문화적 특징을 생각해 보면 더 재미있게 느껴질 거야.

1. 멕시코의 '죽은 자들의 날' 축제에 대한 설명으로 가장 적절한 것은?

　① 축제 기간에 고인과 관련된 물건을 불태운다.

　② 죽음을 두려워하며 고인의 영혼을 달래는 날이다.

　③ 오직 가톨릭 문화의 영향만을 받아 형성된 축제이다.

　④ 1년에 한 번 고인의 영혼이 돌아온다고 믿고 기억하며 기리는 날이다.

2. 다음 빈칸에 공통으로 들어갈 말을 써 보자.

> ______(이)란 세계에 존재하는 다양한 문화 중 유사한 문화적 특징이 나타나 주변의 다른 지역과 구별되는 공간 범위를 의미한다. ______(이)가 만들어지는 데는 기후, 지형과 같은 자연환경, 그리고 종교, 산업과 같은 사람들의 생활방식과 관련된 요소들이 영향을 준다. 이렇게 자연과 환경이 어우러져 ______(이)가 형성된다.

3. 다음 진술이 옳으면 ○, 틀리면 X를 표시해 보자.

> 1) 태국의 송크란 축제는 1년 중 가장 추운 겨울에 열린다. (　　)
> 2) 태국은 불교, 힌두교, 이슬람교 등 다양한 종교문화가 섞여 있는 동남아시아 문화권에 속한다. (　　)
> 3) 태국의 송크란 축제에서 물을 뿌리는 행위는 죄와 불운을 씻어내고 새로운 시작을 한다는 것을 의미한다. (　　)

4. 송크란 축제에서 물을 뿌리는 풍습이 동남아시아 문화권의 자연환경과 어떤 관련이 있는지 말해 보자.

힌트 축제가 열리는 시기의 기후 특징과 지역 사람들이 물에 담은 의미를 함께 떠올려 봐.

더 알고 싶어 119

📖 도서　▷ 영상　🔍 사이트

📖 『**세계시민을 위한 없는 나라 지리 이야기**』 (서태동 외, 롤러코스터, 2022)
지리에 관한 관심이 있다면 추천해 주고 싶어. 이 책은 '없는 것'에 주목하고 있거든. 바다가 없는 나라, 공항이 없는 나라, 자국 화폐가 없는 나라가 있대. 대체 거기가 어딜까?

▷ **세계 최대 물 축제, 태국 송끄란 현장을 가다** (KBS 세계는 지금) 태국 송끄란은 단순한 물놀이를 넘어 과거의 불운을 씻고 새해의 행복을 기원하는 세계적인 문화유산 축제로 변화하고 있대. 태국 말고도 세계 다양한 국가들의 축제에 실제로 참여하고 싶은 마음이 들지 않아?

🔍 **대한민국 구석구석** 전국 방방 곳곳에서 열리는 지역 축제와 행사 정보를 알고 싶다면 이 사이트를 주목해. 국내외 관광객들에게 우리나라의 모든 지역과 관광 자원에 대한 신뢰할 수 있고 풍부한 정보를 제공하고 있거든.

브라질에서는 결혼을 하려면 시험을 본다고?

세계의 결혼 문화를 통해 배우는 서로를 존중하는 태도

브라질은 세계에서 이혼율이 낮은 국가 중 하나지만 결혼하기 전에 일정 시간 교육을 받고
신랑·신부 결혼 자격시험에 합격해야 결혼할 수 있대.
결혼을 위해 시험까지 본다니 대체 왜 브라질에서는 결혼 자격 시험이 생겨났을까?

학습 키워드 #세계의결혼문화 #혼인제도 #문화를이해하는태도
교과 연계 중 > 사회1 > Ⅷ-3. 문화를 이해하는 바람직한 태도

우리나라 민법에서는 결혼이 성립하려면 결혼하고 싶다는 두 사람의 의사가 맞아야 해. 18세가 되면 결혼할 수 있지만 만약 미성년자라면 부모님이나 후견인의 동의를 받아야 하지. 그리고 이미 결혼해서 배우자가 있는 사람이 다시 결혼하는 중혼은 금지되어 있어.

우리나라의 결혼식은 전통과 현대적인 모습이 잘 어우러져 있어. 결혼식을 가 보았다면 어땠어? 아마 결혼식장에서 신랑·신부가 턱시도와 웨딩드레스를 입고 행진하는 모습을 보았을 거고, 피로연에서 뷔페나 코스 요리를 먹었을 거야. 이런 모습이 우리나라 결혼의 특징이야.

다른 나라의 결혼 문화는 어떨까? 앞에서 말한 브라질에서는 일정한 교육을 받고 결혼 자격 시험에 합격해 결혼 자격 증명서를 받아야 결혼할 수 있대. 이 전통은 예전 부족 문화에서 시작되었는데, 다른 부족과

결혼하려면 여러 시험에 통과해 부족의 일원으로 인정받아야 했던 과거 브라질의 부족 문화에서 유래했어.

세계의 다양한 결혼 문화

세계의 다양한 결혼 문화에 대해 좀 더 알아볼까? 우리나라처럼 중혼이 금지된 나라도 있지만, 이슬람 문화권처럼 일부다처제가 허용되는 곳도 있어. 이슬람 경전인 '쿠란'에는 "너희가 전쟁 고아들을 공평하게 대할 자신이 없다면, 마음에 드는 여인으로 둘, 셋, 또는 넷까지 아내를 구하라. 그러나 아내를 공정하게 대해 줄 자신이 없다면 한 명의 아내로 족하라."라고 되어 있어서 일부다처제를 허용하고 있음을 알 수 있지. 7세기 이슬람의 우후드 전투로 남편을 잃은 아내와 고아들을 먹여 살리기 위해 이러한 구절이 생겨났대. 반대로 인도 토다족과 일부 티베트 사회는 일처다부제의 관습이 남아있어. 자원이 부족하고 척박한 고산지대에서 자원을 효율적으로 나누기 위해서야. 형제들이 한 여성과 결혼하면 가족의 재산과 땅 나누지 않고 유지할 수 있으니까.

인도의 결혼 문화도 재미있어. 영화 〈세 얼간이3 Idiots〉를 보면 라주의 누이 결혼식에서 인도의 결혼 문화가 잘 나타나. 인도는 신부의 가족이 신랑 쪽에 지참금을 주는 관습이 있는데, 경제적으로 어려운 라주의 가족은 지참금을 마련해야 하는 압박을 받고 있어. 또 라주의 누이는 중매 결혼을 하는데, 인도에서는 가족들이 중매로 결혼을 결정하는 경우가 많대. 인도의 결혼식은 아주 화려하고 성대한 행사야. 많은 사람들을 초대하고 보통 3일 정도 열리는데, 인도 사람들은 결혼식이 자신의 사회적 지위를 드러내는 중요한 행사여서 평생 수입의 20%를 결혼식에 쓴대. 〈태어난 김에 세계 일주〉라는 프로그램에서 기안84와 덱스는 인도 결혼식에 초대받았어. 여기서 화려한 인도 결혼식을 볼 수 있지. 특히 신랑이 마차를 타고 춤추면서 친구들과 함께 식장으로 이동하거나 신의 축복을 빌기 위해 이마에 '티카Tika'라는 표식을 찍는 장면도 독특해. 인도에서는 결혼식 당일 신을 위해 몸을 씻는다는 의미로 금식을 하기도 한대.

독일에서는 결혼식 전날 '폴터아벤트Polterabend'라는 전통 파티를 해. 신랑·신부의 친구와 가족들이 결혼식 전날에 모여 도자기를 깨며 행복을 기원한대. 깨진 조각을 신랑·신부가 함께 치우는데, 이건 앞으로 살아갈 준비를 의미한다고 해.

인도처럼 결혼식 당일에 몸을 씻어내는 의미로 금식을 하는 나라가 있는가 하면, 일부러 몸을 더럽히는 나라도 있어. 스코틀랜드에서는 결혼식 전날 신랑·신부에게 끈끈한 음식이나 밀가루, 심지어 동물의 오물까지 던진대. 이렇게 더럽히는 이유는 악령을 막기 위해서야.

그리스에서는 신부의 아빠나 남자 형제가 신부에게 신발을 신겨 주면서 축복을 빌어. 이때 신발을 단단히 묶어주고, 신발에 돈을 넣어 결혼 생활이 풍요롭기를 바란다고 해. 신발 바닥에 미혼인 신부 친구들의 이름을 써 가장 빨리 닳는 이름이 다음에 결혼할 사람이라는 재미있는 풍습도 있어.

세계의 다양한 결혼 문화를 보니 신기하지? 이런 문화들은 각 나라의 역사와 환경 그리고 사람들이 살아온 방식에 따라 만들어진 거야. 다른 나라의 문화를 볼 때는 우리 기준으로 평가하지 않고 있는 그대로 받아들이는 '문화 상대주의'가 중요해. 서로 존중하는 마음이야말로 진정한 문화 이해의 시작이야!

1. 우리나라 민법에서 결혼이 성립하는 조건으로 가장 적절한 것은?

① 반드시 전통 혼례를 치러야 한다.

② 결혼하고 싶다는 두 사람의 의사가 맞아야 한다.

③ 이미 배우자가 있어도 상대방이 동의하면 결혼할 수 있다.

④ 18세 이상이 되면 미성년자라도 부모님의 동의 없이 결혼할 수 있다.

2. 다음 빈칸에 들어갈 말을 써 보자.

> '서로 존중하는 마음'이야말로 진정한 문화 이해의 시작이다. 다른 나라의 문화를 바라볼 때는 우리 문화의 기준으로 평가 하지 않고 있는 그대로 바라보는 태도인 ___________(이)가 필요하다.

3. 세계의 다양한 결혼 문화와 해당 나라를 바르게 짝지어 보자.

> ㄱ. 이슬람 문화권   ㄴ. 인도   ㄷ. 독일   ㄹ. 그리스   ㅁ. 스코틀랜드

① 일부다처제를 허용하고 있다.

② 신부의 가족이 신랑 쪽에 지참금을 주는 관습이 있다.

③ 신부의 아빠나 남자 형제가 신부에게 신발을 신겨 주면서 축복을 빈다.

④ 신랑 신부의 친구와 가족들이 결혼식 전날에 모여 도자기를 깨며 행복을 기원한다.

⑤ 악령을 막기 위해 결혼식 전날 신랑 신부에게 끈끈한 음식이나 밀가루 등을 던진다.

4. 브라질에서 결혼 자격 시험을 왜 만들었는지, 그 사회의 문화와 연결지어 적어 보자.

힌트 브라질의 부족 사회 전통이나 구성원 인정 방식에 주목해 봐.

더 알고 싶어 119

📖 도서   ▶ 영상   🔍 사이트

📖 『**처음 문화인류학**』 (**이희수, 봄마중, 2024**) 나는 어떤 문화 속에서 살고 있고, 왜 이런 문화가 있을까 생각해보기 시작했다면, 이 책을 함께 읽어보자. 우리가 살아 가고 있는 지구촌 마을의 갖가지 문화와 인류가 만들어가고 싶은 미래까지 고민해 볼 수 있을 거야.

▶ **진짜 있다고? 브라질에 진짜 있는 !결혼 자격시험! (채널A 신랑수업)**
브라질의 독특한 결혼 자격시험 문화는 신랑 신부가 결혼 전 역할 분담과 재정 관리에 대해 현실적인 교육을 받도록 도와줘. 결혼 전 필수 교육을 통해 예비 부부가 현실적인 문제에 대비하고 관계를 튼튼하게 만드는 지혜를 얻을 수 있는거지. 흥미롭지 않니?

🔍 **문화체육관광부** 우리나라 문화를 깊이 있게 이해할 수 있는 사이트야. 대한민국의 문화 예술, 체육, 관광, 종교, 미디어 콘텐츠 산업 전반을 총괄하고 있어.

목이 길어야
미인이라는 마을이 있다고?

어떤 사람이 미인이라고 생각해? 사람마다 다 다를 거야.
어떤 마을에서는 목이 길수록 예쁘다고 하고 어떤 나라에서는 발이 작아야 예쁘다고 해서
어린 소녀들의 몸을 억지로 바꾸기도 해. 또 큰 입술이 미인의 기준이라 입에 접시를 끼우는
부족도 있대. 이런 '미인의 기준'에는 어떤 문제가 있을까?

학습 키워드　#극단적문화상대주의　#보편윤리　#문화성찰
교과 연계　중 〉 도덕1 〉 Ⅲ-1. 인권은 보편적 가치일까?

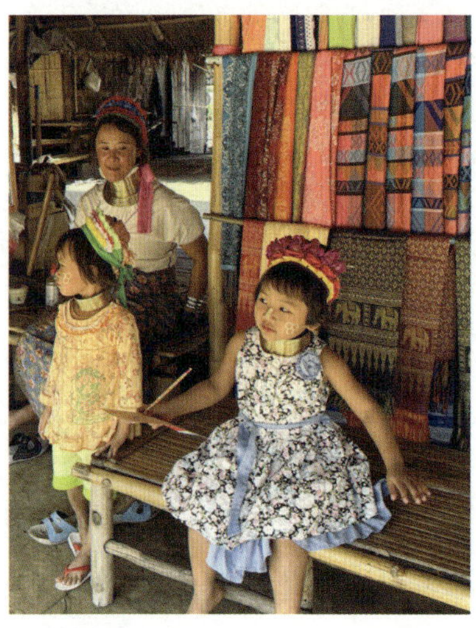
↑ 치앙마이 롱넥 마을

최근 우리나라 사람들이 태국 여행 중 많이 가는 곳 중 하나가 치앙마이야. 치앙마이의 북부에는 롱넥 Long Neck 마을로 알려진 카렌족이 살고 있어. 카렌족은 미얀마와 태국의 국경 지역에 주로 거주하는 소수 민족으로, 이 마을은 치앙마이의 여행객들이 많이 가는 관광지로 유명해.

사진에서 어린 소녀와 여성의 목에 금색의 굵은 고리가 보이니? 카렌족 여성들은 다섯 살 정도가 되면

고리를 차기 시작해서 나이가 들수록 고리 개수를 늘린대. 어린 소녀의 고리와 어른 여성이 차고 있는 고리를 비교해 보면 확연히 차이를 알 수 있어. 롱넥 마을은 관광 산업에 중요한 역할을 해. 관광객들은 카렌족 전통 가옥을 방문해 그들이 만든 수공예품을 사거나, 목에 고리를 착용한 카렌족 여성들과 사진을 찍으며 그들의 문화를 체험해. 이런 관광 수입은 마을 주민들에게 중요한 경제적 자원이 되기도 해.

하지만 이 관습을 두고 몇몇 비평가들은 치앙마이의 롱넥 마을 관광 산업이 카렌족 여성들을 '관광 상품'으로 만든다고 주장하며 윤리적 문제를 제기했어. 또 카렌족 여성들이 차고 있는 무거운 황동 고리가 목뼈와 쇄골에 압력을 줘 신체를 변형시키고 장기간 착용하면 목 근육이 약해져 고리를 제거할 경우 목이 지탱되지 않는 심각한 문제도 생긴다고 해. 이 관습이 여성의 신체 자유를 제한하고, 특히 어린 소녀들의 성장과 건강에 해로운 영향을 미친다는 지적을 받고 있어.

중국의 전족 문화

중국의 '전족'에 대해서 들어본 적 있어? 전족은 중국에서 어린 소녀의 발을 하이힐 신은 모양으로 작게 만들기 위해 발을 강제로 묶는 관습으로 10세기 당나라 때에 시작돼 20세기 초까지 이어졌어. 중국에서는 작은 발을 미인의 기준으로 여겨서 '황금 연꽃'이라 불리는 7.62cm 크기의 발이 아름다움과 여성스러움의 상징이었대. 또 전족을 한 여성만이 고위층 남성과 결혼할 수 있다는 사회적 압력 때문에 많은 가정에서 딸들에게 전족을 강요했지. 전족으로 인해 중국 여성들의 발은 영구적으로 변형되고 척추와 골반에도 나쁜 영향을 미쳤어. 결국 걷기도 어려워지는 심각한 문제가 생겼지.

하지만 20세기 초 청나라 말기에 비판 여론과 여성 운동이 일어나면서 전족 문화는 점차 사라졌어. 서구식 교육을 받은 지식인들과 여성 해방 운동가들이 '여성의 몸을 억압하는 악습'이라며 강력하게 반대한 거야.

보편 윤리가 필요한 이유

지난 시간에 우리는 문화를 이해할 때 '문화 상대주의'가 바람직하다고 배웠어. 그런데 카렌족의 문화와 중국의 전족 문화도 그 나라의 역사적 배경과 사회적 상황이 반영된 문화이기 때문에 무조건 인정되어야 할까?

우리 사회에는 '보편 윤리'라는 기준이 있어. 보편 윤리는 시대와 장소를 초월해 모든 사람이 동의할 수 있다고 인정되는 윤리 원칙이야. 다른 나라의 문화를 바라볼 때 그 나라의 문화를 존중하는 것은 물론 중요하지만, 그 문화가 보편 윤리에 어긋나지 않는지 비판적으로 생각해 볼 필요가 있어. 인간의 존엄성을 훼손하고 인권을 침해하는 문화도 모두 인정하게 되면 극단적인 문화 상대주의에 빠질 수 있기 때문이야.

다른 문화를 이해할 때 그들의 문화적 배경과 역사적 맥락을 고려하면서도 보편 윤리에 어긋나지는 않는지 비판적으로 바라보는 태도가 필요해. 예를 들어 만약 내가 5살에 고리를 차야 한다면 어떨까? 혹은 발을 묶어야만 아름답다고 한다면 기분이 어떨까? 그 전통이 '나에게도 정당할 수 있는가'를 묻는 것이 바로 보편 윤리의 출발점이야.

1. 중국의 '전족' 관습에 대한 진술로 옳지 않은 것은?

   ① 10세기 당나라 시기부터 20세기 초까지 이어졌다.

   ② 작은 발을 '황금 연꽃'이라 부르며 미인의 상징으로 여겼다.

   ③ 관습을 한 여성은 걷는 데 어려움을 겪는 심각한 문제가 발생했다.

   ④ 중국의 역사적 배경이 반영된 문화이므로 문화 상대주의적 관점에서 인정되어야
      한다.

2. 다음 빈칸에 공통으로 들어갈 말을 써 보자.

> ＿＿＿＿＿＿＿(이)란 시대와 장소를 초월해 모든 사람이 동의할 수 있다고 인정되
> 는 윤리 원칙이다. 다른 나라의 문화를 존중하는 것은 물론 중요하지만, 그 문화
> 가 ＿＿＿＿＿＿에 어긋나지 않는지 비판적으로 생각해 볼 필요가 있다.

3. 세계 여러 종교에서 말하는 '황금률'이 공통적으로 담고 있는 핵심 가치는 무엇인가?

> · 네가 원하지 않는 바를 남에게 행하지 마라. －유교, 『논어』
> · 남에게 대접받고자 하는 대로 너도 남을 대접하라. －크리스트교, 『성경』
> · 어떤 일로 고통받았다면 그 방식으로 남에게 상처를 주지 마라. －불교, 『우다나
>   바르가』
> · 너에게 고통스러운 일을 다른 사람에게 강요하지 마라. －힌두교, 『마하바라타』
> · "나를 위하는 만큼 남을 위하지 않는 사람은 신앙인이 아니다." － 이슬람교, 『쿠란』

더 알고 싶어 119

📖 도서　▷ 영상　🔍 사이트

📖 『구두를 신은 세계사』 (태지원, 자음과모음, 2023)
중국의 '전족' 문화가 다소 충격으로 다가온 친구들이 있지? 신발에 담긴 차별의 역사뿐만 아니라 신발에 담긴 다양한 이야기를 그려낸 이 책을 읽다보면, 과거와 현재 그리고 미래까지 들여다보게 될 거야.

▷ "강요는 안 하지만.." 10대 손녀부터 할머니까지 목에 링을 차는 이유는 다르지만 전통을 지켜나가는 카렌족 여성들 (EBS 교양) 미얀마의 카렌족 여성들이 대대로 이어온 황동 링 전통의 다양한 유래와 의미를 조명하고 있어. 반면에 외부 시선과 달리, 그들 스스로가 전통의 아름다움과 정체성을 지키려는 노력을 생생하게 보여주기도 하는 영상이니 함께 보면 좋을 거야.

이러다가 '마라 김치'까지 나오겠다고?

마라탕으로 알아보는 문화가 변하는 모습

우리나라에서 마라탕이 인기를 끌자, 마라 떡볶이, 마라 치킨, 마라 핫도그 같은 마라 음식들이 계속 나오고 있어. 한 유튜버는 "이러다가 마라 김치까지 나오겠다!"는 농담을 하기도 했어. 그런데 마라탕은 왜 이렇게 인기 있는 걸까?

학습 키워드 #문화변동의양상 #문화융합 #문화동화 #문화공존
교과 연계 중 〉 사회1 〉 Ⅷ-1. 문화의 의미와 특징

↑ 한국식 마라탕

마라탕은 중국 쓰촨 지방에서 유래한 국물 요리야. 맵고 얼얼한 맛이 특징인데, 이 맛을 내는 '마라'는 중국어로 '마비되다'를 의미하는 '마麻'와 '맵다'를 뜻하는 '라辣'를 합친 말이야. 원래 마라탕은 강가에서 일하는 노동자들이 간편하게 먹기 위해 다양한 재료를 한데 넣어 끓여 먹던 음식이었어. 고기, 해산물, 채소, 두부, 면 등 여러 재료와 화자오, 고추, 마늘, 생강, 고수 같은 향신료가 어우러져 독특하고 깊은 맛을 내 영양을 보충하고 피로를 풀었다고 해. 옆의 사

진은 우리나라 식당에서 파는 마라탕이야. 우리나라에서 인기 있는 마라탕은 원래의 중국 마라탕과는 좀 달라. 중국 마라탕은 국물이 짜고 기름져서 건더기만 먹는 경우가 많아. 반면 우리나라 마라탕은 소고기 국물을 베이스로 해서 국물과 건더기를 함께 먹는 식으로 변했어.

마라탕이 우리나라에서 유행하게 된 이유

2000년대에는 중국 유학생들과 교포들이 한국에 들어오면서 중국 음식 문화도 함께 전해졌어. 또 미디어를 통해 한국과 중국의 문화 교류가 활발해지면서 한국인들도 다양한 중국 문화를 접하게 되었지. 2010년대 초반, 서울을 중심으로 마라탕 전문점이 생기기 시작하면서 점점 더 알려지게 되었어. 처음에는 중국 유학생들이 주로 찾았지만, 점차 SNS를 통해 한국 사람들에게도 입소문이 났고, 한국인의 입맛에 맞게 현지화된 한국식 마라탕이 등장한 거야.

마라탕은 특히 10대와 20대 사이에서 인기가 많아. SNS의 영향도 있지만 직접 재료를 고르고 매운맛을 조절할 수 있는 커스터마이징 시스템이 소비자들에게 특별한 체험을 제공해. 이런 요소들이 청소년들의 소비문화와 잘 맞아떨어진 거야. 이런 유행과 소비문화는 새로운 문화를 빠르게 확산시키고, 기존 문화와 결합되면서 변화를 일으키지.

마라탕이 유행하게 되면서 떡볶이 전문점에서는 마라 소스로 떡볶이를 만들기도 하고, 피자 전문점에서는 마라 치킨 피자 같은 음식들도 새롭게 생겨났어. 외래 음식은 그대로 전해지기보다는 한국의 식재료와 식습관에 맞게 바뀌어 새롭게 소비되지. 음식점의 메뉴판만 봐도 '갈비버거', '김치크림파스타' 같은 하이브리드 음식이 점점 늘고 있어. 이는 세계화 속에서 다양한 문화가 공존하고 재창조되는 과정이기도 해.

마라탕과 문화 접변

　지금까지 설명한 현상을 '문화 접변'이라고 불러. 문화 접변이란 서로 다른 문화가 오랜 기간 만나면서 변화가 생기는 걸 말하는데, 크게 '문화 동화', '문화 융합', '문화 병존' 세 가지로 나눌 수 있어. 문화 동화는 한 문화가 다른 문화에 완전히 흡수되어 원래 문화가 사라지는 걸 말해. 예를 들어 백인들이 아메리카 대륙으로 이주하면서 아메리카 원주민들의 기존 문화가 사라지게 된 것이 이에 해당하지. 문화 융합은 두 문화가 섞여서 새로운 문화가 만들어지는 거야. 마라탕이 한국에 들어와 한국식으로 변한 게 바로 문화 융합의 예시야. 또 마라 열풍으로 새롭게 등장한 마라 떡볶이, 마라 핫도그, 마라 치킨 피자도 문화 융합에 해당돼. 문화 병존은 한 문화와 유입된 다른 문화가 함께 존재하는 경우야. 개화기 때 우리나라에 서양 의학이 들어왔지만 지금도 한의학과 함께 공존하고 있지.

　세계화 시대에 다양한 문화가 우리의 일상생활 속에 스며들고 변화하면서 새로운 모습을 만들어 내고 있어. 앞으로 또 어떤 문화가 우리나라에 들어오고, 또 어떻게 변할지 기대되지 않니?

1. 중국 마라탕과 우리나라 마라탕의 차이점으로 옳지 않은 것은?

   ① 중국 마라탕은 국물이 짜고 기름진 경우가 많다.

   ② 우리나라 마라탕은 국물과 건더기를 함께 먹는 경우가 많다.

   ③ 우리나라 마라탕은 손님이 원하는 재료와 맵기 조절이 가능하다.

   ④ 중국 마라탕은 우리나라 마라탕과 달리 소고기 국물을 베이스로 한다.

2. 서로 다른 문화가 오랜 기간 만나면서 변화가 생기는 현상을 일컫는 용어는?

   ----

3. 다음 문화 동화, 문화 병존, 문화 융합에 해당하는 예시를 바르게 짝지어 보자.

   > ㄱ. 문화 동화 _______   ㄴ. 문화 병존 _______   ㄷ. 문화 융합 _______

   ① 중국의 마라탕이 한국에 들어와 한국식 마라탕으로 재탄생한 것

   ② 백인들이 아메리카 대륙으로 이주하면서 아메리카 원주민들의 기존 문화가 사라지
   게 된 것

   ③ 개화기 때 우리나라에 서양 의학이 들어왔지만 지금도 한의학과 함께 공존하고 있는 것

4. 외래 문화가 유입될 때 우리가 갖춰야 할 비판적 문화 수용 태도에 대해 적어 보자.

   힌트 무비판적 수용의 위험성과 함께 문화적 맥락을 고려한 성찰적 태도를 강조하면 좋아.

더 알고 싶어 119   ▤▤ 도서   ▷ 영상   🔍 사이트

▤▤ **『나를 발견하는 인류학 수업』** (함세정, 사계절, 2025)
   우리 사회의 문화에 대한 관심이 있다면 읽어 봐. '문화'라는 개념을 통해 인간의 삶의 방식과
   의미를 이해하고자 하는 '문화인류학'이라는 학문에 대한 흥미가 점점 커지게 될 거야.

▷ **서로 다른 것을 융합해 새로움을 만드는 한국인** (YTN 사이언스)
   한국인의 '융합과 조화' 정신은 비빔밥처럼 다양한 요소를 하나로 섞어내는 식문화와 예술
   전반에 깊이 뿌리내리고 있어. 백남준 작가의 예술관부터 국악과 서구 음악의 결합까지, 서
   로 다른 문화를 융합하여 새로운 가치를 창출하는 한국적 특성을 확인해 보자.

🔍 **문화 빅데이터 플랫폼** 문화체육관광부와 한국문화정보원이 운영하는 플랫폼으로, 문화 분야
   의 빅데이터를 수집, 분석, 개방하여 관련 정책 수립 및 산업 활용을 지원하고 있어.

메탄올이 코로나19 예방에 효과가 있다고?

가짜뉴스와 미디어를 똑똑하게 보는 법

코로나19가 한참 퍼질 때 인터넷에 '메탄올이 코로나를 예방한다'는 글이 올라왔어. 이 가짜 정보가 급속도로 퍼지면서 전 세계에서 5,000명 넘는 사람들이 메탄올에 중독되고 500명 이상 목숨을 잃었어. 그동안 세상을 흔들었던 가짜뉴스에는 또 어떤 것들이 있었을까?

학습 키워드 #가짜뉴스 #허위정보 #미래핵심역량 #미디어리터러시 #팩트체크
교과 연계 중 › 사회1 › Ⅷ-2. 미디어와 문화

↑ 외팔의 축구 선수

몇 년 전 인터넷에 '외팔의 축구 선수'라는 제목의 글 올라왔어. 그 글에는 한쪽 팔이 없는 축구 선수 세르비아 스렉코비치가 외팔의 신체적 한계를 딛고 국가대표로 발탁되었다고 소개했어. 세르비아 리그에서 엄청나게 활약 중이라고 적혀 있었고, 사람들은 그 이야기에 감동했어. 하지만 사실 사진 속 선수는 두 팔이 있는 다른 사람이었고, 외팔의 선수 이야기는 완전히 지어낸 가짜뉴스였어.

우리나라에서는 매해 만우절마다 반복되는 가짜뉴스가 있어. 바로

'설악산 흔들바위가 추락'했다는 뉴스인데, 2020년에는 '설악산 흔들바위를 떨어뜨린 미국인 관광객 11명이 문화재 훼손과 문화재보호법 위반 혐의로 입건됐다.'고 신문 기사 형식의 가짜뉴스가 퍼져서 설악산국립공원 사무소에는 문의 전화가 쏟아졌고, 결국 페이스북에 '설악산 흔들바위는 멀쩡하다'는 해명 글까지 올려야 했어.

　이런 가짜뉴스는 사실처럼 보이지만 거짓인 정보를 의미해. 전문가들은 '가짜뉴스'라는 표현의 의미가 명확하지 않아서 '허위 정보'라는 표현을 사용하자고 제안해. 허위 정보는 사람들의 감정에 호소하기 위해 자극적인 제목을 사용하거나, 지인이나 전문 기관을 사칭하는 특징이 있어. 요즘엔 딥페이크 같은 기술로 가짜 영상을 만들거나, 진짜 정보의 일부만 잘라서 왜곡하기도 해. 특히 SNS에서는 허위 정보가 빠르게 퍼질 수 있어. 팔레스타인과 이스라엘 전쟁 때 SNS 'X'(구 트위터)에는 5천만 개가 넘는 허위 글이 올라왔대. 이런 허위 정보들은 전쟁 상황을 왜곡하거나 폭력적인 영상을 짜깁기해 사람들을 혼란스럽게 만들었어.

허위 정보의 위험성과 미디어 리터러시의 필요성

　허위 정보는 선거 기간에 가장 많이 퍼진대. 유권자들이 올바른 판단을 하지 못하게 만들어서 민주주의를 위협하게 하는 거야. 정치 분야에서 허위 정보는 더 큰 문제를 일으켜. 선거 기간에는 후보자에 대한 가짜뉴스가 퍼지면서 유권자의 판단을 흐릴 수 있어. 미국 2016년 대선 때 '교황이 특정 후보를 지지했다'는 허위 정보가 실제 뉴스보다 더 많이 퍼졌대. 이런 정보는 특정 정당에 유리하게 작용하거나 상대 후보를 악의적으로 몰아가는데 사용되기도 해. 민주주의 사회에서 유권자의 올바른 판단은 너무 중요한데 허위 정보가 이런 판단을 방해하는 거야. 결국 허위 정보는 개인과 사회에 심각한 피해를 가져와. 누군가의 명예를 훼손하거나 기업의 매출에 타격을 줄 수도 있어.

그래서 허위 정보를 퍼뜨리는 사람들을 처벌하자는 목소리도 커지고 있어. 표현의 자유도 소중하지만 고의로 퍼뜨린 허위 정보에는 책임이 따르니까. 소셜 플랫폼들은 허위 정보를 막기 위해 규칙을 만들고 관리하고 있어. 그렇다면 우리는 어떻게 허위 정보를 막을 수 있을까? 바로 '미디어 리터러시 역량'을 키우는 거야.

미디어 리터러시란 다양한 정보를 이해하고, 그것이 사실인지 판단하며, 필요할 때 직접 정보를 만들어 낼 수 있는 능력을 말해. 정보를 이해·평가·분석·생산할 수 있는 능력 말이야. 특히 학교 현장에서는 학생들에게 미디어 리터러시 역량을 길러주기 위한 교육이 꼭 필요해.

그렇다면 우리 학생들은 어떻게 하면 허위 정보를 스스로 걸러낼 수 있을까? 가장 쉬운 방법은 '출처 확인'이야. 뉴스나 정보의 끝에 '누가 말했는지', '언제 보도된 건지'를 꼭 확인해 봐. 두 번째는 다른 출처와 비교하는 거야. 같은 사건인데 설명이 다르다면 어느 쪽이 사실인지 추가로 찾아보는 습관이 중요해. 그리고 '팩트 체크 사이트'를 활용하는 것도 좋아. '서울대학교 언론정보연구소'와 같은 사이트에 가면 검증된 정보들을 쉽게 확인할 수 있어. 그리고 허위 정보를 장난으로라도 만들거나 공유해서는 안 돼! 우리 모두가 똑똑하고 안전하게 정보를 구별하는 법을 배운다면, 허위 정보로부터 자신을 지키고 사회도 더 안전하게 만들 수 있을 거야.

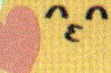

1. 다음 중 허위 정보의 특징으로 보기 어려운 것은?

① 지인이나 전문 기관을 사칭한다.

② 짜깁기 된 정보의 출처를 믿을 수 있다.

③ 딥페이크 기술로 조작된 영상을 활용한다.

④ 사람들의 감정을 자극하는 제목을 사용한다.

2. 다음 설명에 해당하는 용어는 무엇일까?

> 다양한 정보를 이해하고, 그것이 사실인지 판단 하며, 필요할 때 직접 정보를 만들어 낼 수 있는 능력을 의미한다. 학교 현장에서는 정보를 이해, 평가, 분석, 생산할 수 있는 이 역량을 길러주기 위한 교육이 꼭 필요하다.

3. SNS 속에서 허위 정보가 더 빠르게 퍼지는 이유는 무엇일지 생각해 보자. 그리고 허위 정보를 스스로 걸러낼 수 있는 방법에 대해 써 보자.

힌트 SNS의 어떤 특성 때문에 허위 정보가 빠르게 퍼지는 것일까? 그리고 본문에 우리 스스로 허위 정보를 걸러 낼 수 있는 방법 두 가지에 대해 나와 있으니 확인해 봐.

4. 가짜뉴스의 피해를 줄이기 위해 정부, 기업, 개인이 어떤 역할을 해야 할까?

힌트 정부는 제도를 만들고, 기업은 유통 구조를 감시하고, 개인은 비판적 시각을 가져야 함에 초점을 두자.

더 알고 싶어 119

📑📖 도서　▶ 영상　🔍 사이트

📖 『**가짜뉴스, 무엇이 문제일까?**』 **(이재국, 동아엠앤비, 2024)**
'진실을 압도하는 가짜뉴스'의 생성과 확산 메커니즘에 대해 설명하고 있는 책이야. 가짜뉴스에 대응하기 위해 어떤 태도를 가져야 할지 생각해 보면 좋겠어.

▶ **"코로나19 치료"…이란서 메탄올 마신 뒤 숨져 (채널A News)**
이란에서 코로나19 치료를 위한 헛소문으로 인해 공업용 메탄올을 마시고 수십 명이 사망한 충격적인 사건을 보도한 뉴스야. SNS를 통해 유포된 검증되지 않은 정보의 위험성을 느낄 수 있을 거야.

🔍 **한국언론진흥재단** 미디어 리터러시 증진을 가장 중요한 사업 중 하나로 추진하며, 국민들이 정보를 비판적으로 이해하고 활용하도록 돕는 데 중점을 두고 있어.

요즘은 과몰입이 대세

한 유튜브 채널에서 구독자들이 자기 방을 찍어서 보여주는 '방 자랑대회'가 열렸어.
그중에 눈길을 끈 방들이 있었는데 카카오프렌즈 어피치 캐릭터 굿즈로 가득한 방,
일본 배구 애니메이션 〈하이큐!!〉 포스터와 만화책으로 모든 벽을 도배한 방,
어머니가 30년 동안 모은 개구리 장식품 방이었어. 이렇게 어떤 것에 푹 빠져본 적 있니?

학습 키워드   #하위문화 #주류문화 #소비트렌드 #디깅 #디깅모멘텀
교과 연계   중 〉 사회1 〉 Ⅷ-1. 문화의 의미와 특징

자기가 좋아하는 것에 몰입해 행복을 느끼는 걸 의미하는 '디깅 모멘텀'은 좋아하는 일에 시간과 돈을 아끼지 않고 빠져드는 소비 문화를 뜻해. 좋아하는 캐릭터의 굿즈를 모으거나 좋아하는 배우의 뮤지컬을 여러 번 관람하는 것처럼 말이야. MZ세대는 42%가 디깅 소비를 가장 관심 있는 소비의 형태로 뽑았다고 해.

코로나19로 전 세계적인 불황 속에서도 '디깅'이라는 소비 트렌드는 빠르게 퍼졌어. 또 물건을 수집하는 것 말고도 이제 영화·드라마·만화·소설 등 다양한 분야로 퍼지고 있어. 앞서 말한 방 자랑대회 구독자들처럼 지금 '과몰입'하고 있는 게 있니?

소비 문화의 큰 축이 되고 있는 디깅

디깅의 유형은 세 가지로 나눌 수 있어. '콘셉트형 디깅', '관계형 디깅', '수집형 디깅'이야. 콘셉트형 디깅은 특정 콘셉트에 몰입해 재미를 느끼는 거야. 예를 들어 어떤 특정 캐릭터나 주제를 정하고, 그 콘셉트를 따라가며 시간을 보내는 거야.

↑ 디깅러의 모습 (AI 그림)

관계형 디깅은 같은 대상을 좋아하는 사람들끼리 소통하며 몰입도를 높이는 유형이야. 팬 커뮤니티에서 좋아하는 아이돌에 대해 이야기하거나 응원 활동을 함께하며 관계를 돈독히 하는 것도 여기에 해당돼.

수집형 디깅은 현실에서 가장 많이 보이는 유형이야. 좋아하는 물건이나 경험을 모으는 걸 뜻해. 예를 들어 특정 브랜드 운동화를 수집하는 연예인, 포켓몬 띠부띠부실을 모으는 학생, '최고심' 팝업스토어 오픈런, 한 배우의 뮤지컬을 여러 번 관람하는 'N차 관람'이나 '회전문 관람' 등이야. 물건을 모으는 것뿐만 아니라 같은 경험을 여러 번 하는 것도 수집형 디깅에 해당돼지. 수집형 디깅은 마케터들이 가장 주목하고 있는 디깅의 형태이기도 해.

디깅은 이제 단순히 취미를 넘어서 '소비 문화의 큰 축'이 되고 있어. 디깅러들은 자신이 좋아하는 것에 기꺼이 돈과 시간을 써. 좋아하는 캐릭터의 한정판 인형을 수입해 구매하거나 해외 콘서트를 보기 위해 직접 비행기를 타고 가기도 해. 이런 소비는 단순한 쇼핑이 아니라 '경험을 사는 소비'로 나타나. 좋아하는 테마로 꾸민 카페, 팝업스토어, 전시회 같은 곳을 방문하는 게 대표적이지. 브랜드들도 디깅러들의 마음을 사기 위해 다양한 굿즈나 컬래버레이션 상품을 만들어 내고 있어. 디깅은 점점 더 마케팅의 핵심 키워드가 되고 있어.

주류 문화와 하위 문화

'덕후'들이 몰입하는 문화들은 곧 하위 문화라고 할 수 있어. '하위 문화'란 사회에서 특정 집단이나 특정 영역의 사람들만 공유하는 문화를 말해. 반대로 주류 문화는 한 사회에 지배적인 영향을 끼치는 문화로 집단이나 영역과 상관없이 전반적으로 공유하는 문화야. 현대에 와서 사회가 복잡해질수록 더 다양한 하위 문화가 나타나고, 시대와 사회에 따라서 그 모습이 달라지기도 해. 1960년대 히피 문화는 당시에 하위 문화였지만 시간이 지나면서 주류 문화에 큰 영향을 미쳤어. 히피 스타일의 옷과 라이프스타일은 요즘에도 패션과 문화에 큰 영향을 미치고 있어. 또 비디오 게임은 한때 하위 문화였지만 지금은 주요 엔터테인먼트 산업이지. 특히 e스포츠는 전 세계적으로 인기가 많고, 프로게이머는 유명 스포츠 스타처럼 대우를 받아.

덕후들만 관심을 가졌던 하위 문화가 디깅러 덕분에 주류 문화가 되고 있대. 디깅러들은 몰입 중인 문화를 즐기고 전념하는 모습을 SNS에 공유하거나 과시하기 때문이야. 포켓몬 띠부띠부씰을 다 모아 인증샷을 올리거나 뮤지컬 N차 관람 티켓을 인증하면서 한 배우에게 온 애정을 쏟고 있음을 자랑하니까. 여러분들은 어떤 문화를 '디깅'하고 있어?

1. '하위문화'의 특징으로 가장 적절한 것은?

① 한 사회 전체에 지배적인 영향을 끼치는 문화이다.
② 모든 사회 구성원에게 전반적으로 공유되는 문화이다.
③ 특정 집단이나 특정 영역의 사람들이 공유하는 문화이다.
④ 특정 시대나 사회의 변화에 따라 고정된 형태를 유지한다.

2. 다음 빈칸에 들어갈 말을 써 보자.

> 자기가 좋아하는 것에 몰입해 행복을 느끼는 걸 의미하는 ___________(은)는 좋아하는 일에 시간과 돈을 아끼지 않고 빠져드는 소비문화를 뜻한다. 대표적인 예시에는 좋아하는 캐릭터의 굿즈를 모으거나 좋아하는 배우의 뮤지컬을 여러 번 관람하는 것이 있다.

3. 디깅의 세 가지 유형(콘셉트형, 관계형, 수집형) 중 자신에게 해당하는 사례가 있다면 말해 보자.

힌트 나의 일상생활 속 과몰입 사례를 떠올려 봐. SNS 활동, 굿즈 모으기, 팬 커뮤니티 활동 등이 힌트가 될 수 있어.

4. 하위문화와 주류문화는 어떻게 구분되며, 시간이 지나며 그 경계가 흐려지는 이유는 무엇일까?

힌트 사회의 변화, 세대 간 인식 차이, 미디어의 역할을 함께 생각해 보면 좋아.

더 알고 싶어 119

📖 도서   ▷ 영상   🔍 사이트

📖 **『욕망하는 기획자와 보이지 않는 고릴라』 (이규철, 그래도봄, 2025)**
소비 문화에 대해서 들여다 보고 싶다면 읽어봐! 일상에서 무심코 경험하는 브랜드 소유욕, SNS상 인기 경쟁, 소비 충동 등의 문화적 경험이 왜 생기는지, 그리고 그것이 어떻게 설계되는지를 알 수 있어.

▷ **[3분 트렌드] 트렌드코리아2023 (6)디깅 모멘텀 (트렌드코리아)**
'트렌드 코리아 2023'의 핵심 키워드인 디깅 모멘텀은 특정 영역에 깊이 몰두하는 소비 행태를 의미해. 단순히 오타쿠처럼 혼자 파고드는 것이 아니야. 자신이 좋아하는 취향에 몰두하면서도 타인과 소통하고 관계를 맺는 새로운 소비 트렌드가 되고 있지. 이러한 깊은 몰입과 세계관 공유를 이해하는 것이 새로운 비즈니스 기회를 포착하는 핵심 통찰력이 될 거래.

🔍 **문화포털** 문화체육관광부와 한국문화정보원이 운영하는 대한민국의 모든 문화 정보를 통합 제공하는 공식 웹사이트로 국민들이 문화 콘텐츠를 쉽게 접하고 활용할 수 있도록 분산된 문화 정보를 한데 모아 안내하는 '문화 정보의 허브' 역할을 하고 있어.

알고 보니
전부 한 사람이었다고?

요즘 유튜브 숏폼 영상 중에 〈은정이는 열다섯〉과 〈다큐 황은정〉이라는 페이크다큐가
엄청 인기래. 1990년대생의 추억을 소환하는 소품, 패션, 유행어 같은 걸 진짜 잘 살렸거든.
사람들이 보면서 이걸 만든 PD에게 '인류학자 그 자체'라고 칭찬할 정도야.
대체 왜 이렇게 이 숏폼에 열광하는 걸까?

학습 키워드　#대중문화 #부캐 #부캐열풍 #정체성 #멀티페르소나
교과 연계　중 〉 사회1 〉 Ⅷ-2. 미디어와 문화

　요즘 유튜브에서 많은 크리에이터들이 자신만의 독특한 캐릭터, 즉 '부캐'를 만들어서 큰 인기를 끌고 있어. '부캐'라는 말 들어봤지? 사실 부캐 열풍은 유튜브뿐만 아니라 방송에서도 인기야. 대표적인 예로 방송인 유재석이 트로트 가수 '유산슬'로 변신했었어. MBC 예능 프로그램 〈놀면 뭐하니?〉에서 유재석은 '유산슬'로 활동하면서 앨범도 내고 실제로 공연도 했는데, 사람들이 완전 열광했거든!

　그런데 '부캐'에 대해 본격 알아보기 전에 '대중문화'가 뭔지 먼저 알 필요가 있어. 대중문화는 특정한 사람만 즐기는 게 아니라, 우리처럼 많은 사람들이 함께 소비하는 문화야. 예를 들어 영화, 음악, TV 프로그램, 유튜브, 인터넷 콘텐츠 같은 것들이 다 대중문화야. 이런 것들은 사람들이 좋아하는 트렌드를 반영하기도 하고, 새로운 유행을 만들어내기

도 해. 또 상업적 성격도 강하고 우리가 쉽게 접할 수 있는 게 특징이어서 사회적 메시지를 전하는 중요한 역할도 해.

사람들은 왜 부캐에 열광할까?

이제 본격적으로 부캐에 대해서 알아보자! 부캐는 '부副 캐릭터'의 줄임말로 원래 게임에서 사용하던 용어야. 게임에서 주로 쓰는 메인 캐릭터(본캐) 외에 보조 역할을 담당하는 캐릭터를 부캐라고 불렀어. 이게 지금은 게임을 넘어서 대중문화로 확장되면서, 사람들이 자기 본모습과 다른 새로운 캐릭터나 인격을 만들어 내는 걸 의미하게 됐어.

그럼 사람들은 왜 부캐에 열광할까? 부캐는 현실의 본캐와는 성격이나 가치관, 취향이 완전 다를 수 있고, 어쩌면 정반대일 때도 있어. 부캐를 통해 사람들이 평소 드러내지 못한 새로운 모습을 자유롭게 표현할 수 있거든. 학교나 직장에서 정해진 역할로 살아가는 사람들에게 부캐는 일상과 현실에서 잠시 벗어나 자유롭게 자신을 표현할 기회를 주기도 해. 또 부캐를 통해 못 이뤘던 꿈이나 바람을 간접적으로 실현하기도 해서 사람들이 만족감을 느끼는 거야. 일상에서 겪는 스트레스나 부담을 잊고 새로운 캐릭터로서 다른 삶을 경험하는 건 너무나 매력적이니까!

특히 SNS와 유튜브 같은 미디어는 부캐 문화를 퍼뜨리는 데 중요한 역할을 했어. 사람들이 부캐로 재미난 콘텐츠를 만들고, 그걸 SNS에 공유하면서 더 많은 사람들이 부캐 문화를 알게 된 거지. 방송에서도 부캐를 활용한 프로그램이나 이벤트로 사람들의 관심을 더 끌어올리고 있어. 최근에는 부캐 마케팅이 인기래. 한 비빔면 광고에서 유재석이 부캐로 등장해서 엄청난 판매량을 기록했다고 하더라.

부캐는 '멀티 페르소나'랑도 관련이 있어. 멀티 페르소나는 다중적

자아라는 뜻인데 상황에 따라 다른 사람으로 변신해 다양한 모습을 가지는 걸 말해. 예를 들어 학교에서의 나, 집에서의 나, 친구들 앞에서의 내가 조금씩 다를 수 있잖아. 현대인은 다양한 사회적 역할을 해야 하는데 그걸 반영한 개념이야. 부캐는 이런 멀티 페르소나에서 한 발 더 나아가 의도적으로 만들어 낸 또 다른 페르소나야. 그래서 부캐를 통해 사람들은 자신이 평소에 하지 못한 새로운 역할을 시도하고, 자신의 멀티 페르소나를 넓혀가는 거야.

부캐는 커뮤니티를 중심으로 더 강력한 힘을 발휘해. 같은 부캐 세계관을 공유하는 사람들끼리 모여 새로운 콘텐츠를 만들거나 SNS에서 팬덤을 형성하기도 해. 가상의 부캐끼리 인사하거나 같이 협업 콘텐츠를 만들기도 하지. 마치 팬픽처럼 팬들이 직접 이야기를 만들어가는 2차 창작 문화도 활발해지고 있어. 이처럼 부캐는 단순한 1인 활동이 아니라 집단 놀이로 확장되는 중이야. 서로가 만든 부캐를 인정하고 반응해주는 커뮤니티가 있을 때 그 부캐는 더욱 생명력을 얻게 되는 거야. 결국 부캐는 새로운 소셜 관계를 만들어주는 역할도 하고 있는 거지.

부캐 문화는 처음엔 일부 사람들만 즐기는 하위 문화였는데, 지금은 주류 문화가 되었어. 사람들에게 자유롭게 자기를 표현하고, 스트레스를 풀고, 현실에서 벗어날 수 있는 탈출구로서 부캐를 활용할 수 있으니까! 앞으로도 부캐 문화는 대중문화 속에서 계속 새로운 트렌드로 발전할 거라고 봐. 오늘 우리도 부캐 한 번 만들어 볼까?

1. 대중문화의 특징으로 가장 적절한 것은?

① 특정한 소수만 즐기는 고급문화이다.

② 주로 상업적 성격과 무관하게 존재한다.

③ 현실에서 멀리 떨어진 비현실적인 콘텐츠만을 포함한다.

④ 사회적 트렌드를 반영하거나 새로운 유행을 만들어내기도 한다.

2. 다음 설명이 뜻하는 용어는 무엇일까?

> 다중적 자아라는 뜻으로 상황에 따라 다른 사람으로 변신해 다양한 모습을 가지는 걸 의미한다. 현대인은 다양한 사회적 역할을 해야 하는데 이것을 반영한 개념이다.

3. 다음 '부캐'에 대한 진술이 옳으면 ◯, 틀리면 X를 표시해 보자.

> 1) 부캐는 원래 게임에서 메인 캐릭터(본캐) 외에 보조 역할을 하는 캐릭터를 일컫는 말이었다. (　　)
>
> 2) 부캐 문화는 하위 문화로 시작했지만, 지금은 대중문화의 중요한 부분을 차지하고 있다. (　　)
>
> 3) 부캐는 현실의 본캐와 항상 비슷한 성격과 취향을 가지고 있다. (　　)
>
> 4) 부캐 문화는 SNS와 유튜브 같은 미디어와는 관련이 적다. (　　)

4. 부캐가 각광받는 이유는 무엇인지 자신의 경험이나 관찰을 바탕으로 말해 보자.

힌트 현대인은 다양한 역할을 수행하며 살아가고 있어. 부캐는 그 안에서 감정 해소와 자기 표현의 수단이 되기도 하는 점에 주목해 봐.

더 알고 싶어 119

📖 도서　▷ 영상　🔍 사이트

📖 **『결국 Z세대가 세상을 지배한다』** (김용섭, 퍼블리온, 2021)
현재, 그리고 앞으로 대중문화를 선도하는 건 바로 우리 Z세대일거래. 스마트폰, SNS, 팬덤 문화, 유튜브·메타버스 등 디지털 공간에서 Z세대가 주도하는 문화 현상을 살펴보자.

▷ **자아분열 | 부캐, 어디까지 늘어날 거예요? (tvN 유퀴즈온더블럭)**
진짜 내 옆에 있을 것 같은 '극사실주의 부캐'로 대박 난 유튜버의 비밀은 '엄청난 노력과 디테일'에 있어. 평범함 속에 숨어있는 특별한 관찰력이 만들어낸 공감의 폭발이었던 거지.

🔍 **한국콘텐츠진흥원** 문화체육관광부 산하 공공기관으로 대한민국 콘텐츠 산업 전반의 진흥과 육성을 총괄하는데, 특히 드라마, 영화, 게임, 웹툰, 음악(K-Pop) 등 대중문화 콘텐츠 산업의 경쟁력을 강화하고 글로벌 시장 진출을 돕고 있는 곳이야.

브루노 마스가
뉴진스 노래를 불렀다고?

AI 음악 시장 사례로 알아보는 AI 노래 커버

브루노 마스가 뉴진스의 하입보이를, 마이클 잭슨이 피프티피프티의 큐피드를 불렀다고?
개그맨 박명수가 비비의 밤양갱까지 불렀다는 영상도 유튜브에서 화제야.
박명수는 진행하는 라디오쇼에서 "나는 부른 적이 없어요. 근데 어쩜 이렇게 똑같죠?"
라고 했어. 이게 대체 무슨 일일까?

학습 키워드　#인공지능 #AI커버 #AI목소리 #저작권
교과 연계　중 > 도덕2 > Ⅲ-4. 과학기술 시대의 윤리적 쟁점은 무엇일까?

유튜브나 숏폼 영상에서 인기 있는 노래 영상들이 사실은 진짜 가수들이 부른 게 아닌 곡이 있대. 이건 바로 'AI 노래 커버곡'이라는 기술로 만든 거야. AI 노래 커버는 인공지능 기술을 이용해 특정 가수 목소리를 흉내 내 다른 노래를 부르게 하는 걸 말해. 가수의 음성 데이터를 AI가 학습해서 마치 그 가수가 직접 부른 것처럼 들리게 만드는 기술이지.

AI 커버곡은 이렇게 만들어져. 먼저 가수의 음원 파일을 '딥러닝' AI 프로그램에 넣어. AI는 음성 데이터를 분석하면서 목소리의 특징을 배워. 이 과정을 '딥러닝'이라고 하는데, 딥러닝은 AI가 데이터를 반복적으로 분석하며 스스로 학습하는 기술이야. AI가 목소리의 특징을 잘 이해하고 나면 이걸 새로운 노래에 적용해서 그 가수의 목소리처럼 들리게 만드는 거야. 그러면 AI 커버곡이 완성돼.

그런데 사람들은 왜 이런 AI 커버곡이라는 새로운 문화를 만들게 됐을까? 이유는 간단해. 팬들에게 새로운 음악적 경험을 주기 때문이야. 마이클 잭슨이 세상을 떠났지만 그의 목소리로 최신 히트곡을 들을 수 있다면 팬들에게 큰 선물이겠지. AI 커버곡은 기존 음악 콘텐츠의 범위를 더 넓혀 줘. 사람들이 상상할 수 없었던 가수와 노래의 조합이 가능해지면서 새로운 콘텐츠가 쏟아지고 있거든. 그래서 AI 커버곡은 유튜브나 틱톡 같은 플랫폼에서 빠르게 퍼지고, 바이럴 콘텐츠가 되기도 해. 그래서 AI 커버곡은 지금 대중문화의 일부로 자리 잡았어.

하지만 여러 가수들은 AI 커버곡에 대해 불쾌해 하고 있어. "이럴 거면 가수가 뭐하러 녹음을 하나? 내 목소리 넣은 AI를 돌려서 노래 만들지."라고 토로한 트로트 가수도 있었어. 또 한 아이돌 그룹의 인기 멤버는 최근 "그냥 내가 불러줄게."라며 소신 발언을 해 응원을 받았어. 해외에서도 유명 가수 200명이 "예술가의 목소리를 도둑처럼 마음대로 사용하는 AI 사용을 막아야 한다."며 예술가 권리 연합 공개 서한에 서명했어.

가수들은 AI 커버곡에 왜 반대할까?

자신의 고유한 목소리가 허락 없이 사용되면 '저작권' 문제가 생기기 때문이야. 저작권은 창의적으로 음악, 소설, 강연, 사진 같은 저작물을 만들었을 때 법적으로 보호받는 권리야. 그렇다면, AI로 커버한 노래의 저작권은 목소리 주인에게 있을까? 아니! 저작권법에 따르면, AI 커버곡의 목소리 주인인 가수에게는 음원 저작권이 인정되지 않아. AI 커버곡의 저작권은 작사가와 작곡가에게만 있어서 가수는 본인 목소리 사용에 대한 대가를 지불받지 못해. 노래를 부른 가수, 연주자, 음반 제작자에게는 저작권이 아닌 '저작 인접권'이 있지만 AI 커버곡 목소리의 원래 주인인 가수는 자기 목소리가 사용돼도 대가를 받을 수 없다는 의견이 다수야. 음성이 법적 저작물에 해당하지 않기 때문이지. AI 커버곡을 유튜브 같은 곳에 올리는 사람들 대부분은 음원 제작자나 가수의 허락을 받지 않고 있어. 그래서 저작권 문제를 해결하지 않으면 AI 커버곡은 계속 논란이 될 수밖에 없을 거야.

그렇다면 가수들은 자기 목소리를 보호를 받지 못하는 걸까? 아예 보호를 받지 못하는 건 아니야. 유명한 브랜드나 로고를 허락없이 사용하면 문제가 되듯이 공정한 거래 질서를 지키기 위해 만들어진 〈부정경쟁방지 및 영업비밀보호에 관한 법률〉을 통해 일부 보호받을 수 있어. 즉 유명인의 목소리를 무단으로 사용해 돈버는 행위는 규제할 수 있다는 거야.

딥페이크에 대해 들어본 적이 있지? 딥페이크Deepfake는 딥러닝Deep Learning과 페이크Fake를 합친 말로, AI 기술을 이용해 사람의 얼굴이나 목소리를 진짜처럼 조작하는 기술이야. 이 기술로 가짜 영상을 만들면 진짜처럼 보여서 허위 정보가 퍼질 위험이 커. 또 누군가의 얼굴이나 목소리를 허락 없이 사용하면 그 사람의 프라이버시가 크게 침해될 수 있어.

AI 노래 커버도 딥페이크처럼 악용될 가능성이 있어. AI 기술로 목소리를 복사해서 보이스피싱 같은 범죄에 쓴다면 우리는 속기 쉬울 거야. 어떤 AI는 15초 만에 사람의 목소리를 똑같이 따라 했다고 하니, 정말 대단한 기술이지만 동시에 무서운 마음도 들어.

그래서 AI 기술이 빠르게 발전할수록, 하루 빨리 AI 커버곡에 대한 저작권 가이드라인이 필요하다는 요구가 커지고 있어. 가수나 창작자의 권리를 보호하려면 법과 제도가 기술을 따라가야겠지. 또 AI 커버곡을 듣는 우리도 다른 사람의 저작물을 존중하는 태도를 가져야 해.

1. 현재 저작권법에 따르면, AI 커버곡의 '저작권'은 누구에게 인정될까?

① AI에게　　　　　② 음반 제작자에게　　　　　③ 작사가와 작곡가에

④ 목소리 주인인 가수에게

2. 다음 빈칸에 들어갈 용어를 써 보자.

> ＿＿＿＿＿＿＿＿(은)는 딥러닝(Deep Learning)과 페이크(Fake)를 합친 말로 AI 기술을 이용해 사람의 얼굴이나 목소리를 진짜처럼 조작하는 기술이다. 이 기술로 가짜 영상을 만들면 진짜처럼 보여서 허위 정보가 퍼질 위험성이 있다.

3. AI 커버곡과 관련된 저작권 보호의 사각지대를 줄이기 위해 필요한 제도적 보완책은 무엇일까?

힌트 새로운 기술에 맞는 법 개정이 필요해. '음성도 저작물로 인정할 것인가'에 대한 기준을 세우는 게 핵심이야.

4. AI 커버곡은 예술일까, 모방일까? 여러분의 생각을 적어 보자.

힌트 AI 커버곡은 새로운 대중문화 콘텐츠로써의 장점과 원작자의 저작권 침해라는 문제점이 있어. 두 가지 논쟁점을 모두 고려해서 나의 생각을 정리해 봐.

더 알고 싶어 119

📖 도서　▷ 영상　🔍 사이트

📖 **『인공지능과 살아남을 준비』 (김태권, 천개의 바람, 2024)**
최신 AI 기술과 관련된 핵심 이슈들을 잘 다루고 있는 책이라 추천해. 이 책을 읽은 후에는 '이제 우리가 어떤 태도로 AI와 공존할 것인지'에 대해서도 생각해 보면 좋을 거야.

▷ **좋아하는 노래를 '내 가수' 목소리로…AI 커버 법적 책임은? (SBS 뉴스)**
AI 커버곡은 마법 같지만, 이 편리함 뒤에는 저작권과 상업적 이용이라는 중요한 그림자가 숨어 있어. 좋아하는 가수의 목소리로 새로운 노래를 듣는 건 즐겁지만, 동의 없이 만든 음악을 마구 사용하면 곤란해진다는 걸 기억해.

🔍 **방송미디어통신위원회** 인공지능 서비스의 급속한 확산에 따라, 방통위에서는 AI가 초래할 수 있는 역기능과 윤리 문제에 대응하는 것을 가장 중요한 정책 과제 중 하나로 설정했대. 방통위의 AI 이용자 보호 규범을 살펴보자.

엠버의 아버지는
왜 웨이드를 싫어했을까?

영화 〈엘리멘탈〉로 알아보는 이주민 문화와 다문화 정책

영화 〈엘리멘탈〉이 한국에서 인기가 많았던 이유는 한국적인 요소가 영화 곳곳에 많았기 때문이야. 피터 손 감독은 "섞이지 못했을 때 우리가 어떻게 서로의 다른 점을 이해하고 극복할 수 있을지 고민하며 만들었다."고 말했어. 엘리멘탈의 인기 비결과 영화 속에 담긴 의미를 알아보자.

학습 키워드 #다문화사회 #이주민문화 #문화정체성 #다문화정책
교과 연계 중 〉 도덕1 〉 III-2. 다양한 문화·종교는 어떻게 공존할 수 있을까?

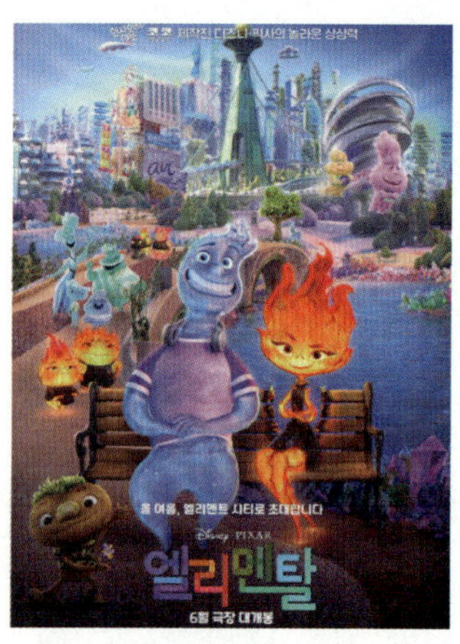

↑ 영화 〈엘리멘탈〉

〈엘리멘탈〉은 불, 물, 흙, 공기라는 네 가지 원소가 살아가는 세계를 배경으로 한 픽사의 애니메이션 영화야. 주인공 엠버(불의 원소)는 부모님의 가게를 물려받으려 열심히 일하는 성실한 딸인데, 어느 날 물의 원소 웨이드를 만나면서 전혀 다른 세계의 친구와 우정을 쌓아가게 돼.

이 영화는 한국에서 특히 인기였어. 왜냐하면 영화 속에 한국적인 정서가 담겨 있었기 때문이야. 피터 손 감독은 한국계 미국인으로 부모님이 미국으로 이주해 태어난 이민 2세대인데, 이민자로서의 경험이 영화 곳곳에 녹아

들어 있어. 피터 손 감독은 〈엘리멘탈〉이 자신의 정체성과 깊이 연관되어 있음을 밝혔어. 이 영화는 감독의 경험과 가족의 이야기를 담아냈고 특히 이민자들이 겪는 정체성의 혼란과 문화적 갈등을 섬세하게 표현했어.

엘리멘탈에는 어떤 이주민 문화가 나타날까? 불의 원소 엠버와 가족은 엘리멘트 시티에서 가장 힘든 지역에 정착하게 돼. 불이 주변을 타게 만드는 원소라고 해서 엠버의 가족들은 정착하는 것이 어려웠어. 불의 원소들이 모여 사는 '파이어 타운'을 만들었지만 공공장소인 공원도 '불 원소 출입 금지' 같은 팻말이 걸려 있었어. 이런 차별은 엘리멘트 시티에 다양한 살고 있지만 여전히 차별과 편견이 남아 있다는 걸 보여줘. 엠버네 이야기는 한국을 포함해 여러 나라에서 이민자들이 겪는 현실과 비슷해. 새로운 나라에서 자신의 문화를 지키려 하면서도 새로운 환경에 적응하려고 노력하는 이주민들의 모습을 엘리멘탈이 잘 담아냈어.

영화 〈엘리멘탈〉이 인기였던 이유 중 하나는 주인공 엠버와 웨이드가 우정을 쌓아가는 과정이 많은 사람들을 감동시켰기 때문이야. 엠버는 우연히 물의 원소 웨이드를 만나게 되면서 지금까지 믿어왔던 것들이 흔들리는 새로운 경험을 하게 돼. 하지만 엠버의 아버지는 웨이드를 좋아하지 않았어. 그 이유는 오랫동안 형성된 문화적 편견 때문이야. 불의 원소는 물을 두려워하고, 반대로 물도 불을 위험하게 여겨. 이런 고정관념은 서로에 대한 잘못된 인식을 만들고 편견으로 이어지지. 엠버와 웨이드의 이야기는 다문화 사회에서 서로 다른 문화와 배경 때문에 생길 수 있는 갈등을 보여줘. 영화 〈엘리멘탈〉은 엠버와 웨이드가 직접 만나 서로의 다름을 이해하고 극복하는 과정을 보여주면서 실제 사회에도 중요한 메시지를 전달했어.

다문화 사회에서 갈등은 어떻게 해결할까?

다문화 사회에서 갈등을 해결하려면 나라 상황에 맞는 정책이 필요해. 다문화 정책의 근거가 되는 이론은 두 가지가 있어. '용광로 이데올로기'와 '샐러드볼 이론'이야. '용광로 이데올로기'는 여러 문화가 하나로 섞여 새로운 문화가 되는 걸 목표로 해. 미국 초기 이민자 사회에서 나타난 개념으로, 이민자들이 원래 문화를 포기하고 새로운 문화를 받아들이는 걸 이상으로 삼았어. '샐러드볼 이론'은 다양한 문화가 섞이면서도 각자의 독립성을 유지하는 다문화 사회를 기대해. 샐러드 속의 재료들이 섞여 있지만 각각의 맛을 유지하는 것처럼, 다문화 사회에서도 서로를 존중하면서 고유의 정체성을 지키는 걸 중요하게 여겨. 요즘은 이런 방식이 더 선호되고 있어.

하지만 다문화 정책만으로는 충분하지 않아. 서로 다른 문화를 존중하고 편견 없이 받아들이는 태도가 필요해. 영화 속 엠버와 웨이드가 서로를 이해하고 받아들이는 모습은 이런 태도가 얼마나 중요한지 잘 보여줘. 다문화 사회에서 차별과 편견이 발생한다면 그건 사회의 화합을 방해하게 되니까 서로의 차이를 인정하고, 다문화 교육을 적극적으로 해야 해.

영화 〈엘리멘탈〉은 단순한 애니메이션이 아니라 이주민 문화와 다문화 사회의 현실을 반영한 작품이야. 이 영화를 보면서 다문화 사회에서 서로를 존중하고 이해하는 노력이 얼마나 중요한지 생각해 볼 수 있을 거야.

1. 영화 〈엘리멘탈〉에서 엠버의 아버지가 웨이드를 좋아하지 않는 이유로 적절한 것은?

   ① 오랫동안 형성된 문화적 편견과 고정관념 때문에

   ② 웨이드가 엠버의 가게를 물려받을 자격이 없었기 때문에

   ③ 엠버가 부모님의 가게를 물려받으려 하지 않았기 때문에

   ④ 웨이드가 엠버의 가족에게 진심으로 대하지 않았기 때문에

2. 영화 〈엘리멘탈〉에서 불의 원소들이 모여 사는 지역으로, 이주민들이 겪는 현실을 보여주는 공간의 이름은 무엇일까? ________________

3. 다음 다문화 정책의 근거가 되는 이론과 그 특징을 바르게 짝지어 보자.

> ㄱ. 용광로 이데올로기 ___________   ㄴ. 샐러드볼 이론 ___________

   ① 여러 문화가 하나로 섞여 새로운 문화가 되는걸 목표로 한다.

   ② 다양한 문화가 섞이면서도 각자의 독립성을 유지하는 다문화 사회를 기대한다.

   ③ 이민자들이 원래 문화를 포기하고 새로운 문화를 받아 들이는 걸 이상으로 삼는다.

   ④ 서로를 존중하면서 고유의 정체성을 지키는 걸 중요하게 여긴다.

4. '샐러드볼 이론'과 '용광로 이데올로기'는 어떤 점에서 차이가 있을까? 영화 속 메시지와 더 가까운 이론은 무엇이라고 생각하는지 적어 보자.

   힌트 각각의 문화가 섞이되 독립성을 유지하는 방식이 영화에서 어떻게 표현되는지 비교해 보면 실마리를 찾을 수 있어.

   ____

   ____

더 알고 싶어 119

▤ 도서   ▷ 영상   🔍 사이트

▤ 『모두 다 문화야』 (최영민, 풀빛, 2018)

　한국 사회에서 다문화가 왜 갈등의 소재가 되는지, 그 이면에 있는 '단일민족' 신화와 편견이 어떤 역할을 해왔는지를 설명하고 있어. 다문화를 이해하는 현명한 태도에 대해서 배울 수 있을 거야.

▷ 이민자 가족 출신에서 600만 관객의 감독으로 돌아온 애니메이션 〈엘리멘탈〉의 감독 '피터 손' (tvN 70억의 선택) 영화 〈엘리멘탈〉 감독 '피터 손'과 모델 '신현지'는 모두 역경 속에서도 한국인의 저력을 발휘하며 '최초'의 기록을 세웠어. 이민자의 경험과 끈질긴 집념이 어떻게 세계적인 성공으로 이어지는지를 보여주는 영상이니까 함께 보자.

🔍 다문화 가족지원 포털 다누리 '다누리'는 '모두(다)가 누리다'라는 뜻으로, 다문화가족 및 외국인 주민들이 한국 사회에 안정적으로 정착하고 생활하는 데 필요한 모든 정보를 다국어로 제공하고 있대.

메타버스에서 성범죄가 일어나고 있다고?

새로운 디지털 성범죄 사례로 보는 문화 지체 현상

메타버스에서는 나랑 비슷하게 생긴 아바타를 만들어 꾸밀 수도 있고,
게임을 하거나 다른 친구들이 만든 아바타와 대화도 할 수 있어.
그런데 이런 메타버스 안에서 성범죄가 일어나고 있다는 거야. 대체 무슨 일인지 알아보자.

학습 키워드　#문화변동의문제점 #문화지체현상 #디지털성범죄
교과 연계　　중 〉도덕1 〉 Ⅱ-3. 가상 공간에서 타인을 어떻게 대해야 할까?

앞에서 말한 메타버스 속 신종 디지털 성범죄는 문화 변동의 문제점 중 '문화 지체 현상'과 관련이 있어. '문화 지체 현상'은 새로운 기술이나 물건이 빠르게 발전하는데, 사람들의 생각이나 규칙 같은 정신적인 부분이 그 속도를 따라가지 못해 생기는 혼란을 말해. '물질 문화'란 사람들이 생활하는데 필요한 도구나 기술 같은 걸 뜻해. 4차 산업 혁명으로 인한 디지털 기술의 발달이 그 예시야. '비물질 문화'는 사회가 잘 돌아가도록 돕는 규칙, 생각, 제도, 이념 등을 뜻해. 예를 들면 디지털 기술을 사용하는 사람들의 디지털 윤리 의식도 여기에 속해.

옆의 그래프처럼 물질 문화의 변동 속도에 비물질 문화의 변동 속도가 따라가지 못해 격차가 발생하는 걸 '문화 지체 현상'이라고 해. 오그번W. F. Ogburn은 특히 '물질적인 문화'가 빨리 변하는 반면, '비물질

적인 문화'는 그 속도를 따라가지 못해서 사회 문제가 생긴다고 봤어. 메타버스는 가상현실VR과 증강현실AR을 결합한 온라인 공간이야. 사용자는 자기 아바타로 가상 세계에서 소통하고 여러 활동을 할 수 있어.

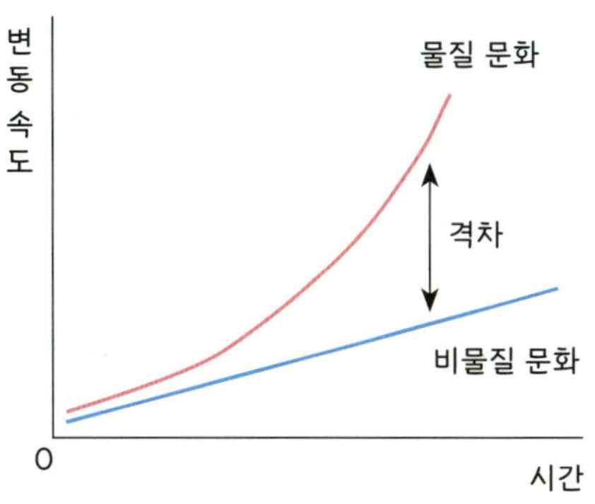

특히 Z세대와 청소년들에게 인기가 많아. 개성을 드러낼 수 있는 아이템을 사고, 나만의 아바타를 꾸밀 수 있다는 게 매력적이거든.

이런 메타버스가 긍정적으로만 사용되면 좋겠지만 부정적으로 사용되는 경우도 많아. 최근 메타버스에서 신종 디지털 성범죄가 발생하고 있대. 디지털 성범죄는 인터넷이나 디지털 기기를 이용해 성적인 행위를 강요하거나 음란물을 유포하는 범죄야. 전통적인 성범죄와 다르게 디지털 성범죄는 시간과 공간의 제약이 없고 피해자의 신체적 접근 없이도 심각한 정신적 피해를 줄 수 있어. 특히 피해 영상이나 사진이 빠르게 퍼지면 피해는 더 커지고 오래 지속되기도 해. 메타버스에서 다른 사용자의 아바타에게 성적으로 모욕적인 말을 하거나 아바타에게 성적인 행동을 강요하는 사례가 보고되기도 했어. 비록 가상 세계에서 발생했지만 피해자에게는 실제 성범죄와 비슷한 정신적 충격을 주게 돼.

메타버스 속 신종 디지털 성범죄는 왜 발생할까?

먼저, 메타버스의 익명성과 비대면성 때문이야. 만들어 낸 아바타는 누가 누구인지 알기 어려워. 그러다 보니 사람들은 현실에서보다 더 과감하고 현실에서라면 하지 않을 나쁜 행동도 쉽게 저지르려 해. 비대면성은 직접 얼굴을 보고 이야기하는 게 아니라서, 책임감이 줄어들고 도덕적인 행동을 덜 신경 쓰게 되는 경우가 많아. 또 한 가지 문제는 메타버스 플랫폼의 규제 부족이야. 많은 메타버스 플랫폼이 자유로운 활동을 강조하지만, 관리나 감독이 제대로 이루어지지 않는 경우가 많아. 특히 청소년이 많이 활동하는 공간에서는 더 철저한 관리가 필요한데, 현재의 법과 제도는 이 신종 디지털 성범죄를 해결할 만큼 준비가 되어 있지 않아. '문화 지체 현상'도 메타버스 속 신종 디지털 성범죄가 발생하는 이유야. 디지털 기술은 빠르게 발전하지만, 사람들이 그 기술을 사용할 때 필요한 윤리 의식이나 사회적 규칙은 천천히 변하기 때문이야.

새로운 디지털 플랫폼들은 우리에게 다양한 문화와 경험을 제공하지만 그만큼 사회적 문제가 생기고 신종 디지털 성범죄 같은 부작용도 나타나고 있어. 현재 우리나라에서는 어린이를 실제로 유인해 범죄를 저지른 경우에만 처벌할 수 있고, 메타버스 안에서 아바타를 대상으로 한 성범죄를 처벌하는 법은 아직 없지. 그래서 국회에서는 디지털 공간에서 발생하는 성범죄가 증가하고 있기 때문에 가상공간 성행위 묘사를 처벌하는 성폭력처벌법 개정안과 온라인상 성적 말과 행동을 강력히 처벌하는 정보통신망법 개정안이 추진하고 있어. 정부의 법과 제도적 노력도 중요하지만 가장 중요한 건 우리의 디지털 윤리 의식을 높이는 거야. 메타버스 같은 디지털 플랫폼에서도 현실 같은 책임감을 가지는 태도가 필요하고, 익명성 뒤에 숨지 말아야 해. 디지털 공간에서도 양심 있는 태도를 유지하도록 노력하자.

1. 디지털 성범죄의 특징으로 옳지 않은 것은?

① 전통적인 성범죄와 다르게 시간과 공간의 제약이 존재한다.

② 피해자의 신체적 접근 없이도 심각한 정신적 피해를 줄 수 있다.

③ 피해 영상이나 사진이 빠르게 퍼지면 피해는 더 커지고 오래 지속되기도 한다.

④ 인터넷이나 디지털 기기를 이용해 성적인 행위를 강요하거나 음란물을 유포하는 범죄이다.

2. 다음 설명에 해당하는 현상은 무엇일까?

> 메타버스 속 신종 디지털 성범죄는 문화 변동의 문제점 중 이 현상과 관련이 있다. 이 현상은 물질 문화의 변동 속도에 비물질 문화의 변동 속도가 따라가지 못해 격차가 발생하는 것을 뜻한다.

3. 메타버스 속에서 신종 디지털 범죄가 발생하는 이유에 대해 적어 보자.

4. 메타버스 속 성범죄를 단순한 '게임 내 장난'으로 보는 인식은 어떤 문제를 일으킬 수 있는지 적어 보자.

힌트 피해자의 고통을 무시하거나 법적 대응을 어렵게 만드는 사회적 무감각이 퍼질 수 있어.

더 알고 싶어 119

📖 도서　▶ 영상　🔍 사이트

📖 **『도둑맞은 얼굴』(효주, 씨드북, 2025)**
가상현실과 딥페이크 등을 둘러싼 SF 스릴러 소설을 소개할게. 가상 현실 플랫폼 '네오스피어'에 접속한 청소년 주인공들이 디지털 세계의 어두운 면과 마주하면서 벌어지는 일들을 읽다보면, 디지털 시대의 정체성에 관해 생각해 볼 수 있을 거야.

▶ **미성년자들의 쉼터 '메타버스'... 디지털 성범죄의 온상이 되다? 우리가 꼭 알아야 할 신종 디지털 성범죄 (EBS 교양)** 메타버스가 재미있는 놀이터라고 생각했다면 여러분들은 지금 새로운 형태의 디지털 성범죄 위험에 노출되어 있을 수 있어. 아바타 뒤에 숨어 벌어지는 '신종 디지털 성범죄'의 실체와 우리가 어떻게 대처해야 하는지에 대해 알아보자.

🔍 **한국양성평등교육진흥원** 성평등 교육을 통해 사회 전반의 성차별 인식을 개선하고, 특히 성범죄를 포함한 젠더 기반 폭력을 예방하는 데 중점을 두고 있으니 함께 살펴봐도 좋을 거야.

문화를 살아 숨 쉬게 하는 직업
문화관광해설사

여행지에서 유적지나 박물관 앞에서 어떤 분이 단체 관광객에게 설명하는 걸 본 적 있어? 그분들이 바로 '문화관광해설사'야. 단순히 '설명해 주는 사람'이 아니라, 우리 문화와 역사를 쉽고 재미있게 풀어주는 이야기꾼이지. "이 돌이 왜 여기 있는 걸까?", "이 벽화는 무슨 뜻일까?" 궁금했던 적이 있다면 이 직업이 재미있게 느껴질 거야.

문화관광해설사는 어떤 사람?

문화관광해설사는 문화유산, 전통, 역사, 지역 특산물 같은 걸 관광객이나 시민들에게 알기 쉽게 설명해 주는 전문가야. 주로 역사 유적지, 전통 마을, 문화재나 박물관, 지역 축제 현장 등에서 활동하지. 외국인을 대상으로 영어, 중국어, 일본어로 설명하는 해설사도 있어. 단순 정보를 전달하는 게 아니라, 그 장소의 의미와 재미를 느낄 수 있게 도와주는 게 가장 큰 역할이야.

예를 하나 들어볼게. 경복궁을 찾은 관광객들에게 조선 시대 궁궐의 구조와 왕실 생활, 왕과 왕비의 생활, 고궁 건축의 특징 같은 걸 쉽게 풀어서 설명해 주는 거야. "이 문을 지날 때는 신하들은 고개를 숙였대요."처럼 이야기를 곁들이면 듣는 사람도 더 몰입할 수 있지. 그래서 문화관광해설사들은 유적지에 숨겨진 역사, 인물 이야기, 전설 같은 걸 미리 많이 공부해 둬.

또 하나의 예를 들면, 전통시장이나 지역 축제 현장에서 관광객들에게 지역 특산물이나 전통놀이에 대해 소개하는 일이 있어. "이 고추장은 3년 된 장독에서 익힌 거예요."라며 맛의 비결을 알려주거나 "이 놀이는 예전엔 설날마다 마을 사람들이 모여서 했어요."라고 이야기해 주면 더 재미있고 특별하게 느껴지지. 그냥 스쳐 지나갈 수 있는 장소가 이야기가 가득한 곳으로 바뀌는 거야.

문화관광해설사가 되려면?

문화관광해설사가 되려면 전문 지식도 필요하고, 말하는 능력도 필요해. 그 지역만의 이야기를 잘 정리해서 듣는 사람에게 알기 쉽게 전달해야 하거든. 그래서 해설사들은 스스로 공부도 많이 하고, 강의도 듣고, 현장에서 경험도 쌓아. 특히 요즘엔 이야기를 재미있게 풀어내는 '스토리텔링' 능력이 중요해졌어.

문화관광해설사는 대부분 지역 문화관광해설사로 활동해. 지방자치단체나 문화재청, 관광공사 같은 곳에서 운영하는 '문화관광해설사 제도'에 지원해서 교육을 받고 나서 활동할 수 있어. 자격증이 꼭 필요한 건 아니지만 '문화관광해설사 양성과정'을 수료하고 활동 평가를 받아야 정식 해설사로 활동할 수 있지. 어떤 해설사는 개인 관광 가이드나 프리랜서로도 활동해.

이 일은 사람들 앞에서 이야기 하는 걸 좋아하고, 문화와 역사에 관심이 많다면 더 잘할 수 있어. 또 새로운 걸 배우는 걸 즐기고, 다른 사람과 소통하는 걸 좋아한다면 잘 맞을 거야. 듣는 사람의 눈높이에 맞춰 이야기하는 게 중요하니까 말하기 능력도 필요하고 친절하고 따뜻한 태도도 중요해.

문화관광해설사는 단순히 '설명'만 하는 사람이 아니야. 지역의 문화와 이야기를 되살리고, 관광객에게 잊지 못할 경험을 만들어주는 사람이야. 특히 외국인에게는 한국 문화를 처음 소개하는 사람이 될 수도 있으니까 굉장히 중요한 역할이지. 언젠가 여러분도 자기 고장의 이야기를 다른 사람들에게 들려주는 문화관광해설사가 될 수 있어.

01일차

1. ④ 2. 유호덕(攸好德) 3. 아리스토텔레스
4. **답안 예시** 과거의 행복은 생존, 경제적 안정, 가족의 화목 등 집단과 관련된 가치에 초점을 맞추었다. 현재의 행복은 개인의 자유, 자아실현, 정신적 만족 등 주관적인 웰빙에 더 큰 가치를 두는 경향이 있다. 내가 생각하는 진짜 행복은 타인과 비교하지 않고 스스로 가치 있는 일에 몰두하며 마음의 평온을 유지하는 상태이다.

02일차

1. ④ 2. 국민총생산(GDP) 3. A-②, B-①, C-③
4. **답안 예시** 우리나라 어린이와 청소년의 행복 지수가 낮은 가장 큰 이유는 과도한 학업 경쟁과 스트레스이다. 긴 학습 시간으로 인해 충분한 수면과 휴식, 여가 시간이 부족하여 신체적·정서적 건강이 악화된다. 또한, 현재의 삶보다 미래 성공을 강요하는 사회 분위기가 학생들에게 과도한 압박감을 준다. 따라서 행복은 개인의 자유와 만족을 존중하는 환경 조성에 달려 있다.

03일차

1. ② 2. 이념 3. X
4. **답안 예시** 우리 사회의 법이 완벽하지 않을 수 있음을 알게 될 때, 법에 대한 비판적 관점을 유지해야 한다. 문제가 되는 법에 대해서는 합법적인 절차에 따라 자유롭게 의견을 표현하고 개선 필요성을 공론화해야 한다. 또한, 서명, 청원, 캠페인 등 다양한 시민 참여 활동을 통해 법 개정을 위한 행동에 적극적으로 참여해야 한다.

04일차

1. 자원의 희소성 2. ③
3. **답안 예시** 업적에 따른 분배는 개인의 노력 외에 타고난 능력이나 유리한 가정 환경 같은 불평등한 출발선을 고려하지 않는다. 업적은 순수한 노력뿐 아니라 운이나 외부 조건의 영향을 크게 받은 결과이기 때문에, 결과만으로 보상하는 것은 공정하지 못할 수 있다.
4. **답안 예시** [공정하지 않다.] 성적이나 능력만을 기준으로 경쟁해야 진정으로 공정하며, 낮은 성적의 학생이 사회적 배려 때문에 합격하는 것은 역차별이다.VS [형평성을 높여준다.] 가정 환경이나 경제적 여건 등으로 교육 기회가 부족했던 학생들에게 보충적인 기회를 주어 사회적 형평성을 실현한다. / 나는 형평성을 높여 준다는 입장에 동의한다.
이유: 교육은 단순히 개인의 노력뿐 아니라 가정의 경제력과 정보 접근성 등의 영향을 크게 받기 때문이다.

05일차

1. ③ 2. A-①, ④, ⑤ / B-②, ③, ⑥
3. **답안 예시** 진짜 공정은 '필요한 사람에게 더 주는 것'이다. 모든 사람에게 똑같이 나누는 '결과의 평등(절대적 공정)'은 겉보기에는 공정해 보이지만, 각자가 가진 조건과 필요가 다르다는 현실을 고려하지 못한다. 반면에 '필요에 따른 분배(형평성)'는 출발선이 다르거나 부족한 사람에게 더 많은 자원을 주어 실질적인 평등을 만들어준다. 이것이 사회 구성원 모두가 동등하게 성장할 수 있는 기회를 보장하는 진정한 공정이다.

06일차

1. ② 2. A-①, ② / B-③, ④
3. **답안 예시** 투표는 기본적으로 자유롭게 행사할 수 있는 '국민의 권리' 이다. 국민이 자신의 대표를 뽑아 정치에 참여하고 주권을 실현하는 가장 기본적인 행위이기 때문이다. 하지만 이 권리를 행사하지 않으면 정치적 무관심으로 이어져 민주주의가 약화될 수 있다. 따라서 투표는 더 나은 사회를 만들 책임을 지는 시민의 의무로도 보아야 한다.

07일차

1. ④ 2. 작은, 공격
3. **답안 예시** 장애를 결여·부족의 의미로 삼아 장애인 차별 표현이 될 수 있고, 무심코 낙인을 찍을 수 있다.
4. **답안 예시** 시민으로서 내가 할 수 있는 일은 일상생활 속의 차별적인 시선과 언행을 인식하고 개선하는 노력이다. 다음으로, 소수자와 약자의 목소리에 귀 기울이고 그들이 겪는 불이익에 공감하는 태도를 가져야 한다.

08일차

1. ④ 2. ○ 3. 경제적·사회적·문화적, 균형개발
4. **답안 예시** 수도권 집중화는 수도권의 교통 혼잡, 주택 가격 상승, 환경 오염 등 삶의 질을 떨어뜨린다. 또

한, 비수도권 지역은 인구 유출과 지역 산업 침체를
겪으며 국가 전체의 불균형적인 발전을 초래한다.

09일차

1. ③　　　2. 기후 정의
3. **답안 예시** 기후변화에 적응할 인프라와 자원이 부족
하다. 방재 시설이 부족해 빨리 대응하기 어렵다. 대
응할 기술이나 돈이 부족하다.
4. **답안 예시** 선진국들은 기후변화로 인한 손실과 피해
를 보상하기 위한 충분한 재정 기금을 신속히 지원해
야 한다. 또한, 해수면 상승 대비를 위한 기후 적응 기
술과 조기 경보 시스템 구축 같은 기술적 지원이 필
수적이다.

10일차

1. ①　　　2. 통합적 관점　　　3. A-②, B-①, C-③, D-④
4. **답안 예시** 문제의 원인과 해결책을 편협하게 인식하게
된다. 예를 들어, 경제적 관점만 본다면 심리적, 문화적
요인을 간과하여 실질적인 해결이 어려울 수 있다.

11일차

1. ①　　　2. 세계 인권 선언
3. 1) O , 2) X , 3) O , 4) X
4. **답안 예시** 오늘날에도 강제 노동, 노동력 착취, 인신
매매 등의 형태로 인권 침해가 계속되고 있다. 특히
염전 노예 사건처럼 장애인이나 취약 계층을 속이거
나 감금하여 강제 노역을 시키는 경우가 대표적이다.

12일차

1. ④　　　2. 투표권
3. **답안 예시** 찬성) 서프러제트들의 폭력적 행동은 오랫
동안 무시당해 온 여성들의 권리를 되찾기 위한 최후
의 저항 수단이었다고 본다. 반대) 아무리 목표가 정
당해도 폭력은 또 다른 폭력과 희생을 낳으므로 정당
화될 수 없다. 폭력적 행동은 오히려 대중의 지지를
잃게 만들고 정당성을 훼손할 위험이 있다.
4. **답안 예시** 여성의 정치 참여는 단순한 투표권을 넘
어, 사회 전반에 걸친 정책의 우선순위를 바꾼다. 여
성들이 직접 육아, 교육, 보건, 성폭력 방지 등 여성과
가족의 삶에 밀접한 문제를 정책화할 수 있다. 여성
의 목소리가 반영된 법과 제도가 만들어져 모든 사회
구성원의 삶의 질이 향상되는 효과를 가져온다.

13일차

1. ③　　　2. 인권 경영
3. **답안 예시** 찬성) 근로자의 휴식권과 사생활 보호를
위해 법으로 명확히 보장해야 한다. 퇴근 후 업무 지
시는 스트레스와 과로를 유발하며, 개인이 회사에 저

항하기 어려운 현실에서 국가의 보호가 필요하기 때
문이다. 반대) 법제화는 기업의 자율성과 유연성을
저해하고 노사 갈등을 키운다. 급박한 상황이나 지식
기반 업무에서는 퇴근 후 연락이 불가피하며, 법보다
노사 간의 자율적인 합의나 기업 문화 개선이 우선되
어야 한다.
4. **답안 예시** 이 권리가 생기면 퇴근 후 업무 연락 차단
으로 인해 긴급 상황 발생 시 업무 연속성이 저하되는
갈등이 생긴다. 또한, 모든 직무에 획일적인 잣대를
적용하기 어려워 직무 간 형평성 문제를 야기한다. 해
결책으로 긴급 상황의 법적 범위를 명확히 하고, 업무
외 연락을 지양하는 기업 문화를 조성해야 한다.

14일차

1. ②
2. 공공 임대주택 확대, 주거비 지원, 주거 환경 개선
3. 1) O, 2) X, 3) X, 4) O
4. **답안 예시** 주거권을 기본적인 인권으로 인식하고 이
를 보장하기 위한 국제 협약과 기준을 강화해야 한
다. 선진국들은 개발도상국에 재정 및 기술 지원을
확대하여 저렴하고 안전한 주택 공급을 위한 역량 강
화를 도와야 한다.

15일차

1. ④　　　2. 윤리　　　3. A-③, ④ B-①, ②
4. **답안 예시** 기업은 AI 개발 및 활용 과정에서 데이터
편향성을 제거하고 투명성을 확보하여 차별을 방지
할 책임이 있다. 정부는 AI의 오용을 막기 위해 강력
한 윤리 기준과 법규를 마련하고, 특히 노동 시장의
변화로 인한 일자리 대체 등 경제적 충격으로부터 국
민의 존엄한 삶을 보호해야 한다.

16일차

1. ①　　　2. 국가 안전 보장, 질서 유지, 공공 복리
3. **답안 예시** 나는 공공의 안전이 더 중요하다고 생각한
다. 왜냐하면 전염병 상황에서는 개인의 권리보다 다
수 국민의 생명과 건강을 보호하는 것이 국가의 최우
선 의무이기 때문이다. 따라서 감염병 확산 방지라는
공공의 목적 달성을 위해서는 일시적인 개인의 권리
제한은 정당화될 수 있다.
4. **답안 예시** 코로나 확진자의 시험 응시 제한 조치는
공공 안전을 위한 것이었으나, 헌법 제37조 제2항의
과잉 금지 원칙에 어긋났다. 이는 별도 시험장 마련
등 대안이 있었음에도 응시 기회 자체를 전면적으로
박탈하여 필요 최소한의 원칙을 위반했기 때문이다.
따라서 국민의 직업 선택의 자유 등 기본권의 본질적
인 내용을 과도하게 침해했다고 해석된다.

17일차

1. ③　　**2.** 법, 차별　　**3.** 국가인권위원회
4. 답안 예시 호텔 측이 '대머리는 손님에게 거부감을 줄
수 있다'고 주장하며 채용을 거부한 것은 합리적인 이
유 없이 단지 신체적 조건(외모)을 이유로 고용에서
차별한 행위이다. 이는 외모 등에 대한 차별에 해당
하며, A씨의 인간의 존엄성을 침해한다고 보았기 때
문이다.

18일차

1. 1) X, 2) O, 3) O, 4) O　　**2.** 근로계약서, 근로계약서
3. 답안 예시 "친구야, 근로 계약서는 너와 사장님이 약
속한 내용을 문서로 남기는 증거야. 이걸 써야 네가
일하다가 혹시라도 부당한 일을 당했을 때 다음과 같
은 법의 보호를 받을 수 있어.
첫째, 임금 체불을 예방할 수 있어. 계약서에 시급, 주
휴수당, 임금 지급일이 명확하게 적혀 있어야 나중에
사장님이 '돈을 덜 줬다'거나 '안 줬다'고 발뺌할 수가
없어. 네가 일한 만큼 돈을 받을 가장 확실한 증거야.
둘째, 근로 조건을 확인할 수 있어. 일하는 시간, 쉬는
시간, 휴일 등이 명시되니까 약속과 다르게 너에게
과도한 근무를 요구하는 것을 막을 수 있어. 네 권리
가 침해되는 걸 막는 울타리인 셈이지.
셋째, 법적 보호의 시작이야. 만약 다치거나 해고를
당하는 일이 생겨도, 계약서가 있어야 산재 보험이나
실업 급여 같은 노동법상의 권리를 주장하고 보상받
을 수 있어.
계약서를 쓰는 건 선택이 아니라 의무야. 사장님이
안 써주시면 법 위반이고, 너도 손해 볼 수 있어! 당
당하게 요구해서 안전하게 일하자!"
4. 답안 예시 청소년들이 인권 침해를 겪는 이유는 노동
권리에 대한 지식이 부족하고, 사업주들이 청소년의
약한 사회적 지위를 악용하기 때문이다. 이를 해결하
려면 학교에서 청소년 노동인권 교육을 의무화하여
자신의 권리를 알게 해야 한다. 또한, 고용노동부 등
기관은 근로 감독을 강화하고 법 위반 사업주에게 강
력히 처벌하여 제도적 보호를 해야 한다.

19일차

1. ③　　**2.** 4.27 판문점 선언
3. 답안 예시 남북한의 문화적 차이는 통일 후 이질감을
심화시켜 사회 통합을 저해하는 문제가 될 수 있다.
특히 북한의 집단주의적이고 수직적인 문화와 남한
의 개인주의적이고 자유로운 문화의 충돌이 예상된
다. 이를 극복하기 위해 교육 및 미디어 교류를 확대
하여 상호 이해를 높이고, 언어와 생활 방식의 차이
를 줄여나가는 장기적인 사회 통합 노력이 필요하다.

20일차

1. ①　　**2.** 소말리아 내전
3. 1) O, 2) X, 3) O, 4) X
4. 답안 예시 평화는 단순히 전쟁이 없는 상태(소극적
평화)를 넘어, 굶주림, 차별, 억압 같은 구조적 폭력
이 제거된 상태(적극적 평화)를 의미한다. 영화 〈모가
디슈〉 속 남북 협력은 소극적 평화이지만, 소년병 문
제는 빈곤 등 구조적 폭력이 남아있어 적극적 평화가
부재함을 보여준다. 따라서 진정한 평화는 모든 형태
의 폭력을 근절하는 것이다.

21일차

1. ②　　**2.** 공유지의 비극, 공유지의 비극
3. (A) 빵, 라면 등 사적 재화
　　(B) 초원, 공기, 바다 물고기 등 공유 자원
　　(C) 케이블 TV, 유료 도로 등
　　(D) 국방, 가로등 등 공공재
4. 답안 예시 정부가 이산화탄소의 총 배출량을 제한하
고 기업에 권리를 할당하면, 기업들은 비용 절감을 위
해 자발적으로 탄소 감축 기술에 투자하게 된다. 이는
경제적 유인을 통해 기업의 무책임한 배출 행위를 막
고 환경 보전 목표를 효율적으로 달성하게 한다.

22일차

1. ②　　**2.** 그린워싱　　**3.** A-②, ④, B-①, ③

23일차

1. ③　　**2.** 베블런 효과
3. 답안 예시 지난 1년간 모바일 게임에서 딱히 필요 없
는 한정판 스킨을 충동적으로 너무 많이 질렀던 게
비합리적 소비였다. 친구들의 스킨과 비교되거나 '지
금 아니면 못 산다'는 생각 때문에 용돈을 낭비했고,
금방 후회했었다. 앞으로는 '3일 고민하기 규칙'을 만
들어서 정말 필요한지 다시 생각해보고, '충동구매 금
지 용돈 통장'을 따로 만들어서 돈을 빼둘 것이다.

24일차

1. ④
2. 답안 예시 기존에 거래되지 않던 자원이 공유되면서
관련 서비스 시장이 커져서 새로운 일자리가 생긴다.
저렴한 비용으로 필요한 서비스를 이용할 수 있어 소
비자의 만족도가 높아진다. 청년, 노인, 저소득층도
공유경제 서비스의 공급자로 참여할 수 있어서 사회
적 배려 계층의 소득 증대에 도움이 된다.
3. 1) O, 2) X, 3) O, 4) O
4. 답안 예시 공유경제는 '소유' 중심에서 '경험 및 접근'
중심으로 개인의 소비 습관을 바꾸고 있다. 자동차
공유 서비스(쏘카, 그린카)를 통해 비싼 차량을 구매

하는 대신 필요할 때만 잠깐 빌려 쓰는 방식으로 바뀐 것이 대표적이다. 이는 불필요한 소비와 낭비를 줄이고, 자원을 효율적으로 사용하여 합리적이고 친환경적인 소비를 가능하게 한다.

25일차

1. ③　　　**2.** 정보통신기술(ICT)

3. 답안 예시 청년들의 귀농 선택 배경에는 도시에서의 과도한 경쟁과 불안정한 고용 환경이 크게 작용했다. 높은 주거 비용과 불확실한 미래가 청년층에게 도시 생활에 대한 회의감을 주었다. 반면, 귀농은 자신이 주도하는 삶과 자연 친화적인 환경을 통해 삶의 질을 높이고 정서적 안정을 찾으려는 가치관의 변화를 반영한다.

4. 답안 예시 청년 귀농 성공을 위해서는 정부, 지역사회, 기업의 유기적인 협력이 필수적이다. 정부는 정착금 지원 외에 농지 장기 임대 제도를 확대하고, 지역사회는 선배 귀농인 멘토링과 청년 전용 커뮤니티 공간을 제공하여 정서적 정착을 도와야 한다. 기업은 농산물 계약 재배 및 유통 채널을 개방하여 청년 농업인의 안정적인 소득 기반을 마련해주는 방식의 협력이 필요하다.

26일차

1. ③　　　**2.** 무역 의존도　　　**3.** ㄱ-2), ㄴ-3), ㄷ-1)

4. 답안 예시 한국은 미·중 무역 갈등 속에서 특정 국가에 편향되지 않는 균형 있는 외교를 유지해야 한다. 경제적으로는 공급망을 다변화하고 핵심 기술 분야에 대한 투자를 늘려 경제 안보를 강화해야 한다. 또한, 아세안(ASEAN) 등 신흥 시장과의 자유무역협정(FTA)을 확대하여 새로운 시장을 개척하는 것이 중요하다.

27일차

1. ④　　　**2.** 배당금, 시세 차익

3. 기업의 실적, 세계 경제 상황

4. 답안 예시 엔비디아는 AI와 GPU 시장 성장에 힘입어 장기간 높은 수익률을 기록한 장기 투자의 대표적인 성공 사례이다. 단기적인 시장 변동에 흔들리지 않고 복리 효과를 누리며 시간이 곧 수익이 되는 장점이 있다. 반면에 기업의 본질적인 가치 변화를 간과하고 계속 보유할 경우, 시장 상황 변화에 손실 위험을 키울 수 있다. 따라서 기업의 성장을 지속적으로 확인하는 노력이 필요하다.

5. 답안 예시 청소년이 주식을 배우는 것은 단순한 투자 지식을 넘어 합리적인 경제 관념을 기르는 데 중요하다. 우리 삶의 많은 기업들이 주식 시장과 연결되어 있기에, 주식 학습은 세상을 보는 시야를 넓혀준다. 이를 통해 용돈 관리와 미래 자산 형성의 중요성

을 일찍 깨닫고, 건강한 소비 습관과 경제적 독립심을 키울 수 있다.

28일차

1. ①. 젠트리는 미국이 아닌 영국의 전통적 중간 계급에서 나온 용어이다.

2. 상생

3. 1) X, 2) X, 3) O, 4) O

4. 답안 예시 정부는 공공의 이익을 보호하는 역할을 해야 한다. 재개발 이익이 원주민과 소상공인에게도 분배되도록 상생 협약이나 임대료 상한제 같은 제도를 마련해야 한다. 또한, 공공 소유 건물을 확보하여 저렴한 공공 임대 상가를 공급함으로써 지역의 다양성과 고유한 문화를 보존하도록 지원해야 한다.

29일차

1. ④　　　**2.** 업사이클링(Up-cycling)

3. 1) O, 2) X, 3) O, 4) O

4. 답안 예시 '그린슈머'(Green Consumer)의 등장은 기업에게 친환경성과 윤리성을 핵심 가치로 요구한다. 기업은 제품의 생산부터 폐기까지 전 과정에서 환경에 미치는 영향을 최소화하는 친환경 소재와 재활용 가능한 디자인을 고려해야 한다. 또한, 공정 무역 등 사회적 책임을 다하는 투명한 경영을 통해 소비자의 윤리적 소비 요구에 부응해야 한다.

30일차

1. ③　　　**2.** 적극적, 적극적, 예방적

3. 답안 예시 한국은 세계 최저 수준의 출산율로 인해 인구 감소와 급격한 고령화가 심각한 사회·경제적 문제이다. 반면, 사헬 지역(니제르, 말리 등)은 높은 출산율로 인해 급격한 인구 증가를 겪고 있으며, 이는 식량 부족, 빈곤 심화, 환경 악화를 초래하는 문제이다.

4. 답안 예시 세계 인구 증가에 따른 식량 위기를 해결하기 위해 생산성 향상과 식량 손실 감소 노력이 동시에 필요하다. 스마트 농업, 품종 개량 같은 첨단 기술을 활용하여 농업 생산성을 극대화해야 한다. 또한, 식량의 생산-유통-소비 전 과정에서 발생하는 낭비와 손실을 줄여 실질적인 공급량을 확보하는 것이 중요하다.

31일차

1. ②　　　**2.** 슬로시티, 슬로시티

3. ㄱ-②, ④ / ㄴ-①, ③

4. 답안 예시 현대 사회는 과도한 경쟁, 속도 중시, 도시 집중화로 인한 스트레스, 환경 오염, 공동체 해체 등 다양한 문제를 겪고 있다. 슬로시티는 이러한 문제에 대한 대안적 삶의 방식을 제시하며 확산되고 있다.

슬로시티는 느린 삶, 전통 보존, 생태 환경 보호, 지역 공동체 강화를 통해 정신적 안정과 삶의 질을 회복하려는 전 세계적인 노력의 결과이다.

32일차

1. ①　　**2.** 피터 싱어

3. 답안 예시 반려동물 복제는 실제 복제 과정에서 대리모 동물을 포함한 수많은 동물에게 불필요한 고통을 유발한다. 또한, 이미 세상에 존재하는 수많은 유기동물의 생명을 외면하고 인간의 감정적 만족만을 위해 동물을 수단으로 이용하는 것은 종차별주의적 행위로 비판받는다. 따라서 복제는 동물의 이익을 무시하고 고통을 증가시키므로 윤리적으로 정당화될 수 없다.

4. 답안 예시 나는 반려동물 복제는 금지되어야 한다고 생각한다. 복제 과정에서 수많은 동물(대리모, 난자 제공 동물의 고통)이 수반되는데, 이는 인간의 욕심을 위한 불필요한 고통이다. 또한, 복제된 동물이 원본과 성격이나 수명 면에서 다르다는 점에서 인간의 심리적 만족을 위한 행위일 뿐이다. 따라서 동물의 복지와 윤리적 문제를 고려할 때 금지되어야 마땅하다.

33일차

1. ④　　**2.** 분지 지형, 분지 지형

3. 1) X, 2) O, 3) X, 4) O

4. 답안 예시 '친구 사이의 마지노선'은 아무리 친해도 상대방의 사생활이나 비밀을 함부로 캐묻거나 침범해서는 안 되는 최소한의 예의 범위를 뜻한다.

34일차

1. ③　　**2.** 건조기후　　**3.** 1) O, 2) O, 3) X, 4) O

4. 답안 예시 서로 다른 기후에서 발달한 식문화는 지역의 환경과 지혜가 담긴 독특한 문화유산이다. 이러한 다양한 식재료와 조리법을 공유함으로써 창의적인 음식 문화 발전의 기반이 되며, 상호 이해와 존중을 통해 문화적 편견을 해소하는 중요한 역할을 한다.

35일차

1. ②　　**2.** 기후 플레이션, 기후 플레이션

3. 답안 예시 과거에는 열대 지역에만 살던 모기가 점점 북쪽으로 올라오고 있다. 수온이 올라가면서 농부나 어부들도 큰 경제적 피해를 보고 있다. 장마가 길어지면서 상추, 깻잎, 시금치 같은 잎채소의 병해충 피해가 늘어나 가격이 폭등했다. 기후 플레이션으로 인해 농산물의 가격이 올랐다.

4. 답안 예시 기후플레이션이 지속되면 생필품 가격이 상승하면서 전반적인 사회적 불안이 커지고, 식량 안보 문제가 국가적 위협으로 다가올 수 있다. 기후변화를 막기 위해서 소비자는 탄소발자국을 줄이는 친환경적 소비를 실천해야 한다. 포장이 적거나 재활용 가능한 제품을 선택하고, 육류 대신 채소 위주의 식단을 늘려 저탄소 식생활을 실천해야 한다.

36일차

1. ③　　**2.** 사회적 자본

3. 답안 예시 나는 외로움을 '사회적 문제'로 보아야 한다는 주장에 동의한다. 현대 사회의 과도한 경쟁, 파편화된 가족 구조, 비대면 사회 등의 구조적인 변화가 외로움을 심화시키기 때문이다. 이는 단순한 개인의 감정을 넘어 고독사 증가, 정신 건강 악화, 생산성 저하 등 사회 전체의 비용을 증가시킨다.

37일차

1. ①　　**2.** 노동의 종말

3. 답안 예시 찬성) 나는 장기적으로 AI 판사 도입에 찬성한다. 이는 재판의 효율성과 일관성을 크게 높여 사법 정의 실현에 기여할 수 있기 때문이다.
반대) 나는 현 시점에서 AI 판사 도입에 반대한다. 사법적 판단은 단순한 데이터 처리를 넘어 고도의 윤리적 판단과 인간적 통찰을 요구하기 때문이다.

4. 답안 예시 AI 판사 시대의 시민으로서 나는 판결의 핵심인 데이터 학습셋에 대한 시민 참여 및 검증을 의무화하고, 특정 기업이 데이터를 독점하지 않도록 공적 데이터 관리 시스템을 요구하고 싶다.

38일차

1. ④　　**2.** 태평양 쓰레기 지대

3. 답안 예시 나는 태평양을 항해하며 '플라스틱 쓰레기 섬'을 직접 목격했습니다. 그곳은 쓰레기가 가득 찬 거대한 육지가 아니라, 미세 플라스틱 수프가 되어 우리 눈에 보이지 않게 바다 생태계와 결국 우리의 식탁을 위협하고 있습니다. 지금 당장 일회용 플라스틱 사용을 멈추지 않는다면, 이 오염은 되돌릴 수 없는 재앙이 될 것입니다. 이 바다는 당신의 쓰레기통이 아닙니다. 행동하십시오!

4. 답안 예시 플라스틱 쓰레기는 해류를 따라 국경을 넘어 이동하므로 특정 국가만의 노력으로는 절대 해결할 수 없다. 특히 플라스틱 오염이 심각한 개발도상국은 처리 기술과 시설이 부족하여 국제적인 기술 및 재정 지원이 절실하다. 또한, 전 세계적인 플라스틱 생산 및 사용 규제와 재활용 시스템 구축을 위해서는 모든 국가가 참여하는 통일된 국제 협약이 필수적이다. 국제 사회는 플라스틱 오염 종식을 위한 구속력 있는 국제 협약을 체결해야 한다. 또한, 해양 쓰레기 수거 및 처리를 위한 공동 연구 및 감시 체계를 구축하고 운영해야 한다.

1. ④　　2. 배리어 프리(Barrier Free)
3. **답안 예시** 온라인 금융 서비스 이용의 어려움, 기차표 및 버스표 예매의 어려움, 야구장 티켓 예매와 같은 문화 생활에서의 어려움
4. **답안 예시** 나는 디지털 격차를 단순한 기술 습득의 문제를 넘어 사회 정의의 문제로 보는 관점에 동의한다. 디지털 기술은 이제 교육, 노동, 정보 접근, 사회 참여 등 모든 영역의 기본권을 보장하는 수단이 되었기 때문이다. 따라서 디지털 접근성이 부족하면 곧 경제적·사회적 기회가 박탈되어 불평등이 심화된다. 이는 국가가 모든 시민의 공평한 삶을 보장해야 할 사회 정의의 원칙에 위배된다.

40일차

1. ④　　2. 마켓컬리　　3. 1) X, 2) X, 3) X, 4) O
4. **답안 예시** 테무와 알리익스프레스의 국내 확산은 초저가 상품을 대량으로 유입시켜 소비자들에게 가격 경쟁을 통한 선택의 폭을 넓혀주는 긍정적인 영향을 주었다. 그러나 이들 플랫폼은 국내 소상공인들의 가격 경쟁력을 약화시켜 시장 점유율을 침해하는 부정적 영향이 있다. 또한, 제품의 품질 문제와 안전성 논란, 그리고 지적 재산권 침해 등의 문제도 발생시킨다.

41일차

1. ④　　2. 문화권, 문화권, 문화권　　3. 1) X, 2) O, 3) O
4. **답안 예시** 태국 등 동남아시아에서 송크란 축제 때 물을 뿌리는 풍습은 자연환경과 깊은 관련이 있다. 송크란은 일 년 중 가장 더운 건기가 끝나는 4월에 열려, 물을 뿌리는 행위는 더위를 식히고 시원한 비가 내리기를 기원하는 의미를 담고 있다. 이는 물이 부족한 시기에 생명과 정화의 근원으로서 물에 대한 간절한 소망을 표현한 것이다.

42일차

1. ②　　2. 문화 상대주의
3. ㄱ-①, ㄴ-②, ㄷ-④, ㄹ-③, ㅁ-⑤
4. **답안 예시** 결혼 자격 시험은 단순히 사랑 감정만으로 시작하는 결혼 대신, 경제적 책임감, 현실적인 문제 해결 능력 등 결혼 생활의 실제적인 의무를 인식시키려는 사회적 노력의 일환이다.

43일차

1. ④　　2. 보편 윤리, 보편 윤리
3. **답안 예시** 세계 여러 종교에서 말하는 '황금률'은 보편 윤리와 같은 맥락에서 인간의 존엄성을 강조한다. 자신과 다른 사람에게 똑같은 도덕 원칙을 적용하라는 것이다. 황금률과 보편 윤리는 인류가 공동으로 추구하는 인간의 존엄성, 자유, 평등 같은 가치가 포함된다.

44일차

1. ④　　2. 문화 접변　　3. ㄱ-②, ㄴ-③, ㄷ-①
4. **답안 예시** 우리는 무조건적으로 수용하거나 배척하기보다 비판적이고 주체적인 태도를 가져야 한다. 또한, 외래 문화를 우리 문화와 조화시키고 새로운 가치를 창조하는 주체적인 수용 능력을 갖추어야 한다.

45일차

1. ②　　2. 미디어 리터러시
3. **답안 예시** SNS 속 허위 정보가 빠르게 퍼지는 이유는 사람들의 감정을 자극하는 내용이 많기 때문이다. 이러한 정보는 확인 과정 없이 '좋아요'나 '공유' 버튼만 누르면 순식간에 다수에게 확산된다. 또한, SNS의 알고리즘이 사용자가 관심 있어 할 만한 내용을 계속 노출시켜, 같은 생각을 가진 사람들끼리 허위 정보를 재생산하는 환경을 만들기 때문이다. 허위 정보를 걸러내려면 비판적인 태도와 교차 확인이 필요하다. 정보를 접했을 때 제목이나 내용이 자극적이라면 일단 의심하는 습관을 가져야 한다. 해당 정보가 언제, 누가, 어떤 근거로 주장하는지 출처를 확인하고, 다른 신뢰할 만한 언론사나 기관에서 같은 내용이 보도되었는지 반드시 교차 확인해야 한다.
4. **답안 예시** 정부는 신속하고 정확한 정보를 공개하여 국민의 알 권리를 보장하고, 악의적인 허위 정보에 대한 법적 처벌 기준을 명확히 해야 한다. 기업은 AI 기술을 활용하여 허위 정보를 차단하고, 신뢰도 높은 콘텐츠가 사용자에게 더 많이 노출되도록 알고리즘을 개선해야 한다. 개인은 정보를 접할 때 비판적 태도를 갖고 출처를 교차 확인하는 미디어 리터러시 능력을 키워야 한다.

46일차

1. ③　　2. 디깅 모멘텀
3. **답안 예시** 나의 일상생활에서 나타나는 '디깅' 유형은 수집형에 해당한다. 내가 좋아하는 특정 아이돌 그룹의 앨범 포토카드를 모으는 데 과몰입한 사례가 있다. 단순히 음악을 듣는 것을 넘어, 랜덤으로 나오는 카드를 모두 모아 완성된 세트를 만드는 것에 큰 만족감을 느낀다.
4. **답안 예시** 주류 문화는 사회의 대다수 구성원이 공유하고 지배적인 영향력을 가지는 문화이다. 이에 반해 하위 문화는 사회에서 특정 집단이 향유하는 독특한 생활 양식을 의미한다. 시간이 지나며 이 경계가 흐려지는 이유는 대중매체와 SNS의 발달로 인해 하위

문화가 빠르게 확산되어 이 하위 문화가 주류 문화가 될 수 있기 때문이다.

47일차

1. ④　　**2.** 멀티 페르소나　　**3.** 1) O, 2) O, 3) X, 4) X

4. 답안 예시 부캐는 현대인이 겪는 복잡한 역할과 정체성의 갈등을 해소하는 창구이기 때문에 각광받는다. 사람들은 직장인, 학생 등 사회에서 요구하는 본캐의 제약 속에서 느끼는 감정을 해소하고 싶어 한다. 중학생인 나도 공부 압박에서 벗어나 온라인에서 게임 실력자로 인정받는 부캐를 통해 자유와 만족감을 느낀다.

48일차

1. ③　　**2.** 딥페이크(Deepfake)

3. 답안 예시 AI 커버곡 관련 저작권 사각지대를 줄이기 위해 음악 생성에 사용된 목소리에 대한 '인격권' 또는 '퍼블리시티권'을 법적으로 명확히 규정해야 한다. 또한, AI를 활용한 모방 및 2차 창작에 대해 원저작권자(작곡가, 작사가)와 원실연자(가수) 모두에게 합리적인 보상이 이루어지도록 징수 및 분배 체계를 새롭게 마련해야 한다. 더 나아가, AI 창작물의 출처 및 생성 과정을 투명하게 공개하도록 법적 의무를 부과해야 한다.

4. 답안 예시 AI 커버곡은 기술을 통해 새로운 목소리를 창작하여 즐거움을 주는 새로운 대중문화 콘텐츠로서의 예술적 가치가 있다. 그러나 이는 기존 가수의 목소리라는 고유한 특징을 무단으로 사용하여 원작자의 인격권 및 저작권을 침해하는 문제점을 안고 있다. 따라서 나는 AI 커버곡은 창의적인 '모방 기술'이지만, 윤리적 합의와 법적 제도가 마련되지 않는 한 정당한 '예술'로 인정받기 어렵다고 생각한다.

49일차

1. ①　　**2.** 파이어 타운　　**3.** ㄱ-①, ③ / ㄴ-②, ④

4. 답안 예시 용광로는 동화와 통합을, 샐러드볼은 다양성 인정과 공존을 강조하는 점에서 차이가 있다. 영화 '엘리멘탈(Elemental)' 속 메시지와 더 가까운 이론은 '샐러드볼 이론'이다. 영화는 불, 물, 흙, 공기라는 서로 다른 속성의 존재들이 각자의 특성을 유지하면서도 차별을 극복하고 함께 어울려 살아가는 모습을 보여준다. 이는 다양성을 존중하고 개별 문화의 고유한 가치를 인정하는 다문화주의적 공존의 관점인 샐러드볼 이론과 일치한다.

50일차

1. ①　　**2.** 문화 지체 현상

3. 메타버스의 익명성과 비대면성, 메타버스 플랫폼의 규제 부족, 문화 지체 현상

4. 답안 예시 메타버스 속 성범죄를 단순한 '장난'으로 보는 인식은 피해자가 겪는 고통을 무시하고 사이버 폭력의 심각성을 축소시킨다. 이는 현실 공간이 아니라는 이유로 가해 행위에 면죄부를 주어 범죄를 용이하게 만들고, 유사 범죄의 재발을 부추긴다. 나아가, 메타버스 공간에서도 인간의 존엄성과 성적 자기 결정권이 보호받아야 한다는 윤리적 기준을 무너뜨리는 결과를 낳는다.